Claude Huard

LES SECRETS DU DÉMOCRATE

Préface de Patrick Voyer

HUMOUR

Lisez ce livre en secret

Les secrets du démocrate

Humour satirique, cynique et sarcastique

Nous ne craindrons pas le travail,
mais notre travail sera craint.

Hull, Québec, Canada, Amérique du Nord

L'auteur désire remercier tous ceux qui ont collaboré à cette publication, en particulier, Kamala Mooken, Mary Rose, Gabriel Huard, Patrick Voyer et Caroline Fréchette.

Les secrets du démocrate
Imprimé ISBN : 978-2-9815224-0-5
Epub ISBN : 978-2-9815224-1-2

Les secrets du démocrate ©2015 par Claude Huard. Tous droits réservés. Aucune partie de ce livre ne peut être utilisée ou reproduite d'aucune manière sans l'approbation écrite de l'auteur sauf lorsqu'expressément permis par la loi. Première édition.
Dessin de la page couverture par Mary Rose. Design intérieur et couverture par Caroline Fréchette.
Texte de fiction. Humour satirique, cynique et sarcastique. Les vues exprimées ne sauraient en rien représenter les opinions de l'auteur ou des collaborateurs.

Tous droits réservés :
© Claude Huard
www.claudehuard.com

Dépôt légal : 2015
Bibliothèque nationale du Québec

Préface de Patrick Voyer

Il y a des avertissements pour tout aujourd'hui :
Ne vous foutez pas ce sac sur la tête, risque d'étouffement.
Gardez ce produit toxique hors de la portée des enfants et surtout, de votre gueule.
Ralentissez, c'est l'hiver. Et n'oubliez pas d'être prudent, tant qu'à y être et... courtois, si vous n'avez pas pris le champ après avoir lu ces messages.
C'est pas bête, quand on n'y pense pas trop fort.
Il existe aussi des guides pour tout, n'est-ce pas ?
La dactylo pour les nuls... qui utilisent encore ces mitraillettes à encre en 2015.
Recentrez-vous carrément sur vous-même en triangulant vos problèmes dodécagonaux.
Apprenez à naviguer dans votre GPS.
Pour tout ? Nan. Pas pour devenir un bon politicien, car ce n'est pas dans les bios de nos anciens élus-vedettes qu'on trouvera la panacée des conseils. Pas plus pour devenir un bon *démocrate*. Ouais, comme si ça existait encore ou, simplement, comme si tout le monde comprenait cette notion de démocratie... Aristote avait compris, mais vous ? Vous n'êtes pas aussi Grec.
Claude Huard, lui ? Ce n'est pas qu'il ait compris entièrement ce dur concept, mais contrairement à nous tous, il a pris le risque de le décortiquer avec une bonne paire de pince-sans-rire. C'est sa recette favorite, c'est ainsi qu'il s'évapore et qu'il se dématérialise quand le quotidien le gifle lâchement. Au lieu d'user de ses poings américains pour répliquer, il partage cet amour de la comédie savamment équilibrée avec quiconque osera sortir des battues.
Dans le fond, il suffit de vous demander si Claude Huard peut devenir votre ver d'œil et de neurones le temps que vous deveniez enfin un démocrate qui a du bon sens. Et là, avec un peu de malchance, vous aurez saisi... juste d'un bord.

Patrick Voyer
Gatineau
Avril 2015

Les secrets du démocrate

Note au lecteur 1
1 - Lisez ce livre en secret 2
2 - Votre priorité, c'est de vous préparer au pouvoir 4
3 - Soyez bon acteur, mais ayez l'air mauvais 5
4 - Exercez vos colères 6
5 - Apprenez à pleurer stratégiquement 7
6 - Apprenez à rire de blagues ennuyantes 8
7 - Ne riez pas ouvertement des idiots 10
8 - Rappelez-vous de vos mensonges 11
9 - Mentir sans mentir 12
10 - Ne dites pas la vérité, mais ayez l'air plausible 14
11 - Dites les mêmes mensonges souvent pour qu'ils deviennent
     des réalités 15
12 - Oubliez certaines choses 16
13 - Droit de se tromper et droit de tromper 18
14 - Excusez-vous sans vous excuser 19
15 - Changez d'avis sans en avoir l'air 20
16 - Choisissez la bonne religion 22
17 - Faites-vous financer par des gens très riches 23
18 - Ayez une bonne famille et des enfants 25
19 - Argumentez avec des gens qui ont des idées contraires 26
20 - Fréquentez des gens rusés et sournois 27
21 - Impliquez toujours un avocat 29
22 - Voyagez partout dans le monde 30
23 - Vivez des expériences 32
24 - Apprenez les langues les plus populaires de votre pays 34
25 - Évitez des enregistrements compromettants ou gardez-en le
     contrôle 35
26 - Gérez stratégiquement vos vices 36
27 - Sachez expliquer vos erreurs de jeunesse 37
28 - Agissez selon vos valeurs, sauf si ça entre en conflit avec vos
     intérêts personnels 38
29 - Ne suivez pas les lois tant que vous ne vous faites pas prendre 39
30 - Mettez votre conscience de côté, vous n'en aurez pas besoin 40
31 - Apprenez des erreurs des autres 41
32 - Ayez tout appris de personnes mortes 42
33 - Gagnez les élections d'abord, vous verrez ensuite 43
34 - Enquêtez sur vos adversaires 44
35 - Mettez sur pied une équipe de création de scandales 45
36 - Arrangez-vous pour que votre adversaire dévoile ses idées
     avant vous 46
37 - Lancez des flèches à votre adversaire dès que possible 48
38 - N'empêchez jamais un rival de commettre une erreur 49
39 - Ne donnez pas de chances à votre adversaire 51
40 - Citez votre adversaire hors contexte 52
41 - Accusez personnellement vos adversaires de vous accuser
     personnellement 54
42 - Accusez vos adversaires d'être antidémocratiques 56
43 - Demandez pardon pour les erreurs de vos adversaires 57

Lisez ce livre en secret

44 - Attaquez tôt et vicieusement dans les débats 58
45 - Gérez adéquatement votre bureau 59
46 - Inspirez la peur chez vos employés 60
47 - Donnez des ordres verbalement, jamais par écrit 61
48 - Contrôlez tout ce que vos employés font 62
49 - Blâmez toujours vos employés, jamais vous-même 63
50 - Cachez vos employés des comités et des micros 65
51 - Faites signer des ententes de confidentialité à tout le monde 67
52 - Gagnez de la sympathie avec la mort d'autrui 68
53 - Soyez populiste 70
54 - Faites du porte-à-porte chez vos amis 71
55 - Ayez l'air d'une personne du peuple 72
56 - Ayez l'air de promettre beaucoup 73
57 - Prétendez travailler pour les gens 75
58 - Ayez l'air de travailler beaucoup d'heures 76
59 - Ayez le bon niveau de confiance et d'arrogance 78
60 - Soyez pour et contre le changement 79
61 - Sachez que l'argent et les sondages sont les seules choses qui comptent 80
62 - Utilisez la science lorsqu'elle vous est favorable 81
63 - Développez vos « agendas », caché et public 83
64 - Couvrez, même faiblement, tous les sujets 84
65 - Achetez le vote des gens avec leur argent 85
66 - Soyez dur avec le crime, accusez vos adversaires d'être mous 86
67 - Demandez des démissions tout le temps 87
68 - Fixez-vous des objectifs très bas et dépassez-les facilement 88
69 - Fixez des objectifs impossibles à vos adversaires 89
70 - Si vous ne pouvez pas les battre, joignez-vous à eux 90
71 - N'ayez aucun but sauf celui de garder le pouvoir 91
72 - Pensez au court terme, pas aux générations futures 92
73 - Dites que l'ancien gouvernement a laissé les finances en pire état que mentionné 94
74 - Gérez stratégiquement les bonnes et les mauvaises nouvelles 96
75 - Annoncez les mauvaises nouvelles en début de mandat, les bonnes à la fin 98
76 - N'annoncez que les bonnes nouvelles, laissez d'autres annoncer les mauvaises 99
77 - Faites annoncer les mesures impopulaires quand personne ne prête attention 100
78 - Choisissez le bon moment pour rendre un rapport public 101
79 - Demandez du temps pour lire un rapport négatif 103
80 - Revigorez-vous avec une bonne maladie 104
81 - Faites croire aux gens que ça va bien lorsque vous êtes au pouvoir 106
82 - Faites croire aux gens qu'ils ne peuvent rien faire pour changer quoi que ce soit 108
83 - Formez le peuple de la bonne façon 109
84 - Qu'on fasse ce que vous dites, pas ce que vous faites ... 111
85 - Faites-vous poser des questions uniquement par des journalistes sélectionnés 112
86 - Triez les questions du public 114
87 - Limitez le nombre de questions 115
88 - Intimidez les journalistes grâce à vos partisans 116

89 -	Si vous ne savez pas la réponse, dites que ce sont des détails	118
90 -	Prétendez ne pas avoir compris la question	119
91 -	Ne répondez jamais aux questions	120
92 -	Changez souvent de sujet	122
93 -	Contrôlez les médias	123
94 -	Accusez les médias d'être injustes envers vous	125
95 -	Riez des caricatures	126
96 -	Faites comme si le monde vous écoutait parler	127
97 -	Faites comme si on vous applaudissait souvent pendant vos discours	128
98 -	Utilisez la raison déraisonnablement	129
99 -	Faites attention aux caméras et aux micros cachés	130
100 -	Séances de photos, habilleuse et maquilleuse aux frais de l'État	132
101 -	Faites semblant de consulter les gens	133
102 -	Organisez des groupes de discussions aux frais des contribuables	134
103 -	Faites des ballons d'essai	135
104 -	Mettez de grands mots dans vos discours	137
105 -	Donnez-vous de grands titres	138
106 -	« Propagandez » mieux que votre adversaire	140
107 -	Divisez et conquérez l'électorat	141
108 -	Divisez vos adversaires	142
109 -	Accusez vos adversaires d'être antipatriotiques	143
110 -	Accusez vos adversaires de mettre en péril la sécurité nationale	144
111 -	Traitez ceux qui vous embarrassent comme des menaces à la sécurité nationale	146
112 -	Accusez les autres pays d'être responsables des problèmes d'ici	147
113 -	Accusez les autres candidats de manquer d'expérience	148
114 -	Criez aux autres d'être conciliants	149
115 -	En politique, la stupidité n'est pas un handicap	150
116 -	Assurez-vous de la « perroquétisation » de vos députés	152
117 -	Un bon système démocratique, c'est quand tu gagnes	154
118 -	Décidez des règles du jeu politique	155
119 -	Loi sur le financement politique en votre faveur	156
120 -	Décidez de la date des élections	157
121 -	Fermez le Parlement pour nuire à vos adversaires	159
122 -	Nommez ou congédiez votre patron	160
123 -	Choisissez l'âge du vote selon ce qui vous convient	161
124 -	Donnez le droit de vote aux prisonniers s'ils votent pour vous	163
125 -	Économisez de l'argent en éliminant des élections	164
126 -	Protégez l'environnement qui vous donne des votes	166
127 -	Maintenez le secret : pas de transparence	167
128 -	Menacez sans mot dire	169
129 -	Favorisez le syndrome de mort du dénonciateur	171
130 -	Prenez action en ne faisant rien (allez vite nulle part)	173
131 -	Ayez l'air de savoir ce que vous faites	174
132 -	Le ridicule ne tue pas!	175
133 -	Réglez les problèmes fictifs, c'est plus facile que les réels	176

Lisez ce livre en secret

- 134 - Ne réglez pas de problèmes, repoussez-en la solution à plus tard 178
- 135 - Changez les lois pour du pareil au même 179
- 136 - Retardez l'adoption de vos projets de lois populaires 180
- 137 - Adoptez de gros projets de lois au contenu disparate 182
- 138 - Pratiquez l'obstructionnisme 184
- 139 - Ne gaspillez jamais une bonne crise 186
- 140 - Des temps exceptionnels demandent des mesures exceptionnelles 188
- 141 - Les mesures permanentes dites temporaires 190
- 142 - Demandez des sacrifices aux autres 191
- 143 - Conservez un adversaire faible 192
- 144 - Les ennemis à l'intérieur du parti 193
- 145 - Faites des recherches avant d'accepter un candidat 195
- 146 - Attribuez-vous le mérite du bon fonctionnement de l'économie 197
- 147 - Baissez les taxes et les impôts, mais haussez les frais indirects 198
- 148 - La déclaration de revenus qui paye les gens 200
- 149 - Changez la façon de compter 202
- 150 - Les secteurs privé et public 204
- 151 - Faites des sauvetages financiers, mais appelez cela différemment 206
- 152 - Prenez aux pauvres pour donner aux riches 208
- 153 - Soyez 50 ans en arrière sur tout 211
- 154 - Gérez stratégiquement votre ego 213
- 155 - Appelez des commissions d'enquête sur les autres 215
- 156 - Bâtissez le culte de la personnalité (le vote automatique) 217
- 157 - Interdisez les cadeaux, sauf pour vous 219
- 158 - Remplacez un mauvais politicien et faites-vous remplacer par un ami loyal 221
- 159 - Faites signer à vos ministres une lettre de démission la journée même de leur embauche 223
- 160 - Accusez vos adversaires d'être négatifs 224
- 161 - Éliminez les menaces à la démocratie par des moyens antidémocratiques 225
- 162 - Forcez les autres à se désarmer 227
- 163 - Tuez la vérité 228
- 164 - Ne dites pas la vérité à la population 229
- 165 - Réécrivez souvent le passé 230
- 166 - Limitez la liberté d'expression des autres 231
- 167 - Défendez la liberté en emprisonnant tout le monde 233
- 168 - Éliminez les fonctionnaires qui disent la vérité 234
- 169 - Ne soyez pas trop au courant de vos propres magouilles 237
- 170 - Éliminez les désaccords 238
- 171 - Pensez aux gens qui meurent de faim dans le monde mais ne faites rien 241
- 172 - Promouvez la démocratie partout dans le monde 242
- 173 - Nommez les juges qui travailleront dans votre intérêt 243
- 174 - Choisissez le bon juge pour la cause 245
- 175 - Faites des procès bidon 246
- 176 - Passez des lois de protection blindée sur mesure pour vous ... 248
- 177 - Augmentez le budget de la sécurité, la vôtre 250

Les secrets du démocrate

178 - Si vous le faites, cela veut dire que c'est légal 251
179 - Torturez avec modération 252
180 - Entraînez-vous à vous faire torturer 254
181 - Tuez les tueurs 256
182 - Trafiquez la mort de vos adversaires 257
183 - Déclarez une bonne petite guerre 259
184 - Déclarez la guerre d'abord, trouvez une raison officielle après 261
185 - Faites des guerres pour obtenir la paix 262
186 - Volez dans les zones d'interdiction de vol 263
187 - Attaquez votre pays pour mieux le protéger 264
188 - Payez-vous des partisans 266
189 - Protestez contre les protestataires 268
190 - Quand la population se révolte contre vous, dites que ce sont quelques bandits 269
191 - Lancez des bombes atomiques pour le bien de l'humanité 271
192 - Choisissez de bons dictateurs 273
193 - Supportez les dictateurs jusqu'à ce qu'ils tombent 275
194 - Ne signez pas de convention restrictive pour vous 277
195 - Ayez toujours quelques options d'exil politique 278
196 - Changez les chaises de place lorsque votre bateau coule 280
197 - Ne donnez pas l'impression que vous êtes sur le point de quitter comme un rat 281
198 - Décidez quand et comment terminer votre histoire 283
199 - Tuez la main qui vous nourrit 285
200 - Volez-vous vous-même 287
201 - Dites-leur de se concentrer sur l'avenir, pas sur vos crimes passés 289
202 - Ne remerciez pas l'auteur de ce livre 291
203 - Appel aux futurs démocrates 292
Annexe 1 - Texte à utiliser pour lapider cet ouvrage 293

Les secrets du démocrate

Note au lecteur

Je peine à tenir assis sans aide, je ne marche plus depuis longtemps et je ne peux me concentrer bien longtemps. Ma mémoire me trahit alors que ma gloire jaillit. Mais quelle vie j'ai vécue...

J'ai souventes fois sauvé le monde...
J'ai reçu les plus grands honneurs...
J'ai été le meilleur politicien de tous les temps...
J'ai empilé argent et gloire...
Je n'ai jamais fini plus bas que premier...

Grâce à mon génie exceptionnel et à mon intelligence incomparable, pour ne nommer que deux de mes nombreuses qualités remarquables, j'arrive aujourd'hui à un constat marquant dans mon illustre vie.

Alors qu'universités, monuments, villes et pays sont nommés en mon honneur, il y a quelque chose qui n'est plus comme avant.

Alors...

que des milliards de personnes se lèvent le matin en faisant des prières pour me remercier...
que le monde s'arrête pour m'écouter parler...
que j'ai eu la meilleure des vies à vivre...
que l'histoire moderne et celle de ma vie ne font qu'une...

Je me dois de réaliser que je ne pourrai pas éternellement éblouir la population mondiale de mon esprit judicieux. Bientôt, les gens devront se faire à l'effroyable idée de vivre sans que ma lumière éclaire les ténèbres.

Le monde est-il perdu sans moi? Oui.

Mais il y a peut-être un espoir... un seul... MOI.

Oui, moi, incarné dans toi. Tu n'as pas à penser, tu n'as qu'à lire les conseils contenus dans mon testament politique. Suis les conseils, ne dévie jamais. Cet ouvrage vaut plus que tous les autres trésors du monde. Il explique l'infaillible approche au succès en démocratie. Il contient le résumé de tout ce que je sais... il révèle les secrets d'un démocrate, du plus grand démocrate de tous les temps. Tout ce que j'ai appris, tout ce que j'ai fait, tout ce qui m'a permis d'être le plus grand. Tout cela réuni dans un seul livre...

Prends le manuscrit, lis mes secrets et, alors que mes yeux s'apprêtent à se fermer pour la dernière fois, fais-moi resplendir pour des siècles et des siècles.

Cliff Cooper, dieu de la démocratie.

PS : je n'ai pas l'habitude de me descendre au niveau divin, mais j'accepte le titre honorifique de dieu de la démocratie.

1 - Lisez ce livre en secret

Assurez-vous de lire ce livre en secret. Ce livre contient des conseils démocratiques qui pourraient être mal perçus par des démocrates purs et idéalistes. Une aura négative entoure cet ouvrage. Ne vous faites pas prendre à le lire en public. Ne dites à personne que vous le lisez.

Si l'on vous le demande, dites que vous n'avez jamais lu cet ouvrage merdique. Ce sera bien vu d'assassiner cet ouvrage. Ne vous retenez pas dans votre dénigrement, mais suivez secrètement les instructions qu'il contient. Si par malheur, vous êtes surpris à le lire, dites que vous en avez l'obligation. Trouvez tout de suite une explication plausible, la question pourrait venir plus tôt que vous ne le pensez.

Ce livre renferme tous les « bons » trucs des politiciens démocrates. Comme vous allez le voir, il s'agit davantage de technique que de n'importe quoi d'autre. Ne gardez pas cet ouvrage sur votre table de chevet, gardez plutôt des livres moins controversés, comme *Le Prince* de Nicolas Machiavel. Conservez cet ouvrage sur la démocratie dans un coffre-fort solide à l'abri du regard de tous.

Consultez-le fréquemment pour prévoir les stratégies de vos adversaires et pour vous assurer que les vôtres fonctionnent dans votre intérêt.

Lorsque vous aurez un exemplaire de ce livre en votre possession et que vous l'aurez lu, faites-le interdire dans votre région et pays. Empêchez vos rivaux d'accéder à une copie. Rendez le livre introuvable dans votre pays. Ensuite, travaillez à l'échelle internationale pour faire de même partout dans le monde. Invoquez des raisons quelconques pour expliquer que ce livre ne devrait pas être lu par les enfants et les adultes, donc finalement par personne. Assurez-vous d'être le seul qui l'ait lu. Si c'est le cas, vous gagnerez presque assurément vos élections et serez un leader mondial à succès; si votre rival le lit aussi et applique les principes démocratiques contenus ici, alors il pourrait bien vous battre...

Le livre est divisé en 4 grandes sections.

La première comprend les conseils 1 à 32, qui s'appliquent en tout temps, mais particulièrement pendant la période qui précède votre saut officiel en politique. Il s'agit généralement de l'enfance, de l'adolescence et du jeune âge adulte. Elle vous permettra de vous préparer correctement pour faire le saut.

La section suivante, qui comprend les conseils 33 à 70, concerne surtout votre première campagne politique. La plupart des conseils peuvent aussi s'appliquer aux autres campagnes.

La troisième section, les conseils 70 à 197, concerne la période durant laquelle vous êtes au pouvoir, que ce soit comme simple représentant ou député, ou à la tête de votre province, état, pays.

La dernière section, qui comprend les points 198 à 202, concerne surtout votre après-mandat, soit la période qui suit votre carrière politique active.

Suit une brève conclusion (point 203), qui comprend un appel aux démocrates du monde entier.

Veuillez noter que les conseils contenus ici s'appliquent à l'ensemble des démocraties actuelles ou futures. Parfois, il faudra cependant faire des ajustements locaux. La terminologie variant de pays en pays fait qu'il est impossible d'écrire succinctement toutes les possibilités, mais l'important est de bien comprendre les principes généraux.

2 - Votre priorité, c'est de vous préparer au pouvoir

Certains disent le jour du déclenchement d'une élection que c'est le début d'une campagne électorale. Ils ont tort. Les campagnes électorales des 50 prochaines années sont déjà commencées. C'est simplement que c'est trop loin ou trop compliqué pour nos petites têtes de bien le comprendre. Les gestes posés aujourd'hui détermineront en grande partie qui gagnera demain, après-demain et après-après-demain. Comme tout bon sprinteur le sait, il faut toujours avoir un excellent départ.

L'important pour tout enfant ou adulte qui veut éventuellement avoir du succès en politique est de donner la priorité aux priorités, pour paraphraser Steven Covey dans son ouvrage le plus célèbre. Si c'est de la politique que vous voulez faire, vous devez y accorder l'absolue top priorité. Cela veut dire que chaque jour, vous travaillerez pour vous y préparer. La lecture de cet ouvrage pratique constitue un excellent départ. Prenez aussi l'habitude de le relire souvent, car la mémoire nous fait parfois défaut.

On ne peut pas faire de politique à moitié, vous devez faire les sacrifices nécessaires, y mettre tous vos efforts, toutes vos énergies, votre temps et votre argent. Il faut que vous découvriez le plaisir de la chose et que vous le gardiez, sinon la politique, ce n'est pas pour vous.

Tous les jours, le bon démocrate se demande ce qu'il pourrait faire pour améliorer la démocratie dans son pays; tous les jours, il met en pratique plusieurs des suggestions de ce livre.

3 - Soyez bon acteur, mais ayez l'air mauvais

La clé en politique démocratique est la communication. Si vous communiquez bien, vous aurez du succès même si vous n'avez pas d'idées originales; si vous communiquez mal, vous allez perdre même si vos idées sont valables.

La politique démocratique nécessite des talents avancés d'acteur. Il est vrai que parfois les démocrates sont réellement outrés, mais plus souvent qu'autrement, le démocrate est d'abord et avant tout un excellent acteur.

Comme tout bon acteur, il devra maîtriser une large gamme d'émotions et de regards tout en apparaissant honnête et spontané. Certains sont plus doués que d'autres pour certains rôles, mais il est essentiel que le bon démocrate en maîtrise parfaitement la majorité. Comme toute chose, devenir un bon acteur nécessite beaucoup de pratique. Le démocrate doit pratiquer jour après jour ses colères, et apprendre comment pleurer sur demande, comment rire naturellement, comment avoir la gorge nouée pour parler avec le juste ton, par exemple à des funérailles. Tout cela se pratique et s'apprend; cependant, il ne faut pas trop ébruiter ses pratiques. Le fait est que certains pourraient vous accuser d'être un excellent comédien, mais de ne pas être très sincère.

C'est pour cela que vous devez avoir l'air d'un mauvais acteur. Si vous êtes invité à des émissions télévisées où on vous demande de montrer vos talents de comédien, vous devez avoir l'air mauvais. Vous expliquerez que ce n'est pas un domaine dans lequel vous excellez. Sachant que vous êtes un mauvais acteur, les gens ne sauront pas que vous jouez souvent la comédie au parlement ou en public.

4 - Exercez vos colères

L'une des choses que vous ferez le plus souvent, surtout au début de votre carrière lorsque vous tenterez de chasser votre adversaire du pouvoir, c'est de vous fâcher et de critiquer ses décisions, que vous trouverez absolument abominables. Pour ce faire, utilisez un dictionnaire pour trouver différentes façons d'exprimer le fait que vous êtes outré. Mais surtout, exercez-vous à paraître ulcéré. Exercez-vous à exprimer votre indignation totale, exercez-vous à crucifier verbalement vos adversaires. Plus vous vous exercerez et plus vous aurez l'air naturel dans vos discours.

Faites des recherches sur les débats de l'heure et écoutez ce que disent les opposants aux différents projets. Ayez leur texte en main et exercez-vous à dire la même chose. Faites-le devant le miroir de temps en temps, faites-le avec des amis, mais sans leur dire que vous vous exercez. Voyez comment cela fonctionne. Il ne faut pas qu'il y ait l'ombre d'un doute que ce sont vraiment vos sentiments, sinon les gens seront sceptiques à votre endroit.

Après être devenu relativement bon, vous devrez passer à l'étape suivante, c'est-à-dire vous exercer à débattre de choses stupides et à paraître ulcéré par des choses avec lesquelles vous êtes d'accord. Il est certain que, dans votre vie démocratique, vous allez avoir à débattre de stupidités ou à vous opposer à des choses avec lesquelles vous êtes d'accord. Pratiquez-vous alors à débattre contre des idées que vous supportez. Avez-vous l'air convaincant? Y a-t-il l'ombre d'une faille dans votre approche? Ne lâchez pas, continuez jusqu'à ce que vous maîtrisiez parfaitement cet art. Si vous avez de la difficulté à le faire, dites-vous que la politique est un jeu et qu'il ne faut pas trop se prendre au sérieux; cependant il faut avoir l'air de prendre la politique au sérieux.

Par la suite, continuez à vous exercer tout au long de votre vie politique; il ne faut pas perdre la technique.

5 - Apprenez à pleurer stratégiquement

Une qualité essentielle d'un bon démocrate est d'être capable de pleurer au bon moment avec peu de préavis. De nombreuses personnes ont gagné leur campagne de cette façon. D'autres, par contre, l'ont perdue parce que leurs pleurs n'avaient pas l'air sincère; certains autres n'ont pas pu pleurer au bon moment et leurs chances de gagner la sympathie du public se sont évaporées.

C'est le temps idéal, lorsque vous êtes encore jeune et avant de vous lancer dans la politique active, d'apprendre à bien pleurer au moment choisi. Le fait de pleurer permet de s'attirer la sympathie de certains électeurs et, il faut bien le préciser, de certaines électrices, qui prennent pitié de vous. Les images paraîtront dans les journaux et sur l'Internet et en diront beaucoup plus que le texte que bien peu, d'ailleurs, liront au complet.

Donc, quand votre gestionnaire de campagne vous dit que vous allez devoir pleurer à tel jour et à telle heure, vous devez être prêt. Malheureusement, peu de gens réussissent bien ce tour de passe. Le problème est qu'ils ne sont pas bien préparés. Comme tous les trucs d'acteurs, ça s'apprend, mais surtout ça se travaille, même pour ceux qui pensent qu'ils ne pourront jamais pleurer.

La première chose à faire est de trouver ce qui est le plus susceptible de vous faire pleurer. C'est assez facile si vous pleurez souvent, mais plutôt difficile si vous ne l'avez pas fait depuis des années. Pensez à ce qui vous a déjà fait pleurer, une rupture sentimentale, le décès d'un être cher, une déception professionnelle... Enfin, vous avez le sujet qui est le plus susceptible de vous faire pleurer.

Ensuite, pensez-y longtemps et en détails, rappelez-vous les sentiments que vous avez eus, et essayez de pleurer. Faites-le seul en cachette si cela vous met plus à l'aise au début. Faites tomber quelques larmes, calculez combien de temps ça vous a pris avant de pleurer. Reprenez-vous plus tard, peu importe si ça a fonctionné ou non, et tentez de pleurer en moins de temps et ainsi de suite. Visez de pleurer en moins de 30 secondes : ça peut vous paraître impossible, mais avec de la pratique, on arrive à tout.

S'il vous est particulièrement difficile de pleurer, essayez en pensant à un autre sujet ou à un mélange de sujets tristes. Surtout, ne vous découragez pas, vous allez pouvoir le faire si vous le voulez vraiment.

Par la suite, pleurez de temps en temps, question de garder la main. Si vous êtes trop longtemps sans pleurer, alors vous devrez recommencer au début.

Vous avez une nouvelle arme démocratique, le pleurnichage.

6 - Apprenez à rire de blagues ennuyantes

Une chose avec laquelle tout démocrate doit savoir composer, ce sont bien les blagues ennuyantes. Effectivement, de nombreuses blagues ennuyantes circulent, notamment sur les politiciens. Plusieurs sont basées sur la réalité, mais la plupart sont peu originales. Malgré tout, lorsque vous participez à des émissions de télévision ou que vous faites du porte-à-porte, vous vous devez de rire des blagues des gens. En effet, les raconteurs aiment que l'on rie de leurs blagues, car c'est plutôt moche lorsqu'on s'efforce de raconter une longue farce et que personne ne la trouve drôle.

C'est pourquoi vous devez améliorer votre talent d'acteur en développant une approche pour rire, de manière apparemment naturelle, de toutes les blagues, y compris les plus ennuyantes jamais créées.

Commencez par rire des blagues vraiment drôles, ensuite réécoutez ou relisez les mêmes blagues et riez-en encore et encore. Ah oui, évidemment, vous allez entendre souvent les mêmes blagues dans votre vie. Certains diront même qu'ils ont inventé une blague que vous avez entendue bien avant leur naissance.

Prenons la blague suivante, dont il existe plusieurs versions, incluant celle du film « L'homme de l'année » (2006 – traduction libre), dans lequel un candidat indépendant tente de se faire élire président des États-Unis.

« Les politiciens, c'est comme les couches, il faut les changer régulièrement et pour les mêmes raisons. »

Riez si vous la trouvez drôle. Riez aussi si vous ne la trouvez pas si drôle. Votre rire est-il naturel? Probablement pas, alors il faut travailler là-dessus. Relisez-là et riez de nouveau et encore et encore. Est-ce que ça va mieux? Sinon, tentez cela une cinquantaine de fois par jour, ça va finir par fonctionner. Ce que vous faites en travaillant sur ce sujet est de développer un mécanisme qui vous permet de rire naturellement. C'est ce qui compte. Ensuite, essayez avec d'autres blagues, les plus ennuyantes d'abord; ensuite, ne racontez pas les blagues de la bonne façon. Dites le punch trop tôt. Prenez de longues pauses au milieu de la blague comme certains le font. Mais riez toujours de manière intense et naturelle.

Puis, passez à l'étape de rire de phrases qui n'ont pas d'éléments humoristiques. Par exemple :

« Il va pleuvoir demain. »

Essayez de rire le plus possible en la disant. Réessayez de nouveau, et encore et encore, ça va venir avec le temps. Si vous êtes capable de bien rire des phrases qui ne contiennent pas de blagues, alors ça devrait bien aller pour celles qui ont un élément humoristique. Finalement, le test ultime est de rire sans même qu'il n'y ait de phrase, dites seulement « Go » et commencez à rire.

Certains contrarieux vont essayer cette technique dans l'idée de prouver qu'elle ne fonctionne pas. Ils réussiront. En effet, si vous ne voulez pas qu'elle fonctionne pour vous, elle ne fonctionnera pas; il n'est pas nécessaire de faire des tests bidon pour prouver cela. C'est pourquoi il faut croire en cette méthode pour qu'elle réussisse.

Ne perdez pas votre capacité à rire rapidement et naturellement, pratiquez-vous au cours des années.

7 - Ne riez pas ouvertement des idiots

Au cours de votre carrière en politique active, vous allez entendre souvent le même genre de commentaires. Certains concitoyens vous poseront des questions stupides, d'autres vous proposeront des idées imbéciles, certains encore vous féliciteront de soutenir une position que, en fait, vous ne supportez pas du tout.

L'important pour le bon démocrate est d'avoir l'esprit d'écoute, du moins de faire semblant de bien écouter les gens, et autant vous devez rire naturellement au bon moment, autant vous ne devez pas rire ouvertement de ceux qui vous proposent des idées ridicules. C'est un art qui peut être développé grâce à la pratique.

Rencontrez des gens qui ont des idées irréalistes et faites semblant de bien les écouter. Surtout, ne pouffez pas de rire, ça ne serait guère indiqué.

Assurez-vous aussi d'être bon à ne pas rire des idioties pouvant provenir de votre propre parti. Certains organisateurs politiques vous enverront des messages-clés que vous devrez relayer à la population. Souvent, ces messages n'auront pas de sens, mais surtout ne riez pas des idioties qu'ils contiennent, car leurs auteurs font partie de votre équipe.

Autant le rire peut être une arme puissante pour le démocrate, autant il doit l'éviter comme la peste dans certaines situations.

Regarder des sketchs humoristiques que vous trouvez particulièrement drôles et exercez-vous à les écouter sans rire. Écoutez-les le plus sérieusement du monde. Ne souriez pas. Ne laissez pas la tentation de rire monter en vous. Si vous n'êtes pas capable de vous retenir, recommencez autant de fois que cela sera nécessaire. Après des semaines d'entraînement, vous devriez être très bon.

Après avoir maîtrisé cet art, pratiquez-vous de temps en temps afin de ne pas le perdre.

8 - Rappelez-vous de vos mensonges

Une chose qu'un démocrate devra faire souvent, c'est de dire le contraire de la vérité. Certaines fois, ce sera pour des raisons de sécurité personnelle ou nationale, souvent ce sera plutôt pour protéger votre égo grandissant et pour vous éviter des problèmes potentiels.

La difficulté avec les mensonges, c'est que parfois, on en dit trop, et qu'on oublie ce qu'on a dit et à qui. Cela mène souvent à des situations embarrassantes qui deviennent encore plus problématiques que ce qu'on essayait de couvrir au début.

C'est pourquoi il est essentiel de faire deux choses; d'abord essayer de limiter le nombre de ses mensonges à 50 environ, ensuite de les retenir mais sans les écrire, car si quelqu'un découvrait votre liste de mensonges, ça pourrait mettre fin à votre carrière politique même si la population est habituée aux mensonges des politiciens.

Mentez de la même façon sur les mêmes sujets, ça aide à retenir ses mensonges. Dites les mêmes mensonges à plusieurs personnes. Rappelez-vous de vos mensonges et lorsqu'on vous pose une question, assurez-vous de ne pas dire le contraire de ce que vous avez déjà dit.

Mentir, comme être en colère, pleurer, rire, etc., c'est quelque chose qui se pratique. Plusieurs démocrates ont des talents innés dans le domaine; cependant, ils ont tendance à surestimer leur capacité à retenir les mensonges qu'ils disent, et c'est là qu'ils se font prendre.

9 - Mentir sans mentir

Il se peut que votre carrière vous force à maintenir des listes interminables de mensonges, et que, vieillissant, ou n'ayant pas tous les réflexes nécessaires, vous éprouviez des difficultés dans le domaine du mensonge, qui est pourtant essentiel au démocrate. Car si les gens savaient tout sur vous, alors ils ne voteraient pas pour vous : vous avez sûrement des squelettes dans le placard. Vous allez probablement promettre des choses que vous savez impossibles. Le fait est que vous êtes humain, vos adversaires aussi sont humains, mais s'ils cachent bien leurs vulnérabilités, cela leur donnera un avantage.

C'est pourquoi il faut se pratiquer jeune à mentir sans mentir. Le mensonge est une des armes favorites du démocrate. Il s'agit de dire quelque chose en laissant supposer quelque chose d'autre. Il faut que ce quelque chose soit assez clair pour que tout le monde le comprenne, mais sans que vous l'ayez vraiment dit.

Cela vous permet de faire deux choses. Un, de gagner la sympathie des gens qui veulent que vous supportiez leur suggestion et, deux, de ne pas être pris au dépourvu si certaines affirmations se révèlent fausses, puisque vous ne les avez pas vraiment faites, vous les avez seulement laissé sous-entendre.

Cet art, comme les autres, doit se perfectionner dès le jeune âge. Comme les autres, l'entraînement est essentiel.

Commençons par un exemple très simple et très local. Disons qu'il y a des disputes dans votre quartier quant à l'utilisation des cordes à linge extérieures pour faire sécher le linge. Certains favorisent cette pratique pour économiser de l'argent et pour des raisons environnementales. La chambre de commerce locale, qui inclut des fabricants et des détaillants de sécheuses et de feuilles assouplissantes, est contre pour des raisons économiques. Elle prétend que des emplois seront perdus si l'utilisation de la corde à linge est permise. Enfin, certains citoyens sont contre parce que leurs voisins en abuseraient, qu'ils trouvent cela plutôt laid et que ça diminuerait même la valeur des maisons dans le quartier. Un petit fabricant de cordes à linge est, sans aucune surprise, en faveur de l'utilisation de ces produits.

Vous trouvez peut-être que c'est un sujet insignifiant, mais ne le laissez pas paraître. Vous êtes en politique pour régler les grands problèmes du monde et pour le bien du peuple (et votre bien aussi, évidemment), mais les lobbyistes des grosses entreprises de sécheuses vous approchent et vous disent, mais sans vous le dire, qu'ils vous donneront de généreuses contributions financières si vous supportez leur position.

Ils feront cela dans le cadre des lois du pays, ou en tout cas, relativement près de ce que les lois permettent. Dans certains pays, les contributions financières des entreprises sont limitées, mais les contributions humaines illimitées; dans d'autres, les entreprises ne peuvent pas contribuer, mais leurs dirigeants le peuvent, etc.

Alors, vous voulez abolir la pratique des cordes à linge afin d'obtenir de généreuses contributions, mais vous savez que l'ensemble de la population est pour. En conséquence, vous devez mentir sans mentir. Que diriez-vous? Quelle serait votre position officielle? Quelque chose comme :

« L'environnement est au cœur de mes priorités. Si je suis élu, je le défendrai toujours. Je vais étudier la situation et prendre les mesures nécessaires pour que la bonne chose soit faite. Comptez sur moi pour défendre vos intérêts. »

Une personne qui entendrait cela serait probablement convaincue que vous allez agir pour permettre au moins partiellement l'usage des cordes à linge extérieures, mais relisez attentivement le paragraphe. Est-ce que vous vous engagez à permettre les cordes à linge? Bien sûr que non. Au milieu de phrases génériques, vous vous engagez au plus à étudier la situation et à prendre certaines mesures non spécifiées.

Si des gens ou des journalistes vous questionnent concernant votre inaction ou même vous accusent d'avoir menti, référez-les aux mots exacts que vous avez prononcés.

Pratiquez-vous à dire une chose et à faire le contraire et ensuite, à rationaliser qu'il n'y a pas de différence entre les deux. Rappelez aux gens que vous n'avez pas prononcé les paroles qu'ils auraient cru entendre.

Pratiquez bien cet art et vous maîtriserez l'un des atouts majeurs du démocrate moderne.

10 - Ne dites pas la vérité, mais ayez l'air plausible

Vous aurez tout de même à dire des choses qui sont vraiment fausses. Vous vous assurerez alors de bien vous en rappeler et d'utiliser les méthodes mentionnées ci-haut. Cependant, vos mensonges ne fonctionneront pas s'ils n'ont pas l'air plausible.

D'abord, vous devez mentir de la même façon que vous dites la vérité (si cela vous arrive). Votre tête, votre bouche et votre expression faciale doivent être les mêmes que lorsque vous dites vrai, sinon certains détecteront un changement qui leur feront douter de votre bonne foi.

C'est comme un lanceur au baseball qui veut vous déjouer en lançant un changement de vitesse à 80 milles à l'heure, mais qui fait à semblant de lancer une rapide à 90 milles à l'heure. Vous anticipez la rapide et vous vous élancez au moment approprié, mais le lancer vient plus lentement que prévu, ce qui fait que vous vous élancez dans le vide. Ce qui est important pour avoir du succès comme lanceur, c'est de lancer tous les tirs de la même façon; si au contraire, vous avez une motion ou un tic spécifique pour chaque lancer, alors le frappeur aguerri découvrira cette faiblesse et pourra mieux anticiper les lancers et obtenir du succès contre vous.

L'idée est la même ici, dites vos mensonges comme vous dites la vérité. Mais assurez-vous que vos mensonges soient plausibles. Si c'est le cas, la plupart des gens et des journalistes ne prendront pas la peine de les vérifier. Il se peut que quelques zélés veuillent le faire, mais il y a des trucs pour gérer ce genre de personnes, trucs qui seront exposés plus loin dans cet ouvrage.

Pratiquez vos mensonges plausibles pendant votre jeunesse. Sur les 50 premiers, combien de fois les gens ont-ils découvert que vous aviez menti? Quelle a été la faiblesse qui a causé ce problème? Votre mensonge était-il vraiment plausible?

Vous pouvez aussi tester des mensonges non plausibles, mais il est peu probable que vous ayez à vous rendre à 50 avant de vous apercevoir que cette tactique répugne aux gens.

11 - Dites les mêmes mensonges souvent pour qu'ils deviennent des réalités

Vous avez sûrement déjà réalisé que de dire les mêmes mensonges souvent font qu'ils deviennent des réalités, du moins pour certains. D'abord, il y a des gens qui vous croient sur parole. Ensuite, beaucoup de gens font comme les autres; donc s'ils voient que beaucoup d'autres personnes croient quelque chose, alors ils vont y croire aussi. Ils se disent qu'autant de gens ne peuvent pas se tromper.

Il s'agit donc de dire les mêmes mensonges souvent, mais aussi d'amener d'autres personnes à répéter souvent ces mêmes mensonges. Si des dizaines de personnes disent toujours la même chose et qu'ils sont constants dans leurs mensonges, pour plusieurs ça va devenir la réalité.

Une fois les rumeurs incrustées partout, il devient pratiquement impossible de les enrayer et cela même si certains intellectuels tentent de ré-informer le public. Il est plus facile d'être le premier à informer plutôt que d'être celui qui tente de modifier l'information déjà tenue pour acquise par la population.

Par exemple, prenons la fameuse théorie de Charles Darwin qui veut que l'homme descende du singe. Théorie controversée s'il en est une, c'est la théorie de l'évolution, qui contredit d'ailleurs la Bible, autre document qui contient de l'information souvent répétée par plusieurs. Le problème principal avec la théorie de Darwin, c'est que... eh non, il n'a jamais émis cette théorie! C'en sont d'autres, voulant en partie le discréditer ou faire du sensationnalisme, qui ont propagé cette rumeur. Ces gens ont gagné la faveur populaire : on les croit même si c'est faux. Avec le temps, ces mensonges sont devenus des réalités.

Les gens ne vérifient pas souvent les informations. Les journalistes ont tendance à faire du sensationnalisme et donc sont peu enclins à désensationnaliser les « exagérations ». Mais le plus important, c'est que les démocrates qui créent des réalités gagnent leurs élections.

Pratiquez-vous à créer des vérités, étudiez les forces et les faiblesses de ce mécanisme, le timing est important. Commencez par créer des réalités sur des détails peu importants, ensuite sur des choses plus complexes.

12 - Oubliez certaines choses

Il y a des choses que vous voudrez oublier et que vous voudrez que les autres oublient. Peut-être avez-vous dit dans le passé des choses qui vous embarrassent aujourd'hui, peut-être avez-vous fait des mauvais coups, peut-être avez-vous été honnête, mais seulement partiellement?

Si c'est le cas, et c'est le cas pour au moins 99% des gens, ces choses pourraient vous causer des problèmes en politique. En effet, le bon démocrate se lance en théorie en politique dans l'intérêt public et se sacrifie pour son pays. Cependant, il s'apercevra bientôt que les débats qu'on lui décrit comme nobles se transforment en une série d'attaques personnelles en continu.

Imaginons que nous choisissons 3 des centaines d'erreurs que vous avez faites et qui pourraient nuire à votre réputation. D'abord, vous avez fumé de la marijuana alors que c'était illégal, ensuite vous avez été pris à faire une fausse déclaration de revenu et finalement, vous avez eu des relations sexuelles interdites dans les toilettes de votre école.

Non seulement ces choses peuvent nuire à votre réputation de bon démocrate, mais elles pourraient vous faire perdre vos élections, et même si vous gagnez, elles pourraient nuire à votre progression pour devenir le chef de votre parti et de votre pays.

La première chose à faire est de détruire ou de sécuriser toutes preuves de ces choses. Détruire est généralement préférable, ainsi vous y penserez moins souvent puisque vous ne verrez plus les choses qui vous y font penser, mais aussi d'autres personnes ne les trouveront pas, que ce soit dans une enquête, une perquisition, un déménagement ou bien par hasard...

Ne parlez jamais de ces choses, que ce soit à votre époux ou épouse, vos amis ou autres. Évitez la conversation même s'ils sont au courant. Avec le temps, certains événements s'oublient, on est moins sûr de ce qui s'est vraiment passé, ce qui vous permettra de réécrire un peu le passé. Si vous racontez ces histoires à des gens, ils pourraient les répéter à d'autres. Aussi, ça pourrait leur rappeler des souvenirs qu'ils avaient oubliés.

Des erreurs de jeunesse peuvent être considérées comme terribles de nos jours, par exemple conduire en état d'ébriété était relativement normal voilà plusieurs dizaines d'années; il y avait peut-être des lois, mais elles n'étaient pas souvent respectées. Cependant, aujourd'hui c'est devenu, dans plusieurs endroits du monde, un crime majeur, à un tel point que plusieurs ne voudront pas voter pour quelqu'un qui a sciemment pris le volant avec une lourde quantité d'alcool dans le sang. C'est pourquoi vous avez tout intérêt à oublier ces histoires.

Les secrets du démocrate

Les vieilles histoires ont souvent tendance à être amplifiées, alors que vous avez pris un joint à un moment donné, l'histoire vous présentera comme un drogué dépendant, ce qui fera l'affaire de vos rivaux politiques ainsi que des journalistes en mal de sensations.

L'histoire selon laquelle vous auriez oublié quelque chose dans votre déclaration de revenus se transformera en une tricherie de l'impôt pendant des années et fera de vous un criminel qui a bénéficié d'un traitement de faveur, un traitement auquel une personne ordinaire n'aurait pas eu droit, alors que vous n'avez en réalité été accusé d'aucun crime.

L'histoire de votre seule relation sexuelle avec votre amour dans les toilettes de l'école, maintes fois répétées, deviendra une histoire d'orgies à répétition avec des prostituées, des alcooliques, des drogués et peut-être même que la mafia sera impliquée.

C'est pourquoi vous avez tout intérêt à oublier ces histoires; n'en parlez pas, ne les rappelez à personne, détruisez ou contrôlez les preuves.

Évidemment, dans plusieurs cas, d'autres personnes que vous auront été présentes et peut-être seront-elles enclines à en parler dans les médias ou à d'autres partis politiques. Certains ont des méthodes mafieuses pour éviter que les langues se délient, d'autres achètent le silence des témoins. Certains amis ne parleront pas parce qu'ils n'ont pas avantage à trop se vanter de leurs propres coups.

Cependant, dans la plupart des cas, vous pourrez vous en sortir s'il y a eu peu de témoins et si les preuves sont introuvables. Cela deviendra un débat entre une célébrité comme vous et une personne inconnue du public qui invente des histoires, du moins, c'est la version que vous présenterez.

13 - Droit de se tromper et droit de tromper

Les démocrates, tout comme les autres, ont le droit à l'erreur. Cela ne semble pas évident, à lire certains titres des journaux, à consulter Internet, à regarder différents médias ou à écouter vos rivaux politiques, qui sautent sur toute histoire qui a peut-être l'apparence de salir potentiellement votre réputation.

Cependant, il faut se rappeler que la population en général comprend que vous n'êtes pas parfait, et qu'elle oublie rapidement beaucoup de choses. Vous prendrez le droit de vous tromper, qui est donné à chaque être humain, et le confondrez avec celui de tromper les autres, qui est utile à tout démocrate. Ce n'est pas parce que vous êtes élu que vous êtes parfait.

La réalité est que les gens ne vous éliront pas si vous ne les trompez pas. En effet, leur dire la vérité vous enlèvera des votes. Vous devez leur envoyer un message rempli de faux espoirs et prétendre que vous allez régler des problèmes insolubles, surtout ceux où la population est très partagée quant aux solutions à envisager. Si vous dites aux gens ce que vous voulez vraiment faire, comme par exemple, hausser les impôts, augmenter votre pouvoir personnel, diminuer les libertés civiles et permettre un peu de torture de temps en temps à votre guise, les gens ne voteront pas pour vous. Plutôt, vous devez promettre de baisser les impôts, d'améliorer la situation de l'emploi, le système de santé, l'environnement, de diminuer la dette, de promouvoir l'innovation, etc. Ainsi les gens voteront pour vous. Du moins, en majorité.

Afin de bien utiliser le droit de se tromper pour qu'il devienne le droit de tromper, vous devez être un éternel optimiste tout comme l'homme d'affaires scrupuleux. Vous expliquerez plus tard, si la chose le devient nécessaire, que personne n'est infaillible et que personne ne pouvait prévoir que ça ne marcherait pas. Vous aviez prédit beaucoup de belles choses, mais bien peu ont été réalisées; sachez cependant que plusieurs considèrent 50 % comme une note de passage. Si la moitié de vos prédictions se sont réalisées, c'est bon. Ce qui signifie que si vous avez 40 %, alors vous êtes près de votre objectif de 50 %. Vous aurez donc atteint 80 % de l'objectif que vous vous êtes fixé, soit la moitié de votre objectif original.

N'abusez pas de votre droit de vous tromper, ça donne une mauvaise image. Au départ, vous aurez l'air d'une personne humble et honnête qui admet son erreur, mais si vous l'utilisez trop souvent, vous risquez d'avoir l'air de vous tromper sciemment.

Pratiquer votre droit de vous tromper dans votre jeunesse, essayez d'avoir l'air sincère. Vous devriez avoir beaucoup d'occasions de vous pratiquer étant donné la tendance humaine à l'erreur.

14 - Excusez-vous sans vous excuser

Le fait d'admettre trop souvent que vous vous êtes trompé peut être contre-productif, c'est comme s'excuser trop souvent. Si l'on est toujours en train de s'excuser, cela semble signifier que l'on fait beaucoup d'erreurs. Cela est négatif pour l'image d'un politicien.

Il ne faut donc s'excuser que très rarement ou bien s'excuser, mais sans s'excuser. Le problème avec les excuses est que vous risquez d'être cité textuellement dans les articles de presse, vos paroles pourraient ouvrir un bulletin télévisé. Vous voulez éviter cela, vous ne voulez pas donner aux médias ou à vos adversaires de petits morceaux de mots qui vont les faire jouir, comme « Je m'excuse énormément », « J'ai fait une terrible erreur », etc.

Ces extraits pourraient aussi être utilisés lors de campagnes de salissage contre vous. Les gens ordinaires, donc ceux qui suivent la politique rarement, pourraient voir cela sur la première page d'un journal ou d'un site Web, tout à côté de votre photo. Ce sont des choses qui nuisent à votre image. Plutôt, vous devez vous excuser mais sans le faire. Voici comment :

« La situation a changé, une erreur a possiblement été commise, j'aimerais rectifier les inexactitudes qui ont été dites dans les médias, il est maintenant temps de passer aux sujets importants comme l'économie... »

Par la suite, on vous redemandera si vous vous excusez et vous répondrez que c'est déjà fait. C'est de l'acharnement des médias de toujours vous poser cette question. Cette situation a été réglée. Vous êtes pressé de quitter pour une rencontre importante, vous aimeriez que les médias se concentrent davantage sur les sujets importants.

Vous aurez alors réussi le coup de vous excuser sans vous excuser. Le texte que vous avez lu ne contient pas vraiment d'excuses. Essayez de le dire relativement lentement pour que ça ne puisse pas entrer dans un commercial de 30 secondes.

En prétendant vous excuser, vous jetez le blâme sur des conditions indépendantes de votre volonté, vous parlez de votre erreur à la troisième personne comme si ce n'était pas vous qui l'aviez faite, vous attaquerez les médias, vous insinuez que l'erreur n'est pas si grave et pendant tout ce temps, vous demandez aux gens de se concentrer sur les choses importantes.

Vous l'aurez compris, comme pour tous les conseils de cette première section, pratiquez-vous jusqu'à ce que vous maîtrisiez l'art de vous excuser sans vous excuser.

15 - Changez d'avis sans en avoir l'air

Évidemment, utiliser continuellement son droit de se tromper et les moyens de s'excuser sans s'excuser peut éventuellement vous coûter des votes. Pire, cela peut même chatouiller votre égo et vous embarrasser. Si, en plus, vous devez continuellement changer d'avis sur la place publique parce que les faits vous contredisent, alors cela devient problématique et c'est pourquoi vous devez apprendre et maîtriser l'art de changer d'avis sans en avoir l'air.

Dans la vie courante ou politique, on doit souvent changer d'avis. On doit se débarrasser d'un collaborateur qu'on aimait bien mais qui nous cause du tort. On est favorable à l'exploration pétrolière à haut risque, mais quelques accidents font basculer l'opinion publique et on doit ajuster son opinion en fonction de celle-ci. On est favorable aux élections à dates fixes lorsqu'on est dans l'opposition, mais on devient favorable au fait que la campagne électorale soit déclenchée le jour choisi par le chef du gouvernement lorsqu'on est celui-ci ou dans son parti.

La démocratie, en gros, c'est d'avoir des opinions, de découvrir l'opinion publique, de la séduire en ayant l'air de penser comme elle et ensuite de changer l'opinion publique en sa faveur en manipulant cette dernière avec le pouvoir acquis grâce à elle.

Pour ce faire, changer d'avis sans en avoir l'air et donner l'impression d'avoir toujours été un ardent défenseur de la cause favorisée par l'opinion publique sont nécessaires.

La méthode idéale est de procéder par étapes, si vous en avez le temps. Pour passer de l'opinion A à l'opinion B, vous établissez 6 ou 7 étapes entre les deux. Vous changez graduellement d'étapes en « précisant » votre pensée. Un changement lent effectué sur une longue période ne se voit presque pas.

C'est comme engraisser de 5 kilos sur une très longue période : les autres ne le remarqueront pas. Cependant, si vous engraissez rapidement sur une courte période, alors tout le monde en prend conscience.

Dites que vous avez épousé certaines de vos idées nouvelles dans le passé. Dans le dossier de l'exploration pétrolière à haut risque, dites que vous avez toujours été inquiet des risques d'accident. Dites qu'on vous a menti sur la sécurité de ces installations. Ayez l'air d'une victime plutôt que d'un opportuniste qui fait la girouette en suivant l'opinion publique.

Prenons une situation quelconque. Disons que l'opinion publique était d'abord favorable à l'extraction inconditionnelle du pétrole, mais que suite à de nombreux accidents mortels et désastres écologiques et économiques, elle est maintenant contre ces mêmes extractions. Voici un exemple de changement progressif d'opinion.

Les secrets du démocrate

A- Vous êtes un inconditionnel de l'extraction du pétrole en haute mer : drille, bébé, drille!

- Vous êtes un inconditionnel si c'est fait sécuritairement.
- Favorable si c'est sécuritaire, si cela crée des emplois et si ce n'est pas trop mauvais pour l'environnement.
- Plutôt favorable à de nombreuses conditions et si c'est réglementé.
- Prêt à considérer la possibilité à de très nombreuses conditions et si c'est fortement réglementé.
- Peu favorable à l'idée mais désireux (de faire semblant) d'écouter les propositions.

B- Totalement contre toute extraction de pétrole en haute mer! Trop dangereux!

Vous vous insurgez contre les entreprises privées qui coupent les coins ronds, prennent des risques pour augmenter leurs revenus, détruisent l'environnement, ne prennent pas de précautions pour les travailleurs. Vous êtes contre les fonctionnaires du gouvernement qui donnent des permis d'exploitation alors que vous étiez le premier à leur dire d'arrêter de niaiser et de tout approuver en un temps record. Vous êtes maintenant favorable à la hausse de responsabilité des entreprises en cas de désastre, vous êtes prêt à humilier les dirigeants de ces compagnies sur la place publique et à les envoyer en prison, vous voulez saisir tous les biens de ces entreprises.

Les gens vous aimeront lorsque vous vous fâcherez en disant ce qu'ils pensent. Cela vous aidera à conserver votre capital de sympathie.

Un jour, un journaliste lucide, un commettant éclairé ou un partisan perplexe vous demandera d'expliquer votre changement d'opinion. Effectivement, ce n'est pas tout le monde qui mordra à votre hameçon. C'est alors que vous utiliserez plusieurs des autres techniques, incluant la réécriture et la romantisation du passé. Vous expliquerez qu'en fait, votre ancienne position n'était pas si loin de l'actuelle et que plusieurs choses étaient sous-entendues. Que vous avez été cité hors contexte. Que vous avez été trahi par des bandits (dirigeants de sociétés de pétrole)... Éventuellement, vous devrez surtout changer de sujet en utilisant les techniques expliquées plus loin et vous devrez aussi accuser votre interlocuteur, s'il revient à la charge, de s'acharner sur de vieilles histoires.

16 - Choisissez la bonne religion

Comme vous le savez, la religion est très importante dans de nombreux pays du monde et elle gagne même en popularité à des endroits qu'on n'aurait pas soupçonnés. Il est clair que de nombreux partisans vont voter pour vous en fonction de votre religion à condition que ce soit la bonne. Cependant, si vous changez de religion à la dernière minute pour gagner des votes, vous aurez l'air d'un opportuniste. C'est pour cela que lorsque vous vous présentez, vous devez avoir été associé à cette religion depuis longtemps.

Il est aussi possible que votre adversaire principal pratique la bonne religion. Techniquement, il faudrait choisir la religion qui est la plus populaire dans votre comté ou dans votre pays tout en sachant que bien des gens la pratiquent peu et que plusieurs ne sont pas croyants.

Cependant, vous ne devez pas choisir votre religion en fonction de sa popularité actuelle mais en fonction de sa popularité future, au moment où vous vous lancerez en campagne dans 10, 15 ou 20 ans par exemple.

Vous devez également étudier la capacité financière de vos supporters religieux. Parfois, des groupes moins nombreux ont des moyens financiers illimités, ce qui sera grandement utile pour mousser votre popularité et vous faire monter les échelons du pouvoir.

Étudiez quel groupe religieux contrôle les médias dans votre région ou pays, ce sera un atout quasi infaillible.

Faites une analyse des avantages et des inconvénients de chaque religion, ainsi que de l'athéisme, et étudiez leur développement probable au cours des prochaines années. Rencontrez des gens de toutes les religions et écoutez ce qu'ils disent. Vous pourrez plus tard dire que vous avez eu dès votre plus jeune âge des liens avec la religion la plus populaire.

17 - Faites-vous financer par des gens très riches

Bien que le jeune démocrate ait généralement une vision idéaliste de la démocratie, la réalité est que c'est l'argent qui va décider du vainqueur dans la vaste majorité des cas. Ainsi, le démocrate se doit d'être très riche ou de se faire financer par des gens très riches.

Afin d'augmenter son éligibilité, le démocrate devra voyager partout dans son pays et dans le monde et vivre de nombreuses expériences enrichissantes mais dispendieuses. Il sera aussi à son avantage d'avoir suivi des cours spécialisés et d'avoir reçu une bonne éducation. Ces éléments augmenteront sa crédibilité.

Le démocrate devra mettre sur pied des campagnes électorales dispendieuses, avoir beaucoup de gens qui travaillent pour lui, incluant de nombreux bénévoles. Rappelez-vous que les campagnes électorales commencent de nombreuses années avant le jour du vote.

Afin de bâtir une redoutable organisation, le démocrate devra disposer de moyens financiers illimités compte tenu du coût toujours grandissant des campagnes électorales.

Certains pays ont imposé des limites aux montants qu'on peut dépenser officiellement lors d'une campagne. Évidemment, il y a plusieurs trous dans ces lois. Généralement, il n'y a pas de limites au financement entre deux campagnes, ce qui permet à un bon démocrate de gagner l'élection avant le début de la campagne électorale. On parlera abondamment de ces questions plus tard.

Mais revenons au financement en tant que tel. De manière générale, il y a deux méthodes générales, ou bien vous vous faites financer par une personne ou un petit groupe riche, ou bien par de nombreuses personnes ou groupes riches.

La première stratégie consiste à se faire financer par une seule personne ou par un petit groupe. C'est idéal pour les communications, on n'a pas à être divisé entre de nombreux groupes ayant des idées différentes, il n'y a pas de tensions entre les financiers. Toutes les interactions peuvent se faire verbalement.

Il existe cependant des inconvénients à cette approche. Rapidement, vous devenez l'esclave de votre financier. Vous êtes son jouet. S'il retire son financement, vous êtes cuit. Ensuite, si cette personne décède, il n'est pas certain que ses successeurs seront aussi convaincus de vous aider financièrement.

Ce financier pourrait aussi se retrouver en prison (il y a une raison pour laquelle il est riche) ou perdre tout son argent.

Faire affaire avec un large groupe de financiers est très utile si l'un d'eux doit se retirer pour une raison quelconque. Si, en plus, le groupe en question est l'organisation des services secrets d'un autre pays, ces services peuvent vous donner des conseils utiles et

Lisez ce livre en secret

vous aider en organisant une propagande efficace. Ils feront tout, vous n'aurez qu'à lire leurs textes et à serrer les mains qu'ils vous diront de serrer.

Cependant, les intérêts d'un groupe hétéroclite sont souvent divergents, ce qui rend la situation très compliquée. Vous aurez alors à trancher souvent entre les factions, ce qui vous rendra impopulaire et pourrait mener au retrait de plusieurs individus, qui iront financer d'autres personnes qui deviendront vos rivaux. Il faut savoir ménager la chèvre et le chou. Les trucs mentionnés dans ce livre vous aideront à ce sujet.

Le meilleur moyen de vous financer, c'est que vous soyez riche vous-même, ou bien que vous ayez marié une personne riche. Avec cette approche, vous n'aurez pas de comptes à rendre à d'autres. Si votre richesse vient de votre mariage, assurez-vous que celui-ci dure, du moins jusqu'à ce que vous ayez développé votre propre richesse personnelle grâce à la politique.

L'essentiel est de se présenter en politique avec une très solide base financière, de très loin supérieure à celle de vos adversaires. L'argent gagne souvent les élections.

18 - Ayez une bonne famille et des enfants

Presqu'autant que l'argent, l'image que vous donnez est essentielle à votre candidature. Vous devrez avoir une bonne famille et nécessairement des enfants. Essayez d'avoir une famille qui paraît bien sur les photos. Vous la cacherez de la vie politique sous prétexte de vouloir respecter sa vie privée. Elle devra toutefois vous supporter en tout temps.

C'est très important d'avoir une bonne famille, car la famille est une chose primordiale pour de nombreux électeurs et vous devrez leur dire que vous comprenez ce qu'ils vous disent et que vous êtes dans la même situation qu'eux.

Choisissez une femme en fonction des votes qu'elle pourrait vous apporter. Évitez une femme trop belle ou excentrique, car l'électorat féminin ne se reconnaîtrait pas en elle. Prenez plutôt une femme qui ressemble à l'électorat que vous ciblez. Vous pourrez toujours vous amuser avec une autre, et au pire la changer pour une autre plus tard dans votre carrière.

Avoir une bonne famille aide à écrire de beaux discours, car vous pouvez prétexter prendre les bonnes décisions pour vos enfants et vos petits-enfants. Cela vous permettra d'avoir l'air d'une vraie personne avec des êtres chers.

Les enfants sont obligatoires, car de nombreux électeurs ne croiront pas que vous pouvez les comprendre si vous n'en avez pas. C'est pourquoi vous devez en avoir avant votre première campagne. S'il n'est pas possible d'en avoir naturellement, il faudra trouver une autre façon.

Autant votre famille peut vous être utile dans votre vie électorale, autant elle peut vous être désastreuse. Un divorce difficile et des enfants rebelles peuvent vous causer une tonne d'ennuis. Cependant, cela ne devrait pas vous arriver si vous les endoctrinez comme il faut. En effet, il suffit de trouver des spécialistes pour les convaincre que vous êtes leur héros. C'est une méthode éprouvée depuis des siècles.

19 - Argumentez avec des gens qui ont des idées contraires

Une autre chose qu'un bon démocrate ayant des aspirations politiques doit faire est d'argumenter fréquemment avec des gens qui ont des idées contraires. Le sujet importe peu. Il est même préférable de parler de sujets variés.

Au début, prenez les positions en lesquelles vous croyez vraiment, ensuite prenez d'autres positions, puis des positions contraires à vos idées et finalement prenez une position insoutenable et donc très difficile à défendre.

Au début, vous excellerez probablement dans les sujets que vous connaissez bien et aurez des difficultés dans ceux que vous connaissez moins. Vous devriez être à votre mieux lorsque vous exprimez vos idées réelles plutôt que lorsque vous défendez l'impossible. C'est normal.

Cependant, en politique, vous devrez apprendre à être bon dans n'importe quelle position, les meilleurs candidats sont ceux qui sont bons à défendre la stupidité. Vous en aurez grandement besoin, surtout si vous devenez le chef de votre parti.

C'est pourquoi vous devez travailler les 4 positions indiquées ci-haut et exceller progressivement. Au début, ça peut être perçu comme une mission impossible, mais avec de la persévérance, vous y arriverez.

Les philosophes idéalistes enseignent à travers le monde qu'il faut débattre des idées, ne pas attaquer les gens personnellement, avoir une approche constructive, etc. Hélas, en politique, ces idées sont destinées à la poubelle.

Vous apprendrez que le sujet du débat importe peu; l'important est d'avoir du succès à détruire la crédibilité de la personne avec laquelle on débat. Le reste n'a pas d'importance. Dans ce livre, vous trouverez quelques trucs pour anéantir la crédibilité de vos adversaires.

Mais encore une fois, la meilleure méthode pour se perfectionner est l'entraînement. Faites-le souvent, enregistrez-vous si vous le pouvez, réécoutez les enregistrements. Au début, c'est difficile parce qu'on s'aperçoit qu'on a souvent commis des erreurs ou qu'on aurait dû dire ceci ou cela à un certain moment. De meilleures idées surgissent lorsque le débat est fini plutôt que dans le feu de l'action. C'est normal. Continuez votre formation. Vous verrez que vous deviendrez éventuellement un maître débatteur.

N'oubliez pas de détruire les enregistrements après les avoir écoutés, surtout s'ils contiennent des prises de position qui pourraient vous nuire plus tard.

20 - Fréquentez des gens rusés et sournois

Dans la vie, vous rencontrerez des gens rusés et sournois et ce sont ces gens-là que vous voudrez éviter de fréquenter. Cependant, c'est une mauvaise idée pour un démocrate.

En effet, tout au contraire, vous devez fréquenter ces gens-là, afin d'apprendre leurs trucs. Ils vont vous faire des trucs méchants, à vous et à d'autres. Chaque fois, vous devrez analyser leur geste. Cela était-il prévisible? Auriez-vous pu éviter cela? Qu'est-ce qui a incité cet acte de méchanceté?

Au départ, il est fort probable que ces gens agiront de manière imprévisible, vous n'aurez aucune idée de la manière dont vous auriez pu éviter cela et vous ne verrez pas du tout ce qui a pu provoquer leur acte, qui vous semblera gratuit.

Cependant, à force de voir des gens en passer des vites, à d'autres comme à vous, vous allez pouvoir découvrir des tendances. Pourquoi avez-vous été choisi comme victime? Qu'est-ce qui a incité l'acte? Vous pourrez aussi prévoir les coups avant qu'ils arrivent. Vous découvrirez des méthodes pour les éviter, certaines qui fonctionnent dans telles circonstances et d'autres pas.

Vous pourrez rencontrer des gens rusés et sournois à l'école, dans vos loisirs et au travail. Étudiez bien leurs actions, vous allez voir le même genre de personnes à la puissance 10 en politique.

Quels trucs ces gens utilisent-ils pour obtenir une promotion? De quelles façons détruisent-ils la réputation d'autrui? Comment prennent-ils subtilement le crédit du travail des autres? Comment font-ils pour obtenir la confiance des gens même s'ils sont des truands? Comment font-ils pour voler les amours d'autres personnes?

Analysez leurs actions parfois simples, parfois hautement manipulatrices.

Lorsqu'on suit des cours d'auto-défense, on apprend à blesser d'autres personnes. En effet, le but du cours est de se défendre en cas d'attaque, mais en apprenant à se défendre, on apprend à connaître nos faiblesses et celles des autres, et cela nous permet d'être un meilleur agresseur.

C'est la même chose en termes de manipulation. Afin d'exceller en manœuvres d'anti-manipulation, il faut être un bon manipulateur et pour ce faire, rien de mieux que d'apprendre des maîtres. Si vous voulez être le meilleur, vous devez jouer avec les meilleurs.

En politique démocratique, vous n'aurez pas 50 chances de faire une bonne impression. Trop d'idéalistes se font détruire politiquement dès leur commencement par des ruses sournoises. Sachez qu'il y aura toujours quelqu'un qui voudra prendre votre place, que ce soit un adversaire d'un autre parti ou un rival du vôtre. Il y aura toujours quelqu'un dans l'ombre prêt à vous planter un couteau dans le dos. Vous devrez anticiper ses actions et les empêcher. Perfectionnez cet art AVANT de faire le saut en politique.

Prenez votre jeunesse comme un camp d'entraînement, fréquentez les malicieux et découvrez les trucs, vous verrez qu'ils n'en ont pas tant que ça, ce sont souvent les mêmes qui reviennent. Certains sont créatifs dans leur ruse, ce sont les plus dangereux.

Lorsque vous n'êtes rien, il semble que personne ne veuille s'accaparer votre place, mais lorsque vous avez de l'argent et du pouvoir, un très grand nombre d'individus souhaitent vous les prendre, éthiquement ou pas, presque certainement pas.

Au Moyen Âge, être un baron était un grand honneur. Le baron était riche et puissant, mais avec sa richesse et sa puissance venaient de nombreux jaloux qui complotaient pour prendre sa place. Des seigneurs puissants se mettaient ensemble pour tuer le baron. Ou bien d'autres barons l'attaquaient pour prendre ses ressources. Si le baron devenait trop puissant, il pouvait devenir une menace pour le roi, qui se chargeait alors souvent de l'éliminer. D'autres souhaitaient sa mort pour en devenir l'héritier, d'autres n'aimaient pas son style de gouvernement ou ses décisions judiciaires, bref il semble que la moitié des gens avaient une raison de vouloir s'en défaire. C'est la même chose en démocratie.

Avant de terminer sur ce point, il est utile de préciser que pour votre image, il est important de ne pas être associé de trop près à des truands. En effet, des adversaires pourraient entacher votre réputation en vous associant à eux. C'est pourquoi il est préférable de les rencontrer à l'école ou au travail, soit dans une situation où vous êtes obligés de les voir, plutôt que dans vos loisirs. Cependant, cela doit arriver.

La politique, c'est comme la mafia, il y a des gens qui sont honnêtes et fidèles au commencement. Le restent-ils à la fin? La façon de monter dans les deux mondes est souvent à coups de poignard dans le dos.

Prenez aussi le temps de lire les ouvrages sur les grands rusés que cette terre a connue... pour apprendre les trucs des meilleurs.

21 - Impliquez toujours un avocat

Une autre chose qui est nécessaire mais coûteuse, c'est d'impliquer un avocat dans ses affaires. D'ailleurs ceux-ci sont souvent rusés et sournois comme les gens que vous recherchez pour le point précédent. Ils vous permettent aussi d'apprendre plusieurs trucs utiles et ils améliorent vos connaissances des lois et règlements et des façons de les contourner ou de ne pas vous faire prendre.

Cependant, l'essentiel est que, dans plusieurs pays, les commentaires que l'on fait en présence de son avocat sont protégés par le secret professionnel. Cela vous permet de garder secrètes de nombreuses conversations que vous ne voudriez pas voir dans le domaine public. En plus, si quelqu'un dévoile tout de même ces conversations, alors vous pourrez poursuivre cette personne pour des millions et faire déclarer ces paroles inadmissibles à votre procès (peu importe la raison pour laquelle vous vous retrouvez devant les tribunaux).

Ce n'est pas sans raison qu'un très grand nombre de démocrates sont des avocats de formation. Ils sont bons dans les débats même s'ils n'ont rien pour appuyer leur position. Ils possèdent aussi plusieurs des techniques exposées dans ce livre. Ils sont capables de faire beaucoup d'argent même en perdant leurs causes. Ils ont compris, pour la plupart, qu'en démocratie, ce ne sont pas les faits qui comptent, mais la manière dont on les présente.

Vous avez sûrement déjà entendu l'histoire du comptable qui rencontre son patron. Ce dernier lui demande combien font deux plus deux. Le comptable réfléchit un instant, ferme la porte et les fenêtres et demande en chuchotant : « Combien voulez-vous que ça fasse? »

Effectivement, les chiffres sont manipulables et d'aucuns excellent dans cet art. Certains avocats, eux, excellent dans l'art de manipuler la vérité. Ils font de bons démocrates.

22 - Voyagez partout dans le monde

Parlant de choses essentielles et coûteuses, mais cette fois-ci parfois plaisantes, vous vous devrez de voyager partout dans votre circonscription, dans votre pays et dans le monde. Cela augmentera grandement votre crédibilité.

La réalité est que, malgré vos meilleurs efforts, vous aurez du mal à être crédible sur la question du Moyen-Orient si vous n'y êtes jamais allé. Vous aurez l'air d'un idiot si vous n'avez pas visité les plus grandes villes de votre pays. Le simple fait d'avoir visité des pays vous donne une longueur d'avance vis-à-vis les candidats qui n'ont pas cette expérience.

Vous impressionnerez les immigrants parce que vous avez visité leurs pays. Si vous débattez d'un enjeu, disons sur l'Europe, et que vous n'y habitez pas, on tentera vraisemblablement de vous attaquer en vous demandant si vous y êtes déjà allé. Si la réponse est non, alors vous serez en grande difficulté; on se demandera comment vous pouvez en parler en connaissance de cause. On vous accusera de ne pas savoir de quoi vous parlez. Vos adversaires prendront plaisir à vous rabaisser. Cependant, si vous êtes allé une dizaine de fois dans de nombreux pays, alors vous aurez l'air plus crédible.

Comment pouvez-vous avoir l'air de connaître les Grands Lacs canadiens si vous n'y êtes jamais allé? Vous parlez de commerce international, mais vous n'êtes jamais allé en Chine ni en Inde? Vous voulez sauver l'Arctique que vous n'avez jamais vu? L'Amazonie? Ça ne fonctionne pas. Vous n'aurez pas l'air de parler en connaissance de cause. Dans un débat, les gens qui y sont allés ou qui y habitent vont pouvoir vous pourfendre.

Le pire survient lorsque vous vous lancez en élections, mais que vous n'avez pas encore visité les villes et les villages de votre comté. Si vous avez un territoire vaste et qu'il y a en 200, visitez les 200. Faites-vous prendre en photo dans les 200. Pas de paresse, se préparer à la démocratie est un emploi à temps plein.

Pendant vos nombreux voyages locaux, nationaux et internationaux, prenez aussi le temps de parler aux gens de ce qui se passe et de leurs préoccupations. Apprenez les mœurs du coin. Prenez note des choses que les gens font bien à différents niveaux, des hôtels plus écologiques, des taxes créatives, des moyens de transport efficaces, etc. Cela vous aidera plus tard. Votre savoir et vos expériences vous aideront.

Profitez-en, ce sera plus difficile de faire ce genre de voyages lorsque vous serez en politique active. Les voyages seront alors une série de meetings qui pourraient avoir lieu n'importe où, beaucoup de poignées de mains mais peu de dialogues constructifs. Vous annoncerez aussi la teneur de communiqués qui auront paru dans les médias trois mois plus tôt.

Bâtissez votre crédibilité et vos connaissances en partie par vos voyages.

23 - Vivez des expériences

Pendant que vous vous préparez à devenir un excellent démocrate, il est essentiel que vous viviez des expériences qui vous permettront d'améliorer votre crédibilité, un peu comme les voyages.

Vous devrez en vivre beaucoup d'autres. D'abord, pratiquez au moins les trois sports les plus populaires de votre pays ou de votre région. Essayez de prévoir les sports ou activités qui seront populaires dans l'avenir et participez-y. Faites-en d'autres aussi. Lorsque vous aurez à parler de ces sports, vous aurez l'air de connaître votre affaire étant donné que vous les aurez vous-même pratiqués.

Obtenez une liste des activités principales que les gens font et faites-les de temps en temps. Regardez les films, écoutez les chansons et lisez les livres les plus populaires de votre pays. Vous risquez d'avoir l'air d'un inculte si vous n'avez pas lu les livres en vogue dans votre pays.

Participez à des activités environnementales, culturelles, en relation avec l'immigration, la justice, le sénat, les affaires indiennes, la sécurité et les travaux publics, l'emploi, les jeunes, les personnes âgées, les anciens combattants, les affaires, l'agriculture, la santé, les pêches, les sciences et plus encore. Dressez-vous un agenda pour vous assurer de tout pouvoir faire.

Le service militaire est aussi fortement recommandé dans plusieurs pays, surtout là où c'est populaire. En tant que démocrate, vous devrez souvent traiter des questions relatives à l'armée et vous serez en meilleure position pour le faire si vous avez l'expérience des forces. Cela augmentera aussi vos chances à la tête du ministère de la Défense et vous serez probablement plus respecté par vos troupes si vous devenez le leader et le commandant-en-chef de votre pays.

Dans le cas du travail en tant que tel, essayez d'avoir cumulé environ dix emplois avant de vous lancer en politique. Évidemment, certains seront pour une petite période. Faites des emplois variés où vous développerez des aptitudes différentes. Essayez de travailler dans le domaine des services, des ressources et de la production. Essayez aussi le travail autonome et salarié, syndiqué et non syndiqué, dans les domaines public et privé.

Faire un travail d'arbitre dans un sport ou de juge dans une activité est aussi recommandé. Cela bâtit la carapace nécessaire à la vie démocratique. Vous vous habituez à prendre des décisions impopulaires et à vous faire insulter.

Finalement, il vous sera toujours utile de travailler dans des domaines politiques afin d'être plus près de votre but et d'apprendre des erreurs des autres. Plusieurs démocrates ont appris en étant l'assistant d'un politicien ou en faisant du porte-à-porte pour ce dernier. Il faut parfois faire attention de ne pas être trop associé avec un démocrate qui est mal aimé du public ou qui pourrait le devenir.

Cette vaste expérience de travail vous aidera à mieux convaincre les gens de voter pour vous parce que vous comprendrez mieux ce qu'ils vous disent et que vous leur donnerez l'impression d'être comme eux. Or, les gens aiment voter pour des gens qui leur ressemblent un peu.

Également, toutes ces expériences vous seront utiles dans vos débats. Une personne qui n'a jamais été syndiquée de sa vie peut-elle vraiment comprendre ce qu'est la syndicalisation? Est-elle crédible? Vous, vous l'aurez vécu, d'autres en parleront en se basant sur de l'information de seconde main. Vous serez avantagé.

24 - Apprenez les langues les plus populaires de votre pays

Le moment idéal pour apprendre de nouvelles langues, c'est quand vous êtes jeune. Si vous vivez dans une région ou un pays multi-ethnique, apprenez les autres langues du pays. Concentrez-vous d'abord sur les plus populaires, puis passez à celles qui seront les plus fréquemment parlées au cours des prochaines décennies.

Les gens apprécient qu'on parle dans leur langue. Ils aiment voir quelqu'un se forcer pour bien leur parler. Les gens ont plus confiance en quelqu'un qui parle leur langue et il deviendra plus facile de profiter de la confiance que les gens vous donneront.

Apprenez d'abord les mots de base et pratiquez-vous. Essayez d'avoir le juste ton. Apprenez les erreurs typiques et les expressions communes. Vous ne devez pas avoir peur de faire des erreurs, car vous en ferez beaucoup.

Si vous êtes sur place, les gens ne pourront plus parler dans une autre langue afin d'éviter que vous compreniez ce qu'ils disent.

Connaître plusieurs langues pourrait aussi vous aider dans les rencontres internationales et en affaires. Cependant, en politique démocratique, l'essentiel est de démontrer que vous connaissez cette langue depuis très longtemps et que vous avez plaisir à la parler. Vous aurez aussi une meilleure image auprès des gens qui la parlent, ce qui vous donnera plus de votes. Comprendre une langue aide aussi à comprendre une culture, et il est essentiel de comprendre cette culture pour pouvoir la manipuler à votre avantage démocratique.

25 - Évitez des enregistrements compromettants ou gardez-en le contrôle

Une des choses qui reviennent hanter de plus en plus les démocrates d'aujourd'hui sont les vieux enregistrements audio, vidéo ou autres. Sur ces enregistrements, des démocrates sont vus en train de fumer des substances illégales, de lancer des tirades racistes et sexistes, d'avoir des comportements sexuels déviants ou de pratiquer d'autres activités qui nuiront à leur réputation plus tard.

La première chose à faire est de ne pas enregistrer ces choses, ce qui évite une grande partie des problèmes. La deuxième est d'éliminer toute trace de ces enregistrements. Cela peut être assez difficile à faire, quasi impossible s'ils ont déjà circulé sur l'Internet. Dans l'éventualité où vous voudriez absolument les conserver, assurez-vous qu'ils ne soient jamais trouvés, mais cette dernière approche est risquée.

Dans l'ère informatique, il devient de plus en plus difficile de se débarrasser de matériels embarrassants puisqu'il est souvent possible de retrouver du matériel même effacé sur votre ordinateur, votre caméra vidéo ou votre cellulaire. Des professionnels embauchés pour vous faire du tort trouveront quelque chose si ce quelque chose existe.

Il est à noter que plusieurs des événements que vous aurez enregistrés étant plus jeunes pourront sembler acceptables pour l'époque mais seront interprétés différemment plus tard. Vous aurez alors à expliquer qu'à ce moment-là, c'était des activités normales, mais que les temps ont changé. Certains comprendront, d'autres, trop nombreux, ne comprendront pas.

Pendant longtemps, il était permis publiquement de faire des farces sexistes et racistes, maintenant cela choque de nombreuses personnes. Même chose pour des blagues sur les personnes handicapées physiquement ou mentalement.

Peut-être que quelque chose d'anodin à l'époque de votre jeunesse deviendra scandaleux plus tard. Il se peut que le contraire se produise aussi. Cependant, ne prenez pas de risques. Ne faites pas confiance à d'autres pour vous assurer de ne pas être dans le pétrin.

Il est incroyable de penser que des carrières de bons démocrates soient sabordées ainsi, mais ce sont des choses qui arrivent souvent en démocratie. Certains s'attendent à la perfection morale de leurs démocrates.

Donc, pas d'enregistrements compromettants dans l'air; s'ils existent, détruisez-les ou ils vous détruiront.

26 - Gérez stratégiquement vos vices

Idéalement, vous serez parfait comme moi, mais la perfection est plutôt rare. Alors, vous aurez des vices, et vous en aurez beaucoup, les choses étant ainsi faites.

C'est pourquoi vous devrez gérer stratégiquement vos vices et, lorsque ce sera possible, les éliminer.

Vous devrez d'abord les identifier mentalement (rien d'écrit) et établir un plan de lutte contre les vices que vous voulez éliminer.

Par exemple, vous avez peur sur les ponts. Cette phobie se soigne, vous devez vous faire aider par un spécialiste pour éliminer cette phobie. Évidemment, ça va coûter un peu cher, mais vous avez l'argent. Éliminez vos phobies avant de commencer votre vie politique.

Vous mangez un peu trop? Réglez cela. Vous avez peur dans le noir? Réglez cela. Vous avez peur des souris? Réglez cela aussi.

Tous ces défauts sont corrigibles, mais ça demande un peu d'argent et plus de volonté.

Faites votre très longue liste de vices et traitez tous les problèmes traitables que vous voulez régler.

Par contre, dans votre liste, il est fort probable qu'il y ait des activités véreuses auxquelles vous voudriez continuer de vous livrer tout au long de votre vie. Ne vous inquiétez pas, c'est le cas aussi pour les autres démocrates.

Dans ces situations, vous pouvez continuer vos activités, mais assurez-vous de les faire discrètement, avec peu ou pas de monde (dépendamment de l'action), anonymement si possible, et assurez-vous qu'il n'en reste pas de traces ni de preuves.

Si vous aimez vous saouler, n'allez pas sur la place publique. Si vous faites des mauvais coups, ne vous en vantez pas.

Lors d'une campagne électorale, il a été révélé qu'un candidat d'une cinquantaine d'années s'était baigné nu avec une mineure lorsqu'il avait environ 30 ans. Ce genre de choses tue des carrières. Évidemment, si ce principe avait été appliqué partout au cours des 2500 dernières années, la majorité des politiciens célèbres de l'histoire de l'humanité aurait connu une carrière écourtée.

27 - Sachez expliquer vos erreurs de jeunesse

Hélas, malgré tous vos efforts, il est possible que vous ayez tout de même à expliquer des erreurs de jeunesse, peut-être les vôtres ou peut-être celles d'un membre de votre parti.

Dans ces cas, vous devriez avoir une explication déjà faite bien avant qu'on ne vous pose la question. En effet, si vous avez fait des erreurs volontaires plus jeune, vous devriez développer vos explications immédiatement pour être prêt le jour où l'on tentera de terminer votre carrière politique par des scandales qui datent de votre enfance.

Souvent, les démocrates se font prendre sans explication. Ils bégaient quelque chose, n'ont pas le temps de penser et finissent par dire des stupidités qui ne convainquent personne et qui amplifient le scandale dans lequel ils se trouvent. Certains nient catégoriquement les accusations, ce qui fait l'affaire du journaliste ou du rival, qui étale ensuite sa preuve sur la place publique.

Dans ces cas-là, un, vous avez commis des actions immorales ou illégales, deux, vous avez fourni une justification inadéquate ou mensongère et, trois, des preuves existent pour prouver votre mauvaise foi. Dans certaines démocraties, cela mettra fin à votre carrière.

C'est pourquoi vous devez être prêt des années à l'avance, avoir étudié tous les scénarios dans l'éventualité où l'on découvrirait l'une de vos failles.

Lorsque vous expliquez vos faux pas, utilisez la méthode du tueur. C'est-à-dire que vous devez admettre que vous avez fait une « erreur », mais ne dites pas que vous avez agi comme un imbécile, même si c'est le cas.

Expliquez que vous avez été entraîné par d'autres, minimisez la gravité de l'incident, dites que vous vous êtes déjà racheté, si possible. Expliquez que vous étiez jeune, même si vous aviez plus que l'âge légal de voter. Ensuite, entamez une guerre ou faites quelque chose pour changer le sujet de discussion.

Les techniques de changement des cycles de nouvelles seront exposées plus loin dans cet ouvrage. Mais l'important est qu'il ne faut pas que votre erreur accapare les médias trop longtemps.

L'idéal est de préparer l'explication de votre erreur avant de faire l'erreur en question.

28 - Agissez selon vos valeurs, sauf si ça entre en conflit avec vos intérêts personnels

De nombreux démocrates commencent leur carrière politique en expliquant qu'ils seront honnêtes et vertueux, qu'ils se baseront sur leurs valeurs et principes et qu'ils auront un très grand sens de l'éthique. Certains en rajoutent, même, mais c'est assez pour le moment.

Bon, disons maintenant la vérité. Vous devez agir selon vos valeurs, oui, mais elles doivent être flexibles au point où vous pouvez les ajuster afin de ne pas heurter vos intérêts personnels. Une autre méthode est de mettre vos intérêts personnels comme valeur principale (mais ne le dites pas) et ainsi vous pourrez respecter vos valeurs.

Vous devrez vous attendre à ce que les autres démocrates agissent selon leurs valeurs à condition que ça ne nuise pas à leurs intérêts personnels. Oubliez leurs discours de valeurs rigides, c'est pour garder leur niveau de popularité qu'ils les font.

Le truc ici est le suivant. Vous devez avoir l'air d'agir selon les plus grands principes et les plus grandes valeurs, même si ça vous nuit personnellement. Pour ce faire, vous devez prendre une situation anodine qui ne nuit que très légèrement à votre intérêt personnel. Ensuite, vous respectez ces valeurs, même si ce n'est pas dans votre intérêt. Évidemment, vous savez que les conséquences sur vous personnellement seront très minimes. Ensuite, vous passez les 10 prochaines années à expliquer que vous agissez selon vos valeurs, même si ça vous fait mal, et vous donnez cet exemple pour souligner le tout.

Après dix ans, vous recommencez le processus. Après un certain temps, parlez comme si vous faisiez ça tout le temps en bombardant l'audience avec de multiples exemples.

29 - Ne suivez pas les lois tant que vous ne vous faites pas prendre

Cette règle d'or du monde des affaires s'applique aussi aux démocrates. En partie évidemment, parce que vous devez être riche pour être un bon démocrate, et que pour être riche, il faut habituellement suivre les règles des affaires. Mais c'est aussi parce que vos rivaux, eux, dans votre parti ou dans d'autres, ne suivront pas les lois et que cela leur donnera un avantage concurrentiel sur vous.

Vous pouvez gagner contre un adversaire si vous respectez tous les deux les lois, mais si vous êtes le seul à les respecter et qu'il ne se fait pas prendre, avez-vous réellement une chance de gagner?

Vos adversaires dépenseront plus que la limite permise (là où il y en a une), ils prendront de l'argent illégalement, ils vous espionneront, ils commenceront leur campagne électorale avant la date de départ, ils achèteront le silence de ceux qui leur causent des problèmes ou, dans certains cas, ces derniers décéderont dans des situations mystérieuses.

Vos adversaires vont tout manigancer. Avez-vous vraiment une chance de les battre si vous respectez les lois? En fait, oui, mais seulement s'ils se font prendre. Vous pourriez alors profiter du scandale de l'adversaire pour vous faufiler avec la victoire.

Ce serait d'ailleurs une excellente occasion pour faire la morale à tout le monde sur la justice, l'éthique et d'autres concepts similaires.

Malheureusement, autant dire que vous rêvez en couleur. Non seulement, vous devez vous attendre à ce que votre adversaire triche, mais surtout prévoyez qu'il ne se fera pas prendre.

Prenons l'exemple de la course de 100 mètres. Disons que vous et votre rival êtes relativement égaux en termes de vitesse. Vous suivez les règles, mais votre adversaire a pris des substances illégales non détectables pour améliorer ses performances; il porte aussi de l'équipement illégal et il fait des manœuvres interdites durant la course, mais n'est pas pénalisé selon le jugement des arbitres. Pensez-vous vraiment avoir une chance? Poser la question, c'est y répondre.

C'est comme à la guerre. Les atrocités ordonnées par les gagnants sont vite oubliées ou cachées par ceux-ci et ils sont considérés comme les bons, alors que les perdants sont les mauvais et qu'ils se font prendre à avoir commis de nombreuses actions illégales avant et durant la guerre.

30 - Mettez votre conscience de côté, vous n'en aurez pas besoin

Cet élément est essentiel en politique, mais mettre sa conscience de côté est très difficile pour certains s'ils n'ont pas travaillé là-dessus pendant plusieurs années.

Soyons clairs, des gens mourront parce que vous déciderez de ne pas financer davantage l'aide au tiers-monde, de ne pas soutenir davantage la recherche médicale, de ne pas bâtir un hôpital près d'eux. Vous prendrez des décisions économiques au désavantage de l'environnement et cela reviendra vous hanter, car un mauvais environnement cause la mort des gens à long terme. Vous enverrez des milliers de soldats à l'abattoir. Vous refuserez le statut d'asile politique ou de réfugié et des gens se feront tuer à leur retour dans leur pays. Ne pensez pas trop à cela. Vous devez vivre et laisser mourir.

Vous privatiserez des services essentiels comme l'alimentation en eau pour économiser de l'argent et des gens mourront empoisonnés par une entreprise qui coupe les coins ronds en termes d'inspection de la qualité.

Ne vous inquiétez pas, c'est normal pour un démocrate. Ça fait partie de votre travail. Si vous aviez une conscience, alors vous ne pourriez jamais dormir la nuit.

Il est certain que si vous coupez des postes de milliers de fonctionnaires dans votre pays, vous causerez des ravages sociaux qui mèneront à des morts et à des suicides. Il est certain que votre réponse musclée pour assurer la sécurité d'un événement insignifiant pourra causer la mort de plusieurs personnes.

Vos quelques guerres pour aider l'économie vont causer quelques dommages collatéraux. Il n'y a rien de surprenant à tout cela.

Mais si vous êtes préoccupé par votre conscience, alors vous ne pourrez pas effectuer le travail correctement. Vous ne pourrez pas faire ce qui est nécessaire, notamment pour vos finances personnelles. Vous serez handicapé dans votre travail et vous deviendrez bientôt dépressif et tomberez malade.

Utilisez une méthode pour vous débarrasser de votre conscience AVANT de commencer votre carrière politique. Ces méthodes existent, des millions ont réussi à le faire, joignez le groupe. Pour certains, il semble qu'aucune méthode ne puisse fonctionner; si c'est le cas, reconsidérez votre intérêt pour la politique démocratique.

31 - Apprenez des erreurs des autres

Il existe un adage selon lequel il est essentiel d'apprendre de ses erreurs. Ça peut effectivement aider, mais c'est encore mieux de ne pas commettre d'erreurs soi-même et d'apprendre des erreurs des autres.

Une erreur, même commise à un jeune âge, peut revenir hanter quelqu'un pendant toute sa carrière politique. Par exemple, vous pourriez commettre l'erreur de dire ce que vous pensez. Bien que des philosophes vous encouragent dans ce sens, dire ce que l'on pense vous crée généralement de nombreux ennemis parce que d'autres apprendront, par exemple, que vous vous croyez hautement supérieurs à eux. Certains réagiront mal et prendront leur revanche sur vous.

Néanmoins, vous devez tout de même apprendre. C'est pourquoi vous devez apprendre des erreurs, mais de celles des autres. Attendez un peu, de nombreuses erreurs vont être commises, surtout si vous vivez avec des humains. Encore plus si vous observez les politiciens. Analysez leurs actions, leur grand nombre d'erreurs... regardez ce qui n'a pas fonctionné.

Déterminez pourquoi la carrière d'un jeune espoir s'est terminée prématurément. Observez comment untel s'y prend pour gravir les échelons. Dans une élection, il y a généralement plus de perdants que de gagnants. Qu'est-ce que ces perdants ont fait comme erreurs? Qu'est-ce qui leur a manqué?

Analysez l'histoire de la politique. Vous verrez que ce sont toujours les mêmes erreurs qui se répètent. Pourquoi? Parce que les gens n'apprennent pas des erreurs... des autres.

32 - Ayez tout appris de personnes mortes

Il arrive souvent à des démocrates peu expérimentés de faire l'éloge des autres politiciens ou des autres personnes qui leur ont tout montré en exemple. Ils disent des choses comme :
« J'ai tout appris de lui, il est comme mon deuxième père. »
« Quelle personne extraordinaire, je lui dois tout. »
Voilà des phrases à éviter lorsqu'on parle de personnes vivantes. D'abord, un scandale d'importance peut éclater à tout moment. Cette personne peut être un fraudeur, un pédophile, un arnaqueur de la pire espèce. Les risques de voir éclater un nouveau scandale à propos d'une personne morte depuis 25 ans sont beaucoup plus minces.

Advenant qu'un scandale éclate autour de votre mentor, votre père spirituel, vous serez aussi touché. Si vous le connaissez si bien et n'avez rien vu, alors vous êtes un naïf. Les gens s'éloigneront de vous, ils ne voudront pas être vus en votre compagnie. Eh oui, les gens vous considéreront coupable par association. Ils ne vous croiront pas lorsque vous leur direz que vous n'étiez au courant de rien.

Un autre problème, si cette personne est toujours vivante, c'est qu'elle pourrait vous renier fatalement. Effectivement, imaginons que vous ayez commencé votre carrière de la bonne façon, mais que, comme tout démocrate, vous ayez dévié vers le côté obscur de temps en temps et finalement de plus en plus. Cette personne pourrait déclarer aux médias qu'elle ne vous reconnaît plus, que vous avez abandonné vos principes, que vous n'êtes plus l'honnête homme qu'elle a connu. Ce genre de choses arrive souvent, on « crochit » avec les années.

La personne qui vous a tout montré pourrait tout vous enlever, surtout si elle est toujours vivante. Néanmoins, il est peu probable que les morts vous contredisent lorsque vous les citez ou lorsque vous expliquez les expériences que vous avez vécues ensemble. En citant un mort, vous pouvez améliorer le passé un peu ou le romancer à votre guise.

Surtout, n'allez pas dire que vous avez tout appris en lisant *Les secrets du démocrate*, cela serait bien mal vu...

Voilà les 32 premières consignes à suivre. Vous devez les appliquer AVANT de vous lancer en politique. Maintenant, pour gagner votre première élection démocratique ou pour en gagner une subséquente, lisez les conseils 33 à 70 qui suivent.

33 - Gagnez les élections d'abord, vous verrez ensuite

Lorsque vous vous lancez dans une élection, vous devez vous concentrer uniquement là-dessus. Ce doit être votre seule priorité. Ne laissez rien d'autre vous distraire. Cessez de travailler, du moins temporairement, à votre entreprise personnelle ou autre, ne faites l'acquisition d'aucune nouvelle entreprise, ne déménagez pas au milieu de la campagne. Mettez votre priorité à gagner l'élection.

Trop souvent, on commence une campagne en essayant aussi de poursuivre ses activités commerciales. Ça fonctionne pour certains qui n'ont pas besoin de faire campagne pour gagner. Ils ont déjà gagné leur campagne avant même qu'elle commence. Mais dans votre cas, surtout si vous êtes nouveau en politique, vous devrez y mettre l'effort et ne pas laisser les distractions vous causer des problèmes.

Tous les moyens sont bons pour gagner le vote. Ne vous mettez pas de bâtons dans les roues en vous interdisant de faire des attaques personnelles ou en vous imposant un code d'éthique rigoureux, etc. Les attaques personnelles et négatives contre vos adversaires font souvent mouche.

Parfois, en campagne, un candidat se limite par peur qu'on lui fasse un coup semblable. N'ayez crainte, quelqu'un vous fera le coup peu importe si vous le faites à d'autres ou non.

Faites ce qu'il faut pour gagner, dites ce qu'il faut pour gagner et vous vous arrangerez après avec les conséquences. Vous aurez, dans la plupart des cas, de deux à cinq ans pour résoudre les problèmes.

Vous devez présenter un programme utopique que vous savez ne pas pouvoir réaliser, mais laissez ce détail de côté pour le moment, votre priorité, c'est de gagner.

Laissez faire les inventions moralistes et le réalisme, faites ce qu'il faut pour gagner. Analysez toutes les situations en fonction de ce qui est bon pour vous faire élire. Le reste, vous vous en occuperez plus tard.

34 - Enquêtez sur vos adversaires

Une chose essentielle à faire est d'enquêter sur vos adversaires réels et potentiels. Certains adversaires pourraient se déclarer à la dernière minute selon les différents systèmes électoraux.

Essayez de trouver le plus de choses négatives à dire concernant ces personnes. Trouvez des individus qui les détestent pour différentes raisons. Enquêtez sur leur passé. Faites une réserve de scandales sur ces personnes.

Pour ce faire, vous devrez embaucher une équipe d'enquêteurs qui parcourront le Web et qui interrogeront de nombreux témoins afin de réunir le plus d'information possible sur vos rivaux. Surveillez aussi les journaux, la télévision, la radio, etc.

Classez les informations que vous recueillez, de la plus compromettante à celle qui l'est moins. Si possible, essayez de trouver des problèmes graves, par exemple que votre rival n'aurait pas respecté les lois, le code d'éthique des élus, qu'il aurait menti dans son curriculum vitae, qu'il aurait fermé les yeux sur des actes illégaux, etc.

Faites aussi une liste des promesses non respectées de votre adversaire et documentez tous les problèmes de son comté. Faites faire des études qui démontrent que les choses ont empiré depuis qu'il a été élu.

Dites-vous bien que cette personne est humaine; elle a donc commis des erreurs graves, vous devez les trouver.

Parlez à ses anciens employés, collègues de travail, partenaires d'affaires et autres, ceux-ci auront sûrement beaucoup de choses à dire, surtout ceux qui ne s'entendaient pas bien avec votre rival.

Faites continuellement des enquêtes sur vos rivaux, encouragez vos supporters à vous donner du matériel qui ferait mal paraître votre adversaire. Bâtissez votre banque de scandales.

35 - Mettez sur pied une équipe de création de scandales

En plus de la banque de scandales réels que vous et vos enquêteurs aurez dénichés, mettez sur pied une équipe de création de scandales afin d'augmenter le nombre de scandales que vous détiendrez en réserve.

Parfois, on ne trouve pas assez de problèmes réels sur quelqu'un, il faut donc en inventer plusieurs. À d'autres moments, on trouve plusieurs problèmes, mais aucun n'est très grave, alors qu'il vous faudrait identifier quelques scandales pour votre banque.

Dans le cas de la création de scandales, la meilleure méthode est de partir de faits réels et de les gonfler un peu. Vous mettez plusieurs dossiers ensemble et vous insinuez beaucoup de choses.

Vous devrez disposer d'agents de communication qui alimenteront anonymement les médias d'informations un peu exagérées sur votre rival. Certains médias vont relayer ces informations à la population en citant des sources anonymes. D'autres de vos agents iront sur Internet lancer des rumeurs. Assurez-vous que personne ne puisse savoir que ces informations proviennent de vos agents.

À cette étape-ci, l'important est de détenir une impressionnante liste de scandales réels ou inventés concernant vos adversaires. Vous pourrez plus tard les utiliser au moment propice. N'oubliez pas que souvent les scandales créent d'autres scandales. Vous ouvrez le bal et d'autres renchérissent.

36 - Arrangez-vous pour que votre adversaire dévoile ses idées avant vous

Souvent lorsque vous commencez en politique, les premières questions que l'on va vous poser sont : « Quelles sont vos idées? Quel est votre programme? ». Le nouveau démocrate annonce en détails toutes ses idées.

Évidemment, c'est une erreur. Votre adversaire va vous entendre et vous tailler en pièces. Voici comment il va procéder.

Il va étudier, disons, dix de vos idées. Pour les idées qui sont populaires auprès de l'électorat, il va simplement les copier, ce qui va annuler votre avantage. Pour les idées plus ou moins populaires, il va les promettre aussi mais en les améliorant, ce qui voudra dire que ses propositions seront plus populaires que les vôtres. Finalement, une ou deux de vos idées ne seront pas si populaires, alors il va vous attaquer indéfiniment là-dessus. De plus, il va ajouter une ou deux idées populaires de son cru, ce qui fera que son programme sera perçu par l'électorat comme étant meilleur que le vôtre.

La meilleure méthode est d'attendre que l'adversaire se compromette avec son programme et que vous établissiez un meilleur programme après. Par la suite, ce sera difficile pour votre adversaire de changer son propre programme alors qu'il vient de le lancer.

Le fait d'attendre que l'adversaire dévoile son programme est aussi bon parce que la plupart des gens ne suivent pas la campagne électorale longtemps d'avance. Comme ils commencent à la suivre à la dernière minute, vous pourrez saisir l'occasion d'une journée médiatisée pour faire parvenir votre message à plus de monde.

Un autre problème lié au fait de dévoiler son programme trop tôt est que vous donnez plus de temps à votre rival pour le détruire, pour faire des enquêtes approfondies, pour étudier tous les mots que vous avez utilisés. Certains pourront même faire des études empiriques, ils trouveront d'autres endroits dans le monde où ce que vous suggérez a été fait mais n'a pas fonctionné. Ils trouveront un économiste quelque part qui va critiquer votre plan économique ou un expert qui s'attaquera à vos positions.

Votre adversaire aura aussi beaucoup plus de temps pour envoyer à tout le monde dans la circonscription des courriels dans lesquels il démolira votre plan. Il mettra des vidéos sur Internet pour ridiculiser certains éléments de votre programme.

Méfiez-vous des journalistes qui favorisent le clan adverse et qui vous demandent de dévoiler vos idées: ils vous entraînent souvent dans la mauvaise direction.

Les secrets du démocrate

Si vous attendez que votre adversaire dévoile son plan et qu'il ne le fait pas; faites-le, mais à la dernière minute. Ça ne donnera pas beaucoup de temps à votre adversaire pour le critiquer et, s'il le fait, vous répondrez que votre rival n'a pas de plan.

Donc, pour en revenir à la question initiale, vous annoncez que vous vous lancez en politique et les journalistes vous demandent pourquoi vous le faites. Hélas, vous ne pouvez pas répondre que vous le leur direz plus tard. Vous devez répondre maintenant. Faites-le en soulevant des thèmes généraux, comme la santé, l'environnement, la justice, la sécurité, le besoin de changement, et lancez quelques flèches à vos adversaires. Si on insiste, dites que vous pouvez faire mieux que ceux en place et que vous dévoilerez les détails de votre programme bientôt.

37 - Lancez des flèches à votre adversaire dès que possible

Il fut un temps où les campagnes électorales duraient quelques mois seulement ou même moins. Aujourd'hui, le démocrate sait qu'il est en campagne de manière permanente. Donc, lancez des flèches à votre adversaire dès que possible. Commencez à le discréditer maintenant.

Évidemment, vous n'avez pas à tout faire personnellement, vous pouvez compter sur vos sympathisants ou vos employés. La campagne est commencée, peu importe ce qu'en disent les autorités officielles. Lancez des attaques sur Internet et faites votre propre promotion. Commencez bien avant la date officielle.

Assassinez politiquement votre adversaire tout de suite. Si les gens ont une mauvaise opinion de lui en partant, il lui sera très difficile de s'en défaire. Ne laissez pas cette personne s'établir comme un bon démocrate, lancez-lui de la boue tout de suite. Ne le laissez pas prendre un rythme de croisière, lancez-lui au visage les scandales que vous avez trouvés. Les gens vont l'interroger sur les scandales plutôt que sur ce dont il veut parler.

Découragez-le tout de suite. Faites-lui regretter la décision de s'être lancé en politique. Faites-le douter. Il aura peur que d'autres scandales éclatent.

Gérez stratégiquement votre liste de scandales pour être certain de ne pas en manquer et gardez-en des importants pour plus tard, mais passez tout de suite à l'attaque. Certains membres de son parti risquent de ne plus avoir confiance en lui, certains voudront prendre sa place, cela créera de la dissension dans son clan. Si ça va mal dans son groupe, ses collègues vont chercher des coupables et peut-être en congédier d'autres, ce qui créera une instabilité dans son équipe.

Quand les choses vont mal dans la vie, c'est souvent parce qu'elles ont mal commencé. Si la campagne électorale de votre adversaire part mal, ça risque de mal se terminer pour lui. C'est une bonne nouvelle pour vous.

38 - N'empêchez jamais un rival de commettre une erreur

Un autre principe essentiel pour le démocrate moderne est de ne jamais empêcher un adversaire de commettre une erreur.

Parfois, parce que nous voulons le bien de la population, nous empêchons un rival de commettre une erreur. C'est une faute. Il faut laisser le rival commettre l'erreur et ensuite le critiquer vertement. Faire une erreur a beaucoup plus d'impact que d'être sur le point d'en faire une.

Par exemple, si votre adversaire est sur le point de faire quelque chose qui est contraire aux règles ou aux lois, laissez-le faire, ne dites rien, faites semblant de ne pas le savoir. Ensuite, une fois que c'est fait aux yeux de tous, pourfendez-le.

Si votre adversaire est sur le point d'agir de manière inappropriée selon la culture ou la religion d'un certain groupe, laissez-le faire. S'il est en pleine crise de rage, ne le calmez pas. S'il est sur le point de frapper quelqu'un, ne vous interposez pas.

Si votre adversaire mélange les noms des personnes ou les faits, ne l'aidez pas. S'il a oublié que son micro est ouvert et qu'il exprime des commentaires controversés, ne le prévenez pas.

La cravate de votre adversaire est toute croche, sa fermeture-éclair n'est pas fermée, votre rivale est en train de perdre sa jupe ou de raconter des détails controversés de sa vie, ne stoppez rien.

L'adversaire se lance dans une discussion selon laquelle Adolf Hitler aurait fait de bonnes choses, tout comme Staline, Pol Pot ou d'autres personnages historiques que la population déteste particulièrement. C'est assez controversé parce que d'autres personnages ont commis de graves atrocités, mais sont perçus comme des héros et de grands guerriers. On dirait qu'on leur pardonne tout. Cependant, certains autres sont particulièrement mal vus et tout rival qui est perçu en train de les défendre risque beaucoup.

D'autres semblent dire que la pédophilie n'est pas un crime si grave. Vous savez alors que votre adversaire est en train de commettre l'irréparable. Ne l'interrompez pas, vous risquez de l'empêcher de commettre l'erreur étant donné que ses commentaires sont explosifs et vont entraîner une vive réaction chez la population.

Laissez-le poursuivre sur cette pente glissante et surtout, n'intervenez pas. Qu'il se pende tout seul.

Lisez ce livre en secret

Laissez-le s'humilier lui-même. Parfois, notre personnalité nous force à venir en aide à des personnes que l'on voit en train de faire une erreur, mais il est essentiel que vous ne l'empêchiez pas de la faire. Profitez de toutes les chances qui vous sont données, il n'y en aura peut-être pas d'autres.

39 - Ne donnez pas de chances à votre adversaire

Parfois, vous pourriez prendre en pitié votre adversaire, un néophyte idéaliste qui n'a rien compris à la démocratie. Il n'a pas compris l'essentiel, soit que la démocratie est un spectacle, pas un régime politique.

Votre adversaire se fait malmener dans les sondages et a beaucoup de malchances. Peu importe votre avance dans les sondages, ne donnez jamais de chances à votre adversaire. Les miracles existent, alors lorsque vous tenez votre adversaire à la jugulaire, vous terminez le travail. Ne lui donnez pas la chance de reprendre un semblant de rythme.

Plus de morts-vivants, ou du moins considérés comme tels, que vous ne le pensez ont gagné des courses électorales. Une ou deux malchances pour vous, un coup bien porté par votre adversaire et il pourrait être de retour dans la course.

Au soccer européen, lorsqu'on mène 2-0 avec dix minutes à jouer dans le match contre une équipe anémique et qu'on a la chance de marquer de nouveau, on le fait! Marquez!

Certains idéalistes diront qu'il ne faut pas ridiculiser l'adversaire, qu'il faut être bon joueur, etc. Laissez ces principes à l'école. La politique, ça peut changer vite. La mince ouverture que vous laissez à votre opposant pourrait vous être fatale.

Comme à la boxe, un seul coup pourrait vous faire perdre le combat même si vous le menez largement, alors vous achevez votre adversaire à la première occasion.

Faire le travail à moitié ne suffit pas, ne donnez pas de chance à votre adversaire et achevez-le.

40 - Citez votre adversaire hors contexte

Un des plus anciens trucs est de citer son adversaire hors contexte. La raison pour laquelle ce truc est toujours utilisé, c'est parce qu'il fonctionne. Vous pouvez citer hors contexte les paroles ou le texte d'un adversaire, tout comme des rapports officiels, des messages textes, etc.

Souvent hélas, votre adversaire, également bon démocrate, dira des choses qui ont généralement du sens. C'est un peu problématique pour vous, puisque votre rôle est de détruire ce qu'il dit. Cependant, si vous écoutez attentivement votre adversaire, il dira des phrases qui, prises hors contexte, n'ont pas de sens et seront potentiellement explosives. Votre adversaire fera aussi des petits lapsus.

Une des situations dans lesquelles cela arrive le plus souvent, c'est dans les *scrums*. Un groupe de journalistes chargent un démocrate et le questionnent sur un sujet d'actualité. Les journalistes ont tendance à parler tous en même temps et parfois dans différentes langues. Votre rival pourrait faire des petites erreurs que vous monterez en épingle.

Dans les volumineux rapports officiels qui vous critiquent ou qui complimentent votre adversaire ou sa position, il y a presque toujours quelques phrases qui semblent aller à contre-courant. Vous sautez sur ces phrases et vous les présentez comme si c'était le message principal du rapport.

Dans une autre situation, disons que vous êtes dans le parti gouvernemental, trois rapports sortent et sont très critiques sur le droit d'accès à l'information, les langues officielles et l'environnement. Dans ce cas, lisez les rapports avant qu'ils sortent (arrangez-vous si possible) et trouvez les quelques phrases positives.

Ces trois rapports sont excessivement critiques de votre parti, mais comporteront probablement quelques phrases qui disent qu'une ou deux choses ont bien fonctionné ou quelques phrases qui, prises hors contexte, semblent vaguement indiquer quelque chose de positif. Prenez ces éléments dans le très volumineux rapport et présentez-les comme les points saillants du rapport.

S'il n'y a vraiment aucun élément positif, accusez l'auteur du rapport de manquer d'objectivité.

Ne vous inquiétez pas trop, la vaste majorité des gens et des démocrates ne liront pas les très gros rapports, ni les plus petits d'ailleurs.

Dans un débat, vous argumentez avec vos quelques petits points pendant que votre adversaire parlera de ce qui ressort de l'ensemble du rapport, mais faites comme s'il y avait plus de points en votre faveur.

Les secrets du démocrate

Accusez votre adversaire d'être négatif et de s'attarder à de petits détails. Dans ce qui sera la farce du siècle, accusez votre adversaire de citer hors contexte des éléments du rapport alors que c'est vous qui faites précisément cela. Peut-être que le journaliste va pouffer de rire, mais vous, gardez votre sérieux.

Si, au contraire, votre parti est dans l'opposition et que vous critiquez votre rival qui est au pouvoir, alors faites le contraire, trouvez les micro-points négatifs et présentez-les comme s'ils étaient les points principaux. Si votre adversaire vous accuse d'être négatif, accusez-le de négliger des problèmes importants.

Cette méthode marche aussi particulièrement bien avec les rapports des Nations Unies ou des autres institutions internationales. Il est pratiquement impossible que le rapport soit 100 % positif ou 100 % négatif.

De nombreux journalistes activistes, dont certains sont célèbres dans leurs pays, utilisent continuellement cette méthode. Étudiez leurs techniques de manipulation et apprenez d'eux.

41 - Accusez personnellement vos adversaires de vous accuser personnellement

Selon la plupart des philosophes, un débat d'idées devrait être exempt d'attaques personnelles. Idéalement, on débat des problèmes, des solutions, mais on ne recourt jamais à des attaques qui visent à miner la crédibilité de la personne avec qui on débat.

Ces philosophes ont des opinions très utopiques de la démocratie. La plupart des idées sont difficiles à comprendre par la majorité des gens, les positions des différents démocrates peuvent aussi avoir tendance à se ressembler.

Suivez les idées des philosophes et vous monterez dans leur estime, mais vous ne gagnerez pas d'élection. Leur estime ne vaut pas grand-chose en démocratie.

Dans l'esprit des gens, vous ne devez pas gagner théoriquement les débats; vous devez avoir l'air de les gagner. La vérité est que les démocrates d'aujourd'hui se fichent pas mal des faits, l'important est de faire une série d'attaques personnelles sur leurs adversaires.

Soyez le premier à lancer les attaques personnelles, mais prétextez que vous répondez à des attaques personnelles de votre adversaire ou de ses acolytes.

Prétendez débattre des idées, mais faites des attaques sournoises contre votre adversaire sans toutefois donner l'impression de lancer une attaque personnelle. L'art de faire quelque chose sans le faire est l'arme principale du démocrate.

Poussez votre adversaire à vous lancer des attaques personnelles et ensuite fustigez-le parce qu'il attaque votre intégrité. Ainsi attaqué, vous aurez l'occasion de lui répondre en vous vantant, chose qui est mal vue autrement.

Après que votre adversaire vous ait attaqué personnellement, lancez une série de lettres, de courriels ou de messages, dans les journaux ou à la télévision, accusant votre adversaire de se livrer à des attaques personnelles. Vous prendrez ainsi le dessus au point de vue de la morale.

Demandez ensuite à votre adversaire de s'excuser pour les attaques personnelles qu'il a faites envers vous. Vous aurez l'air d'une victime de ses actes vicieux même si c'est vous qui l'avez incité à les commettre.

Expliquez que votre adversaire n'a pas de contenu, que la seule chose qu'il sait faire est de lancer des attaques personnelles. Parlez longtemps de ce sujet, votre adversaire refusera probablement de s'excuser, ce qui vous permettra de vous insurger parce qu'il ne le fait pas.

Les secrets du démocrate

S'il s'excuse vraiment, vous aurez gagné, il aura admis son erreur. Informez-le qu'il faut débattre des dossiers et qu'il ne faut pas lancer d'attaques personnelles, mais vous, continuez d'en faire tout en évitant de le faire trop directement.

Les attaques personnelles que vous ferez ne seront pas des attaques, vous exposerez simplement quelques faits vrais et vérifiés. Les autres attaques ne seront pas faites par vous mais par votre personnel.

42 - Accusez vos adversaires d'être antidémocratiques

Dans la plupart des pays démocratiques, les électeurs ont une vision utopique et appréciative de la démocratie même s'ils sont souvent malheureux et qu'ils n'aiment pas leurs politiciens ni la direction que prend le gouvernement. Les personnes antidémocratiques, que ce soit des anarchistes, des fascistes, des communistes, des partisans de la monarchie absolue ou de l'impérialisme, sont souvent mal vues.

Ceci est parfait pour vous, car vous accuserez votre adversaire d'être antidémocratique et vous l'associerez ainsi à des gens peu appréciés. La technique qui vise à rabaisser la réputation de quelqu'un par association fonctionne très bien. Vous serez perçu comme le chevalier qui défend la démocratie, le droit du peuple, contre un méchant anarchiste. Vous défendrez le pouvoir du peuple, ce qui vous vaudra l'éloge de ce même peuple. N'expliquez cependant pas aux gens que la démocratie dans laquelle ils vivent est un leurre.

Évidemment, vous pouvez faire comme plusieurs, c'est-à-dire accuser sans avoir de preuve, mais ça fonctionne mieux quand on en a, ou qu'on en a d'un certain point de vue.

Chaque jour, de nombreux sondages sortiront. Votre adversaire mettra en place des mesures impopulaires auxquelles la population s'opposera. En vous basant sur les sondages, accusez-le immédiatement d'être antidémocratique. Lancez votre venin. Accusez-le de se foutre de l'opinion générale et d'agir comme un dictateur en imposant sa volonté. Accusez-le de se moquer de l'opinion publique et de la démocratie.

Comparez les actions de votre adversaire avec celles d'antidémocrates notoires.

Si vous êtes au pouvoir et que l'on vous accuse de prendre des mesures antidémocratiques, alors répondez que vous avez été élu démocratiquement et que vous avez donc tous les droits de prendre les décisions. Assurez-vous de ne pas révéler au peuple tous les éléments d'une vraie démocratie, il faut qu'il pense que la démocratie, c'est simplement d'aller voter tous les quatre ou cinq ans.

Au pouvoir, vous devez agir comme si on venait de vous élire dictateur du pays. Ne laissez pas les sondages, les études et l'opinion publique influencer ce que vous voulez faire. On peut faire dire aux différentes études ce que l'on veut.

43 - Demandez pardon pour les erreurs de vos adversaires

Lors des débats démocratiques, il y aura souvent des moments solennels dans lesquels vous demanderez pardon pour les erreurs de votre adversaire. Vous humilierez ainsi ce dernier et vous aurez l'air d'être contrit tout en mettant l'emphase sur le fait que c'est votre adversaire qui a commis l'erreur.

« Je voudrais demander pardon au peuple puisque plusieurs dizaines de personnes sont mortes dans l'attentat terroriste qui n'a pas pu être prévenu par les autorités (de l'autre parti). »

« Je voudrais demander pardon pour les fautes graves et les actes de torture qui ont eu lieu sous l'ancien régime (celui de votre adversaire). »

« Je voudrais que vous pardonniez les paroles racistes et sexistes de mon adversaire. Nous devons lui pardonner parce qu'il ne sait pas tout le mal qu'il a fait. »

« Il a agi scrupuleusement dans son intérêt personnel d'une manière déshonorable pour la démocratie. Pardonnez-lui ses crimes. »

« Nous demandons pardon pour les exactions commises contre les peuples autochtones pendant la période de (insérer les dates de votre choix, justement pendant que votre adversaire était au pouvoir). »

Accusez votre adversaire de ne pas avoir demandé pardon et demandez-le à sa place tout en mettant de l'avant son affront initial et le fait qu'il ne demande pas pardon. Accusez-le de ne pas réaliser la gravité des erreurs qu'il a faites.

Demandez à la population de pardonner l'incompétence de votre rival. Dites que vous savez que c'est difficile à faire. Demandez à votre adversaire de vous remercier pour avoir demandé pardon à sa place.

Si votre adversaire demande pardon, alors dites que le pardon ne réparera pas les souffrances qui ont été causées.

Si vous demandez pardon pour vous, dites qu'il est temps de passer à autre chose. Et si les médias et vos adversaires insistent, accusez-les de revenir sans cesse sur les mêmes vieilles rengaines.

Notez cependant que vous ne devriez pas vraiment demander pardon. Révisez plutôt les techniques sur les façons de s'excuser sans s'excuser (14).

44 - Attaquez tôt et vicieusement dans les débats

L'épreuve reine de plusieurs courses électorales est le fameux débat télévisé. Commencez à vous préparer à cette épreuve de nombreux mois à l'avance. Faites des débats simulés avec des gens de votre entourage qui jouent le rôle de votre adversaire.

Vos gens connaissent vos faiblesses, ils seront probablement plus coriaces que votre adversaire.

Le truc dans les débats est d'attaquer tôt et fortement. Dès le départ, lancez une série d'attaques avec des faits nouveaux, des choses qui ne sont pas connues du public ni, idéalement, de votre adversaire. Ne croisez pas le fer sur des sujets que vous avez débattus longtemps, votre adversaire devrait être en mesure de se tenir debout sur ceux-ci.

Lancez une attaque surprise, citez un ancien collègue de votre adversaire qui le désavoue, sortez un scandale inédit, ébranlez immédiatement votre adversaire. Il sera probablement nerveux en début de débat, c'est le moment où vous frapperez. Ne lui laissez pas le temps de prendre son rythme de croisière. Assommez-le tout de suite.

Pigez dans votre réserve de scandales et lancez des attaques tous azimuts. Vous devez le surprendre en partant. Faites-le tituber. Soyez créatif dans vos attaques.

Votre adversaire ne pourra pas préparer sa réponse sur les scandales, il ne pourra pas discuter avec vingt adjoints pour préparer une réponse qui a du sens. Il paniquera peut-être. S'il n'est pas en mesure de répondre, il aura l'air de vouloir cacher des choses et de ne pas avoir de réponses. S'il tente des réponses, elles seront souvent hésitantes et peu réfléchies, peut-être même fausses...

Deux heures de débat ou environ, c'est long. Plusieurs n'écouteront que le début, partez en grand. Les premières nouvelles qui sortiront dans les médias seront sur le début du débat. Cela façonnera le débat. Cela vous donnera un avantage psychologique.

À la boxe, il est rare et difficile de gagner un combat lorsqu'on visite le tapis dans les 30 premières secondes.

Dans un duel au pistolet, si vous tirez le premier et que vous tirez bien, vos chances sont bonnes.

45 - Gérez adéquatement votre bureau

L'une des choses que vous aurez à faire lors d'une campagne électorale sera de vous trouver un bureau où vous travaillerez avec vos employés. Une fois élu, vous aurez droit à un bureau de comté qui ne sera pas nécessairement au même endroit.

Il y a de nombreux facteurs qui influenceront votre choix : la superficie, le prix, l'endroit, le stationnement, la visibilité, etc.

Un facteur-clé qui est souvent oublié est celui d'« antimanifester » son bureau. Vous devez vous assurer que personne ne pourra manifester à cet endroit.

Les manifestations contre vous seront très néfastes. Elles seront publicisées, elles vous empêcheront, vous et vos employés, d'entrer et de sortir en paix, elles vous causeront du retard. Elles saperont aussi le moral de vos employés (peut-être aussi le vôtre, mais ne l'admettez pas).

Des manifestants reconnaîtront certains employés et les appelleront chez eux pour les insulter.

C'est pourquoi vous devez avoir au moins deux bureaux. Soit un bureau officiel et au moins un autre. Préparez l'alternative de bureaux secrets au cas où. C'est dans le bureau secret que vous ferez l'ensemble du vrai travail. Vous devez veiller à pouvoir travailler même si vous faites l'objet de protestations massives.

Assurez-vous d'avoir plusieurs portes d'entrée et de sortie afin de pouvoir quitter votre bureau incognito. Prévoyez beaucoup de nourriture au cas où vous seriez assiégé.

Essayez aussi de prévoir un lit, une salle à manger privée ainsi qu'une douche. Il faut que vous puissiez dire que vous travaillez jour et nuit (voir élément 58).

Analysez en détail les différents endroits où vous pourrez établir votre bureau. N'attendez pas à la dernière minute. Certains commencent leur campagne et n'ont pas vraiment de bureaux. Assurez-vous de pouvoir faire beaucoup de travail virtuellement.

Faites des simulations de campagne électorale avec votre personnel. Assurez-vous que tout fonctionne correctement. Vous aurez beaucoup de choses à apprendre durant votre première campagne, votre personnel aussi.

46 - Inspirez la peur chez vos employés

La caractéristique que vous recherchez le plus chez vos employés, c'est qu'ils aient peur de vous. Lors des entrevues, retenez les candidats qui sont les plus susceptibles de vous obéir au doigt et à l'œil. Ne prenez pas des gens qui ont de fortes personnalités. Ça ne vous prend pas dix chefs : vous êtes le chef! Ça vous prend des esclaves.

Prenez des gens qui vont travailler toutes les heures que vous leur demanderez, des gens qui auront peur des conséquences de leur désobéissance. Il faut qu'en entrevue vous voyiez la peur sur leur visage. Ces gens seront moins susceptibles de vous trahir et de prendre des initiatives risquées.

Souvent, on a des craintes lorsqu'on commence un nouvel emploi ou qu'on travaille pour un nouveau patron, mais ces craintes s'estompent avec le temps. Il faut que vous mainteniez un climat de terreur.

Les gens qui travaillent pour vous doivent vous admirer et doivent être prêts à prendre une balle pour vous. Il ne faut pas que ce soit des penseurs, des idéalistes, des rêveurs, des créateurs; il faut qu'ils fassent ce que vous leur dites.

Trop de démocrates se font battre à cause d'erreurs de leurs employés. Il ne faut pas que vous preniez le moindre risque que cela se produise.

47 - Donnez des ordres verbalement, jamais par écrit

Chose essentielle chez le démocrate, tant en période électorale que lorsque devenu ministre ou président, il ne faut jamais donner d'ordre par écrit à moins que vous ne soyez absolument certain à 100 % que vous donniez le bon ordre.

Les paroles s'envolent, les écrits restent. Vous donnerez des milliers d'ordres, beaucoup seront des erreurs. Dans ces cas, il ne faut pas qu'il y ait de preuves. Il ne faut pas qu'un employé qui vous trahirait puisse communiquer des preuves de vos erreurs.

Lorsque l'ordre que vous avez donné verbalement est une idée idiote, il est plus facile de dire que vous ne l'avez pas donné. Il n'existe pas de preuve de cela. Si vous donnez un ordre par écrit, il pourrait se retrouver dans les journaux et votre adversaire aura la preuve que c'est bel et bien vous qui avez donné ledit ordre. Si votre signature y est, vous aurez l'air encore plus idiot.

C'est pourquoi certains dirigeants de hautes entreprises n'écrivent jamais de courriels et ne donnent jamais d'ordres par écrit. De nombreux bureaux de hauts fonctionnaires et de ministres suivent la même règle. C'est pratique parce que lorsque vous faites une erreur, il n'existe pas de preuve de votre culpabilité et il vous est plus facile de blâmer quelqu'un d'autre.

48 - Contrôlez tout ce que vos employés font

En tant que démocrate éclairé, vous devrez contrôler tout ce que vos employés font, sinon ils feront des erreurs qui vous mettront dans l'embarras. Ne leur donnez pas le droit de prendre des décisions, c'est vous qui faites cela.

Vous devrez être un micro-gestionnaire et tout décider verbalement. Vos employés ne sont pas aussi intelligents que vous, ils n'auront pas votre expérience ni votre savoir. Ils paniqueront rapidement. Il est certain que vous aurez un incompétent ou deux dans le lot. Ne laissez pas un idiot vous faire perdre votre campagne.

C'est vous qui vous présentez aux élections, pas vos employés. C'est vous qui vous préparez depuis des décennies à faire le saut en politique. Les erreurs de vos employés pourraient refléter négativement sur vous puisque vous êtes le responsable de leur embauche. Les gens auront de la difficulté à croire que vous n'ayez rien à voir avec l'erreur.

49 - Blâmez toujours vos employés, jamais vous-même

Il est clair que vous ferez de nombreuses erreurs dans votre carrière politique, mais en utilisant quelques techniques, vous minimiserez le nombre d'erreurs que vous aurez l'air d'avoir faites.

En utilisant les conseils 47 et 48 ainsi que celui-ci, vous établirez une situation dans laquelle vous (et non vos employés) prendrez le crédit personnel pour tout ce qui est bon, alors que vous mettrez la faute sur vos employés ou d'autres pour toute erreur, vous évitant ainsi d'avoir à admettre une erreur.

Il est bien moins dommageable pour un démocrate que le public ait l'impression que l'erreur vient de l'un de ses employés plutôt que de lui.

Acceptez les excuses de votre employé supposément fautif même si c'est vous qui lui avez donné l'ordre de faire ce qu'il a fait. Invoquez des raisons de vie privée pour éviter de donner trop de détails aux médias.

Si l'erreur est grave, vous pourrez alors suspendre ou congédier votre employé. Cependant, méfiez-vous de cette méthode, car un employé insatisfait qui est licencié pourrait vous causer bien des problèmes en dévoilant votre style dictatorial aux médias et en donnant de l'information privilégiée à vos adversaires.

C'est pourquoi vous pouvez dire que la personne a été congédiée, mais que vous ne direz pas son nom publiquement. En vérité, vous ne congédiez personne, vous faites semblant pour apaiser les foules et mettre encore le blâme sur cette personne et non sur vous.

Ou bien, si vous congédiez réellement la personne, vous le faites en bons termes, le plus possible, en lui faisant une offre de départ mirobolante. Vous offrez beaucoup d'argent à la personne pour qu'elle accepte le congédiement et sa responsabilité. Vous lui offrez encore plus d'argent si la personne accepte de signer une déclaration stipulant qu'elle a commis une erreur et qu'elle est désolée.

C'est souvent comme cela qu'on congédie les dirigeants de grandes sociétés publiques. C'est pour éviter qu'on sache que c'est le politicien qui a commis l'erreur.

Un ancien haut fonctionnaire qui donnait des cours avait expliqué que lorsqu'il avait eu sa promotion, il avait rencontré le premier ministre ainsi que son ministre et que la première chose qu'on lui avait dite était qu'il devrait prendre la responsabilité de toutes les décisions. La deuxième chose était que toutes les décisions viendraient de plus haut que lui.

Lisez ce livre en secret

C'est ainsi que vous devez faire avec vos employés. Vous pouvez même leur faire signer une lettre standard de démission et d'excuse au moment de l'embauche. Lettre que vous dévoilerez au moment où ils seront blâmés pour avoir commis votre erreur. Voir aussi le point 159. Vous pouvez utiliser le même genre de principes pour vos ministres ou secrétaires.

50 - Cachez vos employés des comités et des micros

Pour vos adversaires, tous les moyens seront bons pour vous discréditer. S'ils éprouvent de la difficulté à débattre avec vous, ils vont attaquer vos employés. Ces derniers, moins expérimentés et parfois peu intelligents, pourraient être des cibles faciles pour vos rivaux d'expérience.

En effet, vos adversaires tenteront de faire admettre à vos employés que vous avez fait des erreurs. Ils tenteront de leur faire dévoiler les secrets que vous voulez enterrer. Ils tenteront d'obtenir de vos employés des informations qui vous nuiront considérablement. Avec le temps, il est certain que vos employés auront acquis beaucoup de connaissances sur vous. Vos employés seront donc au courant de vos crimes et de vos mensonges ainsi que de vos différentes tactiques crasseuses. De plus, ils sauront qui vous rencontrez et pourquoi. Ce sont toutes des choses dont vous voudrez éviter qu'elles ne deviennent publiques.

C'est pourquoi vous devez empêcher vos employés de parler aux journalistes sauf s'ils ont un texte précis de ce qu'ils vont dire et qu'ils n'en dévient pas. Évidemment, vous aurez approuvé ce texte auparavant. Vous devez les former à ce genre de situations et vous assurer qu'ils se pratiquent suffisamment.

C'est la même chose lorsque vous décidez qu'un de vos employés parlera anonymement à un journaliste. Approuvez son texte, soyez près de lui ou écoutez sur la ligne lorsqu'il parle au journaliste pour faire couler de l'information qui serait avantageuse pour vous.

Ces méthodes sont très utiles, mais elles ont des limites. Votre adversaire pourrait demander que vos employés se présentent à des comités du parlement où ils auront à dire toute la vérité sous serment et sous peine d'emprisonnement. Parfois, et c'est ce qu'il faudra, ils feront de la prison pour éviter de vous embarrasser.

Cependant, de nombreux démocrates interdisent à leurs employés de témoigner devant des comités. Ils invoquent des principes douteux ou qui n'ont rien à voir avec la situation, comme celle de la responsabilité ministérielle, pour expliquer que tout le monde dans le pays doit se présenter aux comités s'il est appelé, tout le monde sauf évidemment leurs employés. Vous empêcherez ainsi vos employés de commettre des erreurs coûteuses pour vous. Cachez la vérité qui pourrait vous anéantir.

Dans certains pays, il est impossible de recourir à ces moyens; essayez alors de reporter au plus tard possible les rencontres des comités, créez sur mesure des raisons, faites couper l'électricité dans l'édifice au moment où le témoignage s'apprête à commencer. Appelez des votes d'urgence dans la chambre principale afin que les comités soient suspendus justement au moment où votre employé devrait témoigner. Créez alors une crise nationale dans le but de détourner l'attention.

Utilisez d'autres techniques démocratiques pour empêcher vos employés de témoigner, et notamment modifier le système démocratique en votre faveur (voir le point 117 entre autres).

51 - Faites signer des ententes de confidentialité à tout le monde

Afin de vous assurer davantage que vos employés ne parleront négativement de vous à personne et ne vous causeront pas d'ennuis, vous devez leur faire signer des ententes spéciales dès leur embauche.

Bâtissez une entente solide comme le béton. Imposez-leur la confidentialité totale pour qu'ils ne révèlent pas des choses embarrassantes, même une fois congédiés. Faites que les ententes durent toute leur vie et quelques siècles de plus. Il ne faut pas qu'ils parlent négativement de vous.

Prévoyez des amendes mirobolantes s'ils le font. Faites-leur accepter dans l'entente que tout manquement constituerait un crime grave et mettrait la sécurité nationale en danger. Faites-leur signer une entente blindée pour vous, qu'ils ne liront pas, mais qu'ils signeront quand même.

Accusez-les de trahison s'ils sont sur le point de dévoiler des informations. Accusez-les de bris de contrat et demandez une injonction pour leur ordonner de se taire. En plus des conseils contenus ici, n'hésitez pas à lire d'autres ouvrages inspirants comme *Le Prince*, de Nicolas Machiavel, qui donne des conseils sur la façon de se débarrasser des personnes encombrantes.

Si, par exemple, votre employé est sur le point de dévoiler que votre pays ou votre parti finance ses activités par le commerce illégal des drogues partout dans le monde, ou qu'il s'apprête à dévoiler que vous envoyez illégalement des prisonniers se faire torturer dans d'autres pays, ou bien n'importe quelle autre tactique que vous avez utilisée (que vous financez des terroristes pour faire renverser un régime, qu'une de vos espionnes est la femme d'un premier ministre étranger important, etc.), alors votre fin justifie vos moyens.

Prétextez agir dans l'intérêt national pour protéger votre intérêt privé.

Certains idéalistes et certains philosophes veulent interdire ce genre d'entente de confidentialité, tout comme ils ne voudront pas que vous interdisiez à votre personnel de se présenter aux comités et tout comme, d'ailleurs, ils s'inscriront en faux contre la plupart de vos techniques. Rappelez-leur que vous utilisez les meilleures techniques démocratiques, dont certaines qui datent de très longtemps. Ne paniquez pas, les philosophes parlent, mais ne font rien. De plus, peu d'entre eux sont vraiment populaires. Accusez-les de manquer d'expérience pratique en politique et de mettre la sécurité nationale en péril.

52 - Gagnez de la sympathie avec la mort d'autrui

Dans votre carrière de démocrate, vous aurez de nombreux bas. Que voulez-vous, il n'est pas toujours facile de plaire à tout le monde et vos intérêts personnels ne seront pas toujours les mêmes que ceux de la population.

Vous devrez souvent avoir recours à des méthodes contenues dans ce livre pour remonter votre niveau d'appui populaire et les intentions de vote.

L'une des bonnes méthodes est de bien utiliser la mort de quelqu'un de votre entourage, d'un de vos amis ou d'un membre de votre famille. Comme vous avancez probablement en âge (le contraire serait plutôt surprenant) et que vous connaissez beaucoup de personnes, cela arrivera souvent que la mort se présentera.

Le moment venu, vous devez généralement glorifier la personne décédée. Ce travailleur ordinaire de votre bureau sera soudainement devenu l'âme de votre équipe et la raison de votre succès (les gens apprécieront que vous fassiez preuve de modestie). Exploitez cet événement pour avoir l'air d'une personne appréciative du travail des autres, soyez élogieux envers autrui. Expliquez que ce sont toujours les meilleurs qui partent, dites que vous ne savez pas ce que vous allez faire maintenant, tellement vous êtes déconcentancé par cette perte. Évidemment, si c'est un de vos employés, vous aurez simplement à le remplacer par un autre.

C'est un peu la même méthode que vous utiliserez pour vos guerres impopulaires. Lorsque quelques-uns de vos soldats meurent, dites que ce n'est pas le bon jour pour critiquer votre guerre injuste par respect, non pas pour vous, mais pour la famille des défunts. Dans ce contexte, il serait pratique qu'au moins un soldat meure chaque jour, de sorte qu'il n'y ait pas de jour où ce serait moralement éthique de critiquer votre guerre. Accusez ceux qui vous critiquent de manquer de respect pour les soldats morts aujourd'hui.

Cependant, il est possible qu'il y ait des morts seulement de temps en temps, disons tous les trois ou quatre jours. Alors, vous devrez faire preuve d'ingéniosité pour étirer la période de sympathie manifestée à l'endroit des morts.

Disons que le combat se déroule en territoire étranger. Le premier jour, il est annoncé que deux soldats sont morts. Le deuxième jour, vous annoncez leur identité et leur lieu de résidence (vous ne l'avez pas annoncé la première journée parce que l'armée devait notifier les proches d'abord). Le troisième jour, vous faites une petite cérémonie, et l'enterrement a lieu le quatrième jour. Ainsi tous les jours sont couverts. Si on critique la guerre

Les secrets du démocrate

lors de l'enterrement, vous répondrez en vous insurgeant contre le manque d'éthique des « critiqueux ». Ensuite, pour recommencer le cycle, il faudrait qu'un autre soldat meure le cinquième jour.

Utilisez la mort pour sauver votre vie politique.

53 - Soyez populiste

Certains philosophes se navrent du populisme qui domine nos démocraties. Ils feront des études et des analyses poussées pour prouver leur point. Ils se donneront raison, ils auront probablement raison sur papier. C'est cependant tout ce qu'ils gagneront, des prix de papier.

Certains économistes se plaindront que le monde démocratique tente plus d'être populaire que de prendre les bonnes actions économiques. Évidemment, ce sera le cas. Nommez n'importe quel autre domaine et ce sera le même principe. Vous devez être populiste. Ce populisme doit triompher sur le reste. Laissez les intellectuels gagner des prix de papier; vous, gagnez les élections, plus ou moins démocratiques. Gagnez le pouvoir alors qu'ils gagnent des distinctions à suspendre dans leur salon.

Soyez populiste, ou devenez-le, et assumez vos choix. Si tout le monde déteste les banquiers, alors vous aussi (du moins laissez-le paraître). Si tous détestent les grosses compagnies polluantes, alors donnez cette impression vous aussi. Si tout le monde se met à détester votre ami, alors il ne peut plus être votre ami en public, peut-être en secret.

Ne prenez pas les positions qui ont du sens, prenez celles qui sont populaires. Ne prenez pas des mesures logiques, prenez celles qui vous rapportent des votes et de l'argent.

Lors de votre première campagne, vous serez probablement relativement peu connu, ainsi vous pourrez aller dans les stades sportifs et aux spectacles artistiques, surtout les plus populaires, afin de hausser votre propre popularité. Lorsque vous serez connu et détesté, alors ce sera plus risqué de faire de même puisque vous serez probablement hué par la foule.

Démocrate, laissez le populisme guider votre vie.

54 - Faites du porte-à-porte chez vos amis

Faire du porte-à-porte pour encourager les électeurs à voter pour vous est l'une des plus vieilles traditions démocratiques. Vous devrez faire de même surtout au début de votre carrière afin de vous faire connaître.

Cependant, après une élection gagnée ou deux, vous deviendrez plus connu dans votre circonscription, peut-être dans votre pays, alors il sera peut-être moins nécessaire de faire le porte-à-porte. D'abord, la plupart des gens ne seront pas là, ceux qui sont là ne voudront pas nécessairement vous parler, certains pourraient même tenter de vous faire du mal. D'autres vous exposeront leur postérieur, peut-être joli, mais habituellement pas. Finalement, l'exercice deviendra de moins en moins utile... sauf pour que vous puissiez dire que vous l'avez fait, pour vous permettre de dire que vous avez travaillé fort dans votre comté, pour pouvoir affirmer que vous êtes connecté sur les gens.

C'est pourquoi vous devez faire du porte-à-porte... chez vos amis. Dans ces cas-là, vous pourrez même inviter les chaînes de télévision à vous suivre. Préparez d'avance vos rencontres chez vos amis. Dites-leur quand vous allez arriver. Assurez-vous qu'ils soient là pour vous accueillir avec des paroles flatteuses.

Dites que vous avez souvent fait du porte-à-porte et que vous avez rencontré beaucoup de personnes pendant des heures. Ensuite, chaque fois que vous argumenterez sur un point, et ce, dans n'importe quel contexte, dites que les gens que vous avez consultés dans votre porte-à-porte soutiennent votre position. Pour faciliter la chose, dites à vos amis de vous accueillir en récitant votre propre programme politique. Ensuite, parlez de tous les sujets possibles, mais faites cela rapidement parce que vous avez autre chose à faire aussi.

Prenez cette habitude à chaque élection.

55 - Ayez l'air d'une personne du peuple

Un autre principe fondamental des élections démocratiques est d'avoir l'air d'une personne du peuple. Ne montrez pas que vous êtes hautement supérieur intellectuellement au peuple ordinaire. Ne vous habillez que très légèrement mieux que le peuple, faites le même genre d'activités que le peuple. Allez faire l'épicerie vous-même de temps en temps. Allez à l'église si c'est populaire dans votre région. Ayez l'air de quelqu'un qui habite dans cette circonscription depuis très longtemps.

Faites semblant d'avoir les mêmes problèmes que la population, élevez-vous contre les prix de l'essence. Arrangez-vous pour que le monde se reconnaisse en vous. Parlez comme le peuple, avec l'accent local.

Un célèbre politicien, qui parlait de manière impeccable en privé, utilisait de nombreux jargons lorsqu'il s'adressait au public. Certains snobs se plaignaient de la faible qualité de son vocabulaire, mais le peuple appréciait.

Avec le peuple ordinaire, ayez l'air d'une personne du peuple, mais lorsque vous rencontrez la haute société, ajustez-vous alors à cette classe. Même chose pour les gens d'affaires et la classe moyenne. Ajustez votre approche à votre auditoire.

56 - Ayez l'air de promettre beaucoup

Lorsque vous êtes en campagne électorale, il est essentiel d'avoir l'air de promettre beaucoup. Certains idéologues vous mettront en garde de faire trop de promesses, car vous risquez de ne pas livrer la marchandise. Ne vous inquiétez pas, comme mentionné précédemment, ce sont des choses qui arrivent.

Laissez faire les conseils des idéologues et ayez l'air de promettre beaucoup. L'art de la politique est de dire peu, mais d'avoir l'air de promettre beaucoup.

Bien qu'il puisse y avoir de nombreuses positions sur une question, souvent les opinions se résument à deux grands clans, deux grandes options que l'on étudie.

Prenons l'épineux dossier des fusions municipales. Cela s'applique à de nombreuses fusions ou défusions. Certains proposent de regrouper des villes avec d'autres villes avoisinantes ou même parfois de regrouper des villages. Ils invoquent que cela économiserait de l'argent, que ça serait plus facile à gérer, que l'on pourrait baisser les taxes municipales...

Évidemment, la première étape est de promettre mer et monde. On réalise les fusions ensuite. Dans les faits, à peu près aucun des avantages ne se réalise vraiment, mais on dit alors que c'est un projet à long terme.

Ensuite, les gens sont frustrés de ce changement, ils voudraient défusionner leurs anciennes villes. En tant que politicien, vous êtes pris; la moitié de la population voudrait défusionner, l'autre moitié ne veut pas. Des camps de pour et contre se forment. Vous n'êtes nullement intéressé par ce débat bidon qui ne changera pas grand-chose, mais vous ne voulez pas vous aliéner la moitié de la population.

Alors, vous utilisez la technique d'avoir l'air de promettre beaucoup. Il faut que vous promettiez ce que le monde veut que vous promettiez. Dans ce cas-ci, vous devez promettre quelque chose de bon pour chaque camp. Ainsi, vous promettez que vous allez tenir un référendum sur les questions (excellente méthode démocratique et en plus ça vous empêche d'avoir à trancher), mais que vous allez personnellement défendre les villes fusionnées. Ainsi, les partisans du pour et du contre sont contents.

En réalité, vous promettez beaucoup, mais pas la défusion ni le maintien de la fusion. Vous promettez une proposition acceptable pour chaque clan. Vous repoussez le problème à plus tard.

Vous avez l'air de promettre beaucoup, mais l'avez-vous vraiment fait? En réalité, la promesse de personnellement défendre les villes fusionnées est plutôt vague. Le fait de tenir plus tard un référendum sur la question est plutôt élémentaire, chaque fusion ou défusion devrait être assujettie à la volonté du peuple. Pour réduire les risques de défusions massives au référendum, vous inventerez des règles additionnelles, comme un taux de participation minimum, et pour celles qui auront lieu, vous limiterez le pouvoir des villes défusionnées en les assujettissant à la ville-centre sur de nombreux points-clés.

De cette façon, vous ne promettez à peu près rien, mais vous avez l'air de promettre beaucoup, et vous aurez ensuite l'audace de vous pavaner comme un grand démocrate.

57 - Prétendez travailler pour les gens

Il est important pour tout démocrate d'entretenir l'illusion que vous travaillez non pas pour vous, mais bien pour les gens. Ces voyages à travers le monde, vous les faites pour les gens. Vous dépensez des millions pour améliorer l'esthétique de votre salle de toilette payée par les fonds publics, eh bien, vous faites cela pour le peuple.

Un ancien politicien avait tendance à appeler les commettants ses
« boss ». Effectivement, appelez vos électeurs vos patrons.

Dans vos discours, dans vos courriels, écrivez souvent que vous avez l'immense honneur de travailler pour les gens. Faites comme si vous pensiez aux gens quand vous prenez des décisions. Donnez-leur l'illusion que vous pensez à eux souvent.

Faites semblant d'essayer de régler leurs problèmes même si vous n'êtes pas d'accord avec leurs suggestions. Assurez-vous qu'ils ne découvrent pas que c'est vous qui empêchez leurs idées de se concrétiser. Mettez dans votre bureau des affiches qui montrent que vous mettez le peuple à l'avant-place.

Faites comme l'entreprise privée, c'est le client d'abord. Trouvez-vous un slogan original. Si vous n'en trouvez pas, contentez-vous d'en prendre un n'importe où, c'est le principe de faire croire aux gens que vous travaillez pour eux qui compte.

Dites aux gens que vous travaillez pour eux lorsque vous augmentez leurs taxes et réduisez leurs services. Ils seront très heureux de l'entendre. Faites comme si de rien n'était et donnez-leur l'impression d'être un dirigeant responsable qui travaille dans l'intérêt du peuple.

58 - Ayez l'air de travailler beaucoup d'heures

Pour montrer encore plus votre dévouement, vous devrez avoir l'air de travailler beaucoup d'heures. Lorsque les gens savent que vous travaillez pour eux jour et nuit, cela augmente la sympathie et le respect qu'ils vous portent. Pendant ce temps, un politicien qui ne travaillerait que très peu s'attirerait sans aucun doute de multiples critiques.

Afin d'avoir l'air de travailler beaucoup, dites-le souvent. Parlez souvent de combien vous êtes très occupé, peut-être que vous vous convaincrez vous-même en plus. Ensuite, envoyez des courriels ou d'autres messages à toute heure du jour ou de la nuit. Écrivez-les d'avance, puis envoyez-les aux heures où les gens se reposent généralement. Les gens auront l'impression que vous travaillez pendant qu'ils se reposent.

Lorsque vous parlez de vos voyages, faites comme si vous aviez travaillé tout le temps, que vous n'avez jamais eu la chance de vous reposer, que c'était éreintant. A beau mentir qui vient de loin.

Convainquez vos employés que vous travaillez beaucoup et dites-leur de le répéter. Ayez l'air de celui qui travaille sans relâche, convoquez des réunions spéciales, rencontrez des collègues pour jouer aux cartes. La technique est de parler pendant deux minutes et de jouer aux cartes pendant deux heures, mais il faut que vous donniez l'impression que vous avez travaillé d'arrache-pied pendant deux heures.

Faites écrire de très longs rapports par votre personnel, mais faites croire que c'est vous qui avez fait la plus grande partie du travail. Inondez la boîte de réception des journalistes.

Pour faire croire que vous travaillez de 5 heures du matin à minuit le soir, réveillez-vous le matin et faites quelques téléphones et envoyez quelques messages (déjà écrits); ensuite, recouchez-vous un peu. Puis, de temps en temps, réveillez-vous pour faire un petit peu de travail.

Ayez aussi un lit, une table à manger et une douche à votre travail. Préférablement pour vous uniquement. Cela vous permettra de dormir au travail tout en prétendant que vous travaillez sans relâche. Vos repas seront comptés dans votre temps de travail. Prenez votre temps pour bien manger, c'est mieux pour votre santé, mais faites semblant de travailler en même temps.

Le fait de prendre sa douche, de se raser et de se préparer à aller au travail sera aussi comptabilisé comme du temps de travail. N'oubliez pas de vous équiper de radio, télévision, jeux vidéo, etc. Le fait d'avoir un lit vous permet aussi de vous livrer à des activités charnelles avec votre employée favorite à votre travail. Cela sans se faire prendre comme ceux qui le font à leur bureau. Évidemment, cela sera aussi compté comme heure travaillée.

Les secrets du démocrate

Une autre technique pour avoir l'air très occupé est d'éparpiller toutes sortes de documents sur votre bureau. Cela donne l'impression que vous êtes débordé de travail.

Indiquez aux gens que si vous travaillez beaucoup d'heures, c'est par amour de votre profession et c'est parce que vous vous dévouez pour le bien des gens.

59 - Ayez le bon niveau de confiance et d'arrogance

Certains se lancent en politique en se donnant des allures très polies et respectueuses. Ils auront souvent l'air gêné. S'ils parlent peu, ils donneront l'impression de n'avoir rien à dire. Le fait de dire trop de « peut-être » fera en sorte qu'ils n'auront pas l'air certains de leurs idées.

Au contraire, vous devez vous lancer en sachant ce qui est bon pour le peuple. Ne vous fiez pas à ce dernier pour le savoir, il ne sait généralement pas ce qu'il veut. Vous devez le trouver à sa place.

Vous devez avoir le bon niveau de confiance et d'arrogance. C'est un niveau légèrement plus élevé que la moyenne, sans toutefois trop déborder. Vous ne devez pas être hyper-arrogant, simplement un peu beaucoup.

Vous ne devez pas dire que vous avez gagné l'élection avant de voir les résultats, même si vous êtes certain de l'emporter. Vous ne devez pas avoir l'air de tenir pour acquis votre victoire, mais vous devez tout de même être convaincu de l'emporter.

Vous devez être très persuadé, mais ne pas en avoir trop l'air. Les gens n'aiment pas les personnes trop arrogantes, mais elles ne votent pas pour les personnes qui n'ont pas confiance en elles. Bref, vous devez vous situer juste au bon niveau.

En suivant les enseignements de ce livre, vous devriez gagner de nombreuses joutes électorales, ce qui augmentera exponentiellement votre confiance et votre arrogance, mais à ce moment-là, assurez-vous que ça ne paraisse pas publiquement.

60 - Soyez pour et contre le changement

Lors de vos débuts en politique, vous serez probablement pour le changement. Vous tenterez d'évincer l'élu en poste. C'est pourquoi vous devrez être pour le changement puisque vous êtes le changement.

Après quelques victoires, les rôles seront inversés, vous serez pour la tradition et l'expérience et un nouvel adversaire représentera le changement, alors vous serez contre le changement et miserez sur vos atouts.

Les gens sont pour les changements qui leur sont favorables et contre les changements qui leur sont défavorables, c'est pourquoi, de manière générale, vous devez être pour et contre le changement, tout dépend du changement proposé.

Lorsque vous proposez un changement, une nouvelle loi, un nouveau règlement, etc., et que des gens s'opposent à vos propositions, accusez-les d'être contre le changement.

Dans la situation inverse où l'on vous accusera d'être contre le changement, expliquez que vous êtes contre les mauvais changements.

Si, lors d'une élection, le thème du changement est très populaire, dites que vous êtes pour le changement même si ça fait trente ans que vous êtes en poste. Si le thème de la continuité et de l'expérience est populaire, alors dites que vous représentez ces valeurs, même si vous n'avez jamais été élu.

Ne soyez pas un absolutiste en termes de changement, manœuvrez dans les deux directions. Analysez d'abord et déterminez ce qui serait le mieux pour votre popularité et pour vos intérêts personnels. Ensuite, agissez en conséquence. Personnifiez la continuité dans le changement.

61 - Sachez que l'argent et les sondages sont les seules choses qui comptent

Parfois, en politique, on tente de régler tous les problèmes du monde et on se retrouve avec un très grand nombre de priorités. Quand on en a trop, il semble qu'on n'en a pas. C'est pourquoi il faut se concentrer sur ce qui compte vraiment, soit l'argent et les sondages.

L'argent fait gagner les courses très souvent, mais si en plus, les sondages vous favorisent, alors c'est dans le sac. Concentrez-vous uniquement sur ces deux priorités. Dans le cas de l'argent, il s'agit d'en recueillir le plus possible et de le dépenser le plus judicieusement possible dans le but d'obtenir plus de votes. Les excellents sondages galvanisent vos troupes et démoralisent l'adversaire. De plus, ils sont un excellent indicateur de l'issue du vote. Ce sera particulièrement difficile de remonter de grosses pentes durant une campagne, c'est pourquoi il est souhaitable qu'on puisse partir en avance.

Pour chaque décision que vous aurez à prendre, interrogez-vous sur l'effet qu'elle aura sur les sondages. En aura-t-elle un? Lequel? Demandez-vous aussi quels seront les impacts sur vos finances. Analysez ces éléments pour prendre une décision éclairée.

Il est évident qu'il est facile de faire le bon choix lorsqu'une décision est bonne pour vos finances et pour les intentions de vote dans les sondages. Mais qu'en est-il lorsque c'est bon pour l'un, mais pas pour l'autre?

Dans ce cas, après multiples analyses, le meilleur choix est de prendre la meilleure décision pour votre popularité dans les sondages. Votre portefeuille pourrait en prendre un coup à court terme, mais vous aurez pleinement le temps de le regarnir une fois élu.

Bâtissez donc votre système décisionnel en fonction des deux seules choses qui comptent pour vous, mais justifiez vos décisions selon des critères plus acceptables publiquement comme l'environnement, la sécurité publique, les droits de la personne, les valeurs démocratiques, la justice sociale, etc.

62 - Utilisez la science lorsqu'elle vous est favorable

Souvent vous prendrez position sur des enjeux, et les faits, données et statistiques seront favorables à votre position. Souvent, ce sera le contraire.

Utilisez la science et les données statistiques lorsqu'elles vous sont favorables. Ayez l'air de vous baser sur des faits lorsque c'est possible. Faites comme si vous prendrez votre décision en fonction de la réalité. Faites semblant d'analyser la situation pour développer votre position.

Dans le cas où votre position ne serait pas conforme aux faits, alors dites que les données du passé ne sont plus valables, le passé n'est pas garant de l'avenir. Ajoutez que les données statistiques ne disent pas tout.

Par exemple, si votre objectif est de justifier une réduction des droits et libertés des citoyens par le fait que la violence augmente dans votre région, alors vous serez découragé d'apprendre que les statistiques sur les crimes dans votre secteur sont déjà en baisse et parmi les plus basses au monde. Dans ce cas, expliquez que la raison pour laquelle les statistiques sont basses est que les gens ne dénoncent pas toujours les crimes à la police (ne dites pas que ce fait a toujours existé et est présent partout ailleurs dans le monde). Aussi, dites que vous avez parlé avec des policiers qui vous confirment que les crimes ont augmenté, ensuite accusez votre adversaire de ne pas croire les policiers.

Fiez-vous aux scientifiques lorsqu'ils disent ce que vous voulez entendre. Heureusement, il y aura toujours un scientifique quelque part qui aura la même opinion que vous. Sinon, payez-en un. Si 99 % des scientifiques sont d'accord sur une chose, mais que quelques-uns payés par des gens qui ont des intérêts particuliers ont une opinion contraire qui est la vôtre, alors dites que la communauté scientifique est divisée sur la question.

Essayez d'avoir l'air de vous baser sur la science dans vos décisions, lorsque c'est possible. Sinon, expliquez que la science a des limites, que les scientifiques se trompent souvent. Ils ne sont pas parfaits.

Divisez les scientifiques entre les bons et les mauvais. Les bons sont ceux qui pensent comme vous. Les autres sont les mauvais. Une fois élu et idéalement au pouvoir, financez ceux qui pensent comme vous et annulez le financement des autres. Cela fera plus de recherches sur lesquelles vous pourrez vous baser pour justifier vos idées préconçues.

Lisez ce livre en secret

N'oubliez pas d'accuser les mauvais scientifiques d'avoir des intentions cachées, de faire de l'activisme scientifique et d'être des mendiants du financement public.

63 - Développez vos « agendas », caché et public

Une chose essentielle à votre campagne électorale est le développement de vos « agendas », caché et public. Décidez de toutes les choses que vous voudrez faire une fois élu. Ensuite, analysez l'impact qu'elles auraient sur votre pourcentage de votes si vous dévoiliez ce que vous voulez faire.

Disons, par exemple, que vous vous lancez en politique essentiellement pour éliminer les programmes sociaux, dont l'assurance-chômage, baisser les impôts pour les riches comme vous et ceux qui vous financent, faire plus de libre-échange afin d'éliminer les syndicats et de favoriser le *cheap labour,* et commencer quelques guerres afin d'augmenter l'argent qui va entrer dans les poches de vos partenaires, ainsi que dans les vôtres.

Bien que vos idées correspondent aux souhaits de nombreux lobbyistes, il se pourrait qu'elles soient impopulaires auprès du public. Lorsque c'est le cas, vous devez les mettre dans votre agenda caché et ne pas les faire connaître publiquement.

Essayez aussi d'avoir un agenda public. S'il n'y a rien dans cet agenda, alors les gens pourraient hésiter à voter pour vous. Si vous n'avez pas d'idées, continuez d'essayer de penser à quelque chose. Faites semblant d'avoir l'intérêt public à cœur, trouvez quelque chose pour les gens. Si ça ne vient toujours pas, embauchez un consultant pour vous donner des idées, faites des groupes de discussions ou tout simplement copiez les idées de vos adversaires. Prenez ce qui est bon dans leur programme et dites que vous vous battez pour cela depuis très longtemps. Après avoir copié votre adversaire, accusez-le de vous avoir plagié. Même si le plagiat est très répandu partout, il est mal vu par certains, qui prétendent n'en avoir jamais fait.

Lorsque vous aurez de solides agendas caché et public, révisez-les et peaufinez-les. Assurez-vous de pouvoir en discuter dans le détail. Parlez avec ceux qui vous financent le plus pour connaître leur opinion. N'oubliez pas la main qui vous nourrit (point 17).

64 - Couvrez, même faiblement, tous les sujets

Lorsque vous développez votre agenda public, assurez-vous de couvrir tous les sujets, même ceux qui importent peu comme l'environnement, la santé, l'éducation, l'aide internationale, etc.

Ce n'est pas grave si ce que vous avez n'est pas bon, pourvu que vous ayez quelque chose. Le problème est que si vous n'avez rien, votre adversaire pourra facilement vous accuser de ne rien avoir sur le sujet. Il dira que ce n'est pas important pour vous. Il aura probablement raison, mais il ne faut pas que le public le sache.

Dans un débat, vous risquez de vous faire malmener si vous n'avez rien à proposer sur un sujet important. Par exemple, si vous avez oublié l'environnement dans votre agenda public, tous ceux qui considèrent l'environnement comme étant très important risquent d'être peu impressionnés, ce qui pourrait vous faire perdre des votes.

La méthode serait alors de trouver quelque chose sur ce sujet. Dites par exemple que vous allez faire nommer un carré de terre humide comme ressource nationale et qu'il n'y aura pas de construction à cet endroit. Vous faites cela pour protéger les animaux qui y habitent. Ce n'est pas important que ce soit grand-chose, mais ayez quelque chose. Vous pouvez avoir un petit quelque chose d'insignifiant et ça devrait faire l'affaire.

Lorsqu'on vous accusera d'avoir un agenda très léger en matière d'environnement, insurgez-vous et vantez grandement votre initiative. Accusez votre critique de manquer de compassion envers les animaux qui vivent dans ce secteur. Prétendez protéger la nature, la création de Dieu.

Étudiez à peu près n'importe quel programme politique environnemental de ces dernières décennies afin de trouver de petites initiatives inutiles en matière d'environnement qui ne s'attaquent aucunement aux grands problèmes de ce monde, et ce, même les rares fois où elles sont mises en œuvre.

65 - Achetez le vote des gens avec leur argent

Une méthode qui a fait ses preuves au cours des siècles est d'acheter les électeurs pour qu'ils votent pour vous. Il y a plusieurs façons de le faire. Cependant, ça peut être particulièrement dispendieux si le nombre d'électeurs à acheter est élevé. C'est pourquoi vous devez payer les votes avec l'argent de quelqu'un d'autre. Mais même votre financier risque de trouver la note salée, alors achetez le vote des électeurs avec leur argent.

Cette pratique est beaucoup plus facile lorsque vous êtes déjà au pouvoir, autrement vous pouvez promettre de le faire une fois élu. Si votre adversaire utilise cette technique, alors accusez-le de tous les maux, car il utilise « illégalement » l'argent des gens pour acheter leurs votes, ce qui est contraire aux principes fondamentaux de la démocratie.

Utilisez l'argent public pour financer des projets de gens et de groupes. Dites-leur que leur financement sera coupé si vous n'êtes pas élu. Ils auront peur. Versez des millions à des entreprises de votre région; elles vont alors, en majorité, contribuer à votre caisse électorale et voter pour vous.

Faites construire des parcs, des trottoirs, des centres d'amusement avec l'argent du peuple, ensuite attribuez-vous les mérites de ces constructions. Faites de belles séances de photos de premières pelletées de terre. Faites de gros chèques grand format et faites-vous prendre en photo à côté d'eux pour que ça fasse plus beau dans les médias. Assurez-vous d'écrire votre nom sur le chèque, comme si c'était votre argent et mettez-y le logo de votre parti. Évidemment, ces faux chèques et ces cérémonies seront payés par la population, pas par vous.

Sauvez des entreprises en faillite en leur donnant de l'argent pour qu'elles restent en activité, ce qui sauve des emplois. Faites-le même si ce sont de mauvaises entreprises condamnées à disparaître. Les gens à qui vous sauvez temporairement l'emploi devraient voter pour vous.

Prenez l'argent du trésor et demandez-vous quelles méthodes seraient les plus efficaces pour acheter le vote des gens. Agissez dans ce sens. L'argent du peuple est quasi illimité. Vous pouvez même endetter le pays pour acheter le vote des gens. Vous trouverez des solutions pour la dette plus tard. Comme l'indique le point 33, gagner vos élections d'abord, vous verrez ensuite.

66 - Soyez dur avec le crime, accusez vos adversaires d'être mous

Même si vous n'êtes pas certain de posséder un sens moral, l'une des choses les plus importantes est d'être dur avec le crime (celui des autres, pas le vôtre). Vous devez dénigrer les criminels, surtout ceux que personne n'aime. Assurez-vous de vouloir augmenter leurs peines d'emprisonnement, d'empêcher qu'ils soient relâchés, rendez-leur la vie en prison misérable. Basez les standards de vie en prison sur les pratiques du Moyen Âge. Travaillez à maintenir ou à rétablir la peine de mort. Si la peine de mort est déjà légale, élargissez le nombre de situations où on peut l'appliquer. Réduisez les délais à respecter avant qu'elle soit appliquée. Assurez-vous d'utiliser une méthode qui fait mal au condamné. Les gens aiment voir souffrir ceux qu'ils détestent.

Soyez un dur de dur envers le crime. Ne pardonnez rien. Agissez comme si vous n'aviez jamais commis de crime. Vilipendez les criminels et ceux qui les défendent. Accusez vos adversaires d'être mous à l'égard du crime. Accusez-les de défendre les criminels, dont les pédophiles, les tueurs et autres. Soyez le parti des victimes, accusez les autres d'être dans le parti des criminels.

Si, par exemple, on vous accuse de torturer un prisonnier ou un détenu, alors accusez vos adversaires d'être favorables aux crimes que cet individu a peut-être commis.

Ne vous occupez pas de la présomption d'innocence, sauf si c'est vous qui êtes accusé. Les gens jugent vite, ils n'ont pas besoin de procès. C'est la même chose pour vous, n'attendez pas de deux à quatre ans avant que toutes les procédures légales soient épuisées. Cela risque d'être après la prochaine élection de toute façon.

Soyez enragé contre le crime potentiel qui a été commis. Si votre adversaire est au pouvoir, accusez-le d'être responsable des actions de tous les criminels du pays. Dites aux gens que votre méthode réduira le nombre de crimes, ne vous inquiétez pas des faits.

Changez les lois ou promettez de les changer pour permettre aux policiers de commettre des crimes pour arrêter les criminels et pour leur permettre d'inciter certaines personnes à commettre des crimes. Vous capturerez plus de criminels de cette façon. Réduisez les droits individuels des gens, cela vous permettra de capturer plus facilement les gens qui commettent des crimes graves comme fumer un joint de marijuana. Limitez ou annulez les chartes des droits et libertés.

Créez un état policier, dites aux gens que vous le faites pour assurer leur sécurité alors que c'est la vôtre que vous assurerez principalement. Ne vous inquiétez pas des coûts astronomiques de la sécurité, ce n'est pas vous qui allez payer.

67 - Demandez des démissions tout le temps

Une des choses qui font partie du quotidien d'un candidat ou d'un membre de l'opposition est de demander des démissions tout le temps. Vous avez beau vous insurger de toutes les façons, il reste que demander la démission d'un adversaire est une méthode qui vous garantit une page du journal et une place prééminente sur l'Internet.

Chaque fois que pointe l'ombre d'une erreur chez un adversaire, demandez sa démission pour faute grave et manque de jugement. Utilisez de nombreux qualificatifs originaux. Aussi, ne faites pas que demander : exiger! Expliquez que votre adversaire n'a pas le choix.

Convainquez votre adversaire que ce serait même honorable s'il démissionnait.

Au début, cela peut paraître simpliste, mais il est très difficile de faire son travail lorsqu'on a l'impression que tout le monde exige sa démission et c'est justement l'atmosphère que vous voulez créer. Beaucoup de démocrates sont faibles mentalement. À force de se faire demander de démissionner, ils se mettent à douter d'eux-mêmes, leur entourage aussi; cela pourrait les amener à faire des erreurs. Ils n'auront pas l'air sûrs d'eux.

La plupart des gens n'ont jamais vécu de situation où des centaines de personnes exigent leur démission. C'est spécial et très désagréable. Cela remet en question beaucoup de choses. Vous, comme démocrate vous ayant bâti une carapace solide avant de vous lancer en politique, vous êtes habitué à ce genre de choses, donc il n'y aura pas de problème.

Si l'adversaire vous demande de démissionner, dites carrément que vous ne le ferez jamais. Ne laissez pas l'ombre d'un doute planer. Aussi, ne demandez pas la démission de membres de votre parti ou de votre équipe chaque fois qu'une erreur est commise, sinon bientôt vous n'aurez plus personne pour travailler avec vous.

Demandez la démission d'un collègue seulement lorsqu'il a commis des erreurs graves vous causant la perte de votes, ou qu'il a entaché votre réputation, troublé votre ego, que vous avez trouvé une personne plus jolie pour prendre sa place ou que vous voulez montrer que quelqu'un d'autre a commis l'erreur que vous avez faite.

68 - Fixez-vous des objectifs très bas et dépassez-les facilement

De manière générale, vous voudrez avoir l'air de quelqu'un qui réussit dans la vie, de quelqu'un qui atteint ses objectifs. Vous voudrez être perçu comme un gagnant.

Pour ce faire, fixez-vous des objectifs très bas que vous présenterez comme étant très exigeants, quasi impossibles à franchir. Cependant, assurez-vous que ces objectifs soient très faciles à atteindre, qu'il s'agisse de choses qui se font toutes seules, que vous n'aurez aucune difficulté à réaliser.

Si possible, donnez-vous un objectif déjà réalisé, comme écrire votre programme électoral dans le prochain mois alors qu'il est déjà finalisé. Donnez-vous l'objectif de finaliser votre équipe alors que c'est déjà fait. Fixez des objectifs sur les statistiques nationales, lorsque vous êtes déjà au courant des résultats finaux, mais que ces derniers n'ont pas été rendus publics.

Essayez d'avoir une très longue liste d'objectifs déjà atteints. Cela impressionnera les gens. Une fois que ces objectifs seront officiellement atteints, accordez-vous le mérite de ces réalisations. Agissez comme si vous aviez travaillé d'arrache-pied pour les obtenir, comme s'ils n'avaient été réalisés qu'à la sueur de votre front.

69 - Fixez des objectifs impossibles à vos adversaires

Pendant que vous vous fixez des objectifs très faciles, donnez des objectifs impossibles à atteindre à votre adversaire. Cette approche fonctionne très bien, surtout si l'adversaire est au pouvoir. Donnez-lui l'objectif de baisser le taux de chômage d'un très grand pourcentage tout comme d'augmenter massivement le produit intérieur brut, sommez-le de faire monter les cours de la bourse, d'éliminer le déficit immédiatement, de faire baisser la criminalité de 25 %, d'enrayer les cancers, d'éliminer l'attente dans les hôpitaux, de faire baisser les prix des médicaments de manière substantielle, etc.

Lors d'un sommet des leaders du monde, donnez à votre adversaire l'objectif de régler à peu près tous les problèmes de la terre. Assurez-vous que l'objectif que vous lui fixez soit impossible à réaliser. Cet objectif fera tout de même rêver les gens.

Ensuite, il est fort probable que votre adversaire ne réalisera aucun des objectifs dits minimums que vous lui aurez fixés. Cela vous permettra de l'accuser d'être un incapable. Faites savoir à tous que vous êtes extrêmement déçu de son manque de leadership et de ses résultats et qu'il a, encore une fois, laissé tomber la population. Ne le ménagez pas, faites comme s'il était désastreux qu'il n'ait pas atteint les objectifs que vous lui aviez donnés.

Lorsque vous enverrez des mémos à vos partisans et à la population en général, n'hésitez pas à revenir là-dessus et à suggérer que votre adversaire parle beaucoup, mais accomplit peu. Vous voulez le remplacer pour que le travail se fasse. Finie l'inaction, remplaçons-le par quelqu'un qui obtient des résultats (vous, voir point 68).

70 - Si vous ne pouvez pas les battre, joignez-vous à eux

Eh oui, il faut parfois mettre son orgueil de côté et joindre un parti qui gagne toujours les élections même s'il n'a pas de très bonnes politiques et même si vous avez passé votre vie à le combattre. D'abord, le fait de détenir le pouvoir lui donne de très grands avantages. Plusieurs de ces avantages sont énumérés dans cet ouvrage, mais en bref, ce parti peut se permettre d'acheter l'électorat, de mettre en place une propagande efficace et de changer les lois de manière à toujours gagner. C'est pourquoi il faut parfois considérer de changer de parti, ce qui peut être particulièrement douloureux pour l'ego.

D'abord, envisagez de changer de parti en obtenant une promotion ou des privilèges. Par exemple, lors de négociations secrètes, vous accepterez de changer de camp en échange d'une promotion ou de conditions qui augmentent votre profil, votre pouvoir, votre influence et votre chèque de paye. Vous dites que vous avez bien réfléchi et que finalement, ce que vous avez dénoncé toute votre vie a bien du sens.

Si vous êtes élu, évitez d'avoir à vous représenter devant l'électorat trop vite, car la population n'aime pas trop ceux qui changent de parti.

Dans votre nouveau parti, procédez par étapes. Essayez d'abord de gravir les échelons et ensuite de changer le parti et non pas l'inverse.

Vous remarquerez aussi que les partis peuvent changer radicalement de politiques lorsque les chefs changent ou que des événements majeurs surviennent.

Vous serez sûrement mal à l'aise au début, mais ne vous inquiétez pas, il y aura plus de ressemblances que vous ne le pensez entre les méthodes des différents partis.

Évidemment, vos anciens alliés vous lyncheront sur la place publique et dévoileront certains de vos secrets. Vous leur rendrez la pareille. Ce pourrait être très difficile au départ. Néanmoins, c'est mieux que de se retrouver éternellement dans un parti qui ne gagnera jamais le pouvoir.

Voilà pour les points 33 à 70. Ces éléments sont essentiels en tout temps mais s'appliquent particulièrement pour gagner vos élections. Une fois cette procédure technocratique passée, vous avez le pouvoir, ou du moins en partie; vous devez maintenant en profiter et surtout le garder à tout prix. Lisez les points 71 à 197 pour le conserver.

71 - N'ayez aucun but sauf celui de garder le pouvoir

Lorsque vous serez au pouvoir, de nombreuses personnes vous demanderont de faire de multiples choses, de nombreux lobbyistes tenteront de vous convaincre d'intervenir en faveur de leurs clients, de nombreux commettants vous demanderont de prendre des positions opposées. Faites bien semblant de les écouter, mais soyons clairs, votre priorité est de garder le pouvoir. Vous ne devrez jamais oublier cela et toujours penser en fonction de votre survie politique. Lorsque viendra le temps de prendre des décisions, n'oubliez pas votre priorité numéro un, vous.

Une façon de garder le pouvoir est de se faire de nombreux faux amis. On ne parle pas ici d'une amitié profonde, mais plutôt de connaissances avec lesquelles vous entretenez de bonnes relations. Les faux amis vont avoir tendance à vous appuyer et à voter pour vous. Ils vont aussi avoir tendance à vous défendre sur la place publique ou dans les débats.

Si vous êtes à la tête de votre pays, vous ne devez pas avoir de vrais amis, même pas parmi vos ministres, sinon cela influencerait votre jugement. Vous pourriez décider de ne pas congédier un ministre parce qu'il est votre ami. Cependant, vous devez avoir l'air ami, donc il est nécessaire d'avoir ces faux amis.

Lorsque vient le temps d'établir les priorités, vous devez tout analyser en fonction de ce qui est mieux pour conserver le pouvoir. En fait, vous appliquez certains des principes discutés au point 33. C'est le même principe; à ce point, on disait qu'il fallait tout faire pour gagner l'élection, maintenant il faut tout faire pour garder son gain.

Trop souvent, des démocrates deviennent arrogants et trop confiants. Ils se croient invincibles. Ils sont sûrs d'eux. Ils se mettent à oublier l'objectif numéro un, qui est de garder le pouvoir. Et, inévitablement, ils le perdent. Souvent, ils disent qu'ils n'ont pas vu venir leur défaite, c'est peut-être vrai, leur arrogance les a aveuglés. En suivant les conseils de ce livre, les risques de perdre seront très infimes, sauf si vous oubliez la priorité numéro un, garder le pouvoir.

72 - Pensez au court terme, pas aux générations futures

À moins que vous viviez très longtemps, vous ne serez plus là lorsque viendront les générations futures, c'est pourquoi vous devez les oublier lorsque vous prenez vos décisions. Si vous êtes toujours au pouvoir pendant plus d'une trentaine d'années, alors vous expliquerez que vous avez été mal conseillé, notamment par des personnes mortes, que la science n'était pas exacte et claire, que personne ne pouvait prévoir l'avenir, et vous accuserez vos adversaires de jouer aux gérants d'estrades : ils auraient pris les mêmes décisions que vous dans les circonstances.

Souvent, on a le choix entre un bénéfice à court terme ou un plus grand bénéfice à long terme. Dans ces situations, vous devez prendre le court terme, surtout si celui-ci porte ses fruits avant ou pendant la prochaine élection.

Prenez par exemple une usine de fabrication de cigarettes. Ces produits causent de nombreux problèmes de santé qui mènent notamment à des millions de morts dans votre pays. Pourquoi interdiriez-vous ces produits? Ils permettent entre autres de relaxer et de socialiser, choses qui sont essentielles. Aussi, souvent les gens vont fumer à l'extérieur, voilà une excellente idée pour aller purifier ses poumons en allant fumer quelques cigarettes.

Si vous commettez l'imprudence de rendre la cigarette illégale, vous allez causer des pertes d'emploi dans l'usine. Aussi, de nombreux commerces ne pourront plus en vendre. Des camionneurs n'auront plus rien à transporter. Pire, tous ces gens ne voteront plus pour vous. Les statistiques économiques locales risquent de baisser, ce qui vous forcera à changer la manière de les calculer (voir le point 149).

C'est le même principe concernant l'environnement. Ne pensez pas à ce qui sera mieux quand vous serez mort, pensez à ce qui est mieux pour se faire réélire. Ne pensez pas au-delà de la prochaine élection, car cela pourrait vous la faire perdre.

La plupart des gens veulent avoir de l'argent. C'est cela qui mène le monde. Pensez à ce qui est bon pour vous maintenant. Plus tard, vous trouverez des excuses pour expliquer les erreurs du passé.

Bien que vous puissiez être un visionnaire, la réalité est que la plupart des gens ne le sont pas. Ils vivent dans le présent ou bien dans le passé.

Beaucoup de problèmes se régleront d'eux-mêmes plus tard. Certains problèmes envisagés pour le long terme sont probablement très exagérés, gonflés par des alarmistes qui ont des intérêts économiques ou idéologiques. Si vous pensez à long terme, d'autres en profiteront, mais probablement pas vous. Idéalement, ils vous donneront le crédit, mais n'y comptez pas trop...

Si, par exemple, vous avez solidifié et sécurisé le système bancaire de votre pays, cela vous a probablement causé des pertes de points de croissance économique et des votes. Supposons qu'il n'y a pas de crise économique mondiale alors que vous êtes au pouvoir, mais qu'elle arrive après votre défaite aux élections (due, entre autres, à une performance économique moins bonne à cause de votre prudence), alors votre pays réussira mieux pendant la crise, mais c'est votre adversaire qui en prendra le crédit même s'il avait commencé à détruire votre solide fondation avant que la crise n'éclate. Étant donné que votre pays, tout étant relatif, performe très bien économiquement sur la scène mondiale, il deviendra pratiquement impossible de déloger votre adversaire du pouvoir. Ce dernier sera interviewé par des chaînes de télévision partout dans le monde et il sera félicité pour les choses que vous avez faites... Votre adversaire deviendra le modèle de ce qu'il faut faire et on le regardera comme un leader de prudence économique.

Laissez les générations futures s'occuper de leurs problèmes, qu'elles s'adaptent ou qu'elles meurent.

73 - Dites que l'ancien gouvernement a laissé les finances en pire état que mentionné

L'une des premières choses à faire une fois élu est d'étudier les finances du pays. Vous aurez maintenant accès à plus d'information qu'en tant que non-élu. Faites-les analyser en détail. Vous remarquerez probablement des techniques comptables douteuses du point de vue de l'éthique. Vous trouverez sûrement des mini-scandales. Si c'est votre parti qui était au pouvoir, alors ne dites rien, mais si c'était le parti de votre adversaire, il faut que vous vous insurgiez contre ces mini-scandales.

Il est fort probable que les finances de l'État ne seront pas en aussi bonne forme que ce qui avait été annoncé. Les politiciens ont souvent tendance à mentir, c'est presque tout le temps le cas lorsqu'ils bougent les lèvres. Il est possible que toutes les dettes ne soient pas comptabilisées de la même façon. Il est possible que les dettes individuelles des écoles et des hôpitaux publics ne soient pas incluses dans la dette du gouvernement, etc.

Que cela soit vrai ou non, accusez l'ancien gouvernement d'avoir laissé les finances dans un état beaucoup plus lamentable que prévu. Cela vous permettra de faire une série de choses.

D'abord, cela vous permettra de ne pas respecter les promesses électorales coûteuses que vous avez faites pour vous gagner des votes. Vous accuserez votre adversaire de vous empêcher de respecter vos promesses étant donné qu'il a menti sur l'état des finances publiques.

Ensuite, cela vous permettra de demander des sacrifices économiques des autres (évidemment pas de vous, voir le point 142). Ces sacrifices n'auront pas été prévus lors de votre campagne. Lorsque vous serez accusé de ne pas avoir parlé de ces sacrifices pendant votre campagne, vous direz que vous ne pouviez pas savoir que l'adversaire mentait frauduleusement sur l'état des finances publiques.

Mais surtout, le plus important est que vous vous lancerez dans une série d'accusations de fraude et d'insinuations sur l'argent disparu ou non comptabilisé. Après avoir perdu son élection, votre adversaire est au tapis, c'est le temps de mettre fin à sa carrière politique et de ternir sa réputation à jamais.

Vous pouvez aussi lancer des enquêtes publiques sur vos adversaires, question de les fatiguer mentalement et financièrement. Faites faire de longues enquêtes, cela est particulièrement irritant. Cela garde le sujet longtemps dans l'opinion publique.

Après une défaite électorale, vos adversaires penseront peut-être à prendre leur retraite ou à aller travailler dans le secteur privé,

Les secrets du démocrate

peut-être à changer de domaine complètement ou à retourner à leurs anciens métiers. Ils penseront peut-être aussi à rester en politique avec l'espoir de regagner au prochain vote. Vous devez tuer cet espoir. Détruisez politiquement la réputation de vos adversaires, détruisez leur réputation de gestionnaires responsables des finances publiques, arrangez-vous pour que la seule chose dont les gens parlent lorsqu'ils font référence à l'ancien gouvernement soit sa malhonnêteté dans la gestion des finances publiques, ce qui laisse présager de multiples choses...

Au pouvoir, vous deviendrez alors le parti de l'expérience, vos adversaires seront des nouveaux qui remplaceront les vieux de l'ancienne vague. Ils seront peut-être créatifs, sûrement idéalistes et intelligents, mais, rassurez-vous, c'est plus facile de manipuler des jeunes : ils commettront de nombreuses erreurs et vous en profiterez.

Aussi, les gens, en général, font plus confiance aux candidats d'expérience. L'expérience, c'est très important... quand vous en avez!

74 - Gérez stratégiquement les bonnes et les mauvaises nouvelles

Gérer un pays, c'est comme gérer une salle de nouvelles. L'essentiel est de savoir gérer les nouvelles qui seront perçues comme bonnes par la population ainsi que celles qui seront perçues comme mauvaises. Il y aura aussi des milliers de nouvelles dites « neutres » et des millions d'autres, insignifiantes.

En gros, chaque fois que votre adversaire médiatise une mauvaise nouvelle sur vous, vous devez immédiatement répliquer avec une bonne nouvelle. Aussitôt que l'adversaire dévoile une bonne nouvelle pour lui, vous sortez une mauvaise sur lui. Vous voulez annuler l'avantage qu'il gagnera avec sa bonne nouvelle.

Afin de pouvoir faire ceci, vous devrez avoir une réserve de bonnes et de mauvaises nouvelles. Celles-ci doivent toutes être préparées et prêtes à sortir au bon moment. Assurez-vous d'avoir une réserve de mauvaises nouvelles sur vos adversaires, mais aussi sur vos alliés, au cas où ils vous trahiraient ou décideraient d'obtenir la chefferie à votre place. Beaucoup de démocrates montent des dossiers complexes de scandales sur leurs alliés au cas où ces derniers changeraient de partis ou deviendraient soudainement un problème.

Si vous manquez de mauvaises nouvelles, utilisez votre équipe de création de scandales pour en trouver ou en produire.

Avec l'information continue, il est relativement facile de faire oublier une mauvaise nouvelle sur vous. Disons que vous êtes accusé avec preuve à l'appui d'avoir menti au public. C'est quelque chose qui arrive en démocratie. Alors, vous devez annoncer une bonne nouvelle dans les médias et vous vous consacrez là-dessus. Si les journalistes choisissent plutôt de vous parler de vos mensonges, dites qu'ils sont négatifs, qu'ils ne font pas leur travail objectivement et qu'ils diminuent la portée de votre bonne nouvelle.

Une autre solution est de sortir une mauvaise nouvelle ou un scandale, vrai ou faux, sur l'un de vos adversaires. Vous prendrez tout votre temps pour exprimer votre outrage là-dessus, mais ne parlerez pas de vos mensonges. Si l'on vous questionne à leur sujet, accusez les journalistes de s'acharner sur vous alors qu'ils ne font rien du scandale frappant votre adversaire.

Parfois, afin de minimiser un scandale vous concernant, vous devrez relâcher plusieurs nouvelles, vous pourrez alors en fournir plusieurs négatives sur vos adversaires et quelques bonnes sur vous. De nombreuses petites nouvelles peuvent en atténuer une grande. Le temps peut aussi aider. Vous accuserez tout le monde de s'acharner sur vous s'ils vous parlent encore de votre scandale.

Les secrets du démocrate

De nos jours, l'information vieillit vite. Armé de plusieurs bonnes et mauvaises nouvelles, vous devriez pouvoir éviter les problèmes.

75 - Annoncez les mauvaises nouvelles en début de mandat, les bonnes à la fin

L'un des plus vieux trucs des démocrates est d'utiliser la principale faiblesse de la population, soit sa capacité à oublier toutes sortes de choses rapidement. Ça aide évidemment que la plupart des gens ne suivent pas de trop près les nouvelles sur les multiples tours de passe-passe que vous leur ferez.

C'est pour cela que vous devez diviser votre mandat en deux et faire annoncer toutes les mauvaises nouvelles graves (hausse d'impôt, guerre impopulaire, scandales financiers vous concernant, gel des salaires dans la fonction publique, etc.) en début de mandat; ensuite, vers la fin du mandat, vous faites le contraire et vous vous accordez le mérite pour les baisses d'impôt, etc.

La plupart des gens ne se rappelleront pas de ce que vous avez fait au début de votre mandat. Ce sera trop loin. Mais ils auront fraîchement en mémoire ce qui vient tout juste de se passer. Ils vont voter sur les choses récentes.

Passez donc les budgets les plus difficiles au début, et ensuite terminez votre mandat avec des budgets bonbons. Essentiellement, vous allez redonner aux gens ce que vous leur avez pris en début de mandat et vous allez vous en vanter.

Si votre adversaire vous attaque sur votre début de mandat, vous utiliserez les trucs habituels, soit l'accuser de n'avoir rien de spécial à dire et de toujours prendre de très vieux exemples pour illustrer ses propos.

N'investissez pas trop de fonds publics dans la guérison des troubles de mémoires, les électeurs voteront moins pour vous s'ils se rappellent ce que vous leur avez fait au début. Évidemment, l'alcool et certaines drogues aident aussi à effacer quelques mémoires.

76 - N'annoncez que les bonnes nouvelles, laissez d'autres annoncer les mauvaises

Un des principes de base en démocratie est de ne pas être associé à une mauvaise nouvelle. Les gens ont tendance à tirer sur le messager. C'est pourquoi vous ne devez pas jouer ce rôle, sinon la population vous associera à cette mauvaise nouvelle. Le contraire est aussi vrai; en communiquant une nouvelle positive, les gens feront le lien entre vous et cette bonne chose, ce qui sera favorable à votre cote.

Les gens devraient être plus contents de vous voir lorsqu'ils vous associent avec de bonnes nouvelles. Comme on l'a vu précédemment, il importe peu que vous n'ayez aucun mérite dans cette situation.

Concernant l'annonce des mauvaises nouvelles, ou du moins, de celles qui sont perçues comme telles par la population en général, vous pouvez confier cette tâche à vos adjoints, aux fonctionnaires ou bien à des sources dites anonymes. Contrôlez très bien le message, mais assurez-vous de ne pas être identifié comme ayant un lien avec la mauvaise nouvelle.

Certains politiciens annoncent eux-mêmes une mauvaise nouvelle à un journaliste sous le couvert de l'anonymat. Bien que cette méthode fonctionne souvent, elle pourrait comporter des risques parce que parfois l'anonymat est dévoilé ou deviné. C'est pourquoi il vaut mieux passer par une personne de confiance.

Cependant, vous pouvez aussi exiger qu'un rival, du même parti que le vôtre, annonce la ou les mauvaises nouvelles : il sera associé à ces malheurs et mettra en péril sa carrière politique... S'il refuse cette responsabilité, dites-lui (et à tous ceux de votre parti) qu'il n'est pas un joueur d'équipe. S'il refuse toujours, utilisez des moyens plus importants pour l'obliger à annoncer les mauvaises nouvelles.

77 - Faites annoncer les mesures impopulaires quand personne ne prête attention

Dans votre carrière, vous aurez certainement beaucoup de nouvelles pénibles à annoncer. Certaines devront être communiquées publiquement sur-le-champ, mais la plupart du temps, vous aurez du temps pour vous préparer et vous pourrez choisir le bon moment.

D'abord, les mauvaises nouvelles doivent être annoncées au moment où les gens sont le moins susceptibles de les écouter. Elles doivent rejoindre le moins de monde possible. Dans plusieurs démocraties, le vendredi soir, tout juste avant le début de la fin de semaine, est le moment idéal pour annoncer les nouvelles peu réjouissantes.

Les périodes estivales ainsi que les fêtes majeures sont également de bons moments. Ou alors on choisit une journée en fonction des circonstances. Est-ce que d'autres événements importants sont susceptibles de remplir tout l'espace médiatique? Comme par exemple, la sélection de l'équipe nationale aux Jeux Olympiques, une décision judiciaire majeure, ou encore une émission télévisée très populaire. Ces événements majeurs risquent de prendre le dessus sur la mauvaise nouvelle que votre équipe va annoncer, voilà pourquoi c'est un bon moment pour dévoiler la nouvelle.

Quand tout le monde est dans l'esprit des fêtes, personne n'écoute trop les nouvelles, alors c'est le moment idéal pour faire une annonce négative.

Dans certains pays, les températures extrêmes peuvent favoriser le bon démocrate. Si vous annoncez une mauvaise nouvelle par -30° C, il est peu probable que les gens aillent dans la rue manifester. Si vous l'annoncez par +30° C avec beaucoup d'humidité, les gens risquent peu de consacrer beaucoup d'énergie à protester. D'autant plus si les gens concernés sont surtout des personnes âgées.

Dans certains cas, la population organise des manifestations et des démarches de nombreux mois après que la mauvaise nouvelle ait été rendue publique. Parfois, elle réussit à causer du dommage au démocrate, mais souvent l'effet a été fortement diminué. Les gens se fatiguent vite de parler du même sujet et se font accuser de vivre dans le passé s'ils soulèvent quelque chose qui est arrivé voilà trois mois.

78 - Choisissez le bon moment pour rendre un rapport public

Dans le cas des rapports, vous devez utiliser les méthodes dont nous avons parlé précédemment concernant le dévoilement des bonnes et des mauvaises nouvelles.

Si le rapport vous est favorable, alors vous le dévoilez à une heure de grande écoute et vous vous assurez d'obtenir le maximum de visibilité médiatique.

Si le rapport est mauvais ou catastrophique pour vous, alors vous le faites dévoiler secrètement sur un site Web ou par une personne anonyme à un moment où personne ne porte attention.

Vous profitez du moment pour annoncer une petite bonne nouvelle pour vous ou une petite mauvaise nouvelle pour votre adversaire, de manière à réduire l'attention consacrée au rapport. Idéalement, le rapport négatif est diffusé en même temps qu'une grande nouvelle, dans un autre domaine, qui accapare toute l'actualité.

Les rapports positifs doivent être faciles à lire et comprendre un sommaire exécutif, ce qui facilite la tâche du lecteur. Pour les rapports négatifs, un rapport impossible à suivre et à lire est plus approprié. Faites rager les lecteurs, plusieurs se décourageront.

Rappelez-vous, avant de diffuser un rapport, le point 40 concernant les citations hors contexte; parfois, de petites lignes hors contexte peuvent être dangereuses pour vous ou pour d'autres. Vous devez lire chaque ligne de manière indépendante. Si cette ligne était le titre d'un article de journal, est-ce que ça me causerait des ennuis?

Dans plusieurs démocraties, c'est le parti au pouvoir qui décide quand un rapport sera rendu public, ce qui est idéal pour maximiser le rendement politique et partisan des rapports.

Les rapports peuvent aussi être utilisés adéquatement si vous êtes dans l'opposition, surtout s'ils sont très critiques du pouvoir; dans ce cas, ne donnez pas le droit au gouvernement de rendre les rapports publics qu'il veut quand il veut. Il va nécessairement utiliser ce pouvoir à des fins politiques.

Si un rapport très négatif sur vous devait être connu prochainement, essayez d'en empêcher le dévoilement en invoquant la sécurité nationale, la confidentialité du cabinet ou n'importe quel autre critère. Au minimum, attendez le moment propice, peut-être après les prochaines élections, pour rendre public le rapport.

Ne donnez pas à des responsables neutres et indépendants le pouvoir de dévoiler leurs rapports quand ils le désirent. Obligez-les par la loi de vous montrer les rapports avant qu'ils les rendent publics, cela vous permettra de vous préparer à répondre aux

Lisez ce livre en secret

éléments négatifs. Ensuite, obligez-les à dévoiler leurs rapports au moment précis où vous détournerez l'attention du public avec toutes sortes d'autres nouvelles et événements. Mais le mieux serait de garder vous-même le contrôle total sur le document qui sera dévoilé. Des gouvernements sont tombés suite à la sortie de rapports, ne laissez pas le contrôle de la guillotine à quelqu'un d'autre.

79 - Demandez du temps pour lire un rapport négatif

Si vous ne pouvez empêcher la publication d'un rapport négatif et que ce rapport fait fracas, vous serez immédiatement bombardé de multiples questions. Idéalement, vous aurez eu une copie d'avance, ce qui vous permettra de vous préparer à affronter la meute médiatique et à répondre aux questions des gens (mais bien peu de démocrates aujourd'hui parlent directement aux gens).

Vous pouvez admettre vos erreurs, mais ce serait mieux d'admettre les erreurs des autres (point 43). Vous pouvez blâmer toutes sortes de circonstances et de personnes, mais souvent vous serez accusé de dévier le blâme sur d'autres personnes.

La meilleure méthode est d'annoncer que vous n'avez rien à dire pour le moment. Demandez du temps pour lire le rapport au complet. Dites que le rapport est volumineux et que vous reviendrez là-dessus plus tard.

On vous demandera plus tard ce que vous pensez du rapport, dites que vous n'avez pas encore eu la chance de le lire à cause d'urgences de toutes sortes. Plus tard, on vous le redemandera, dites maintenant que c'est votre personnel ou des spécialistes qui doivent finir de lire le rapport. Plus tard, vous devrez faire des consultations techniques, plus tard évaluer des options de solutions, plus tard ci et plus tard ça, etc. Si votre interlocuteur ne s'est pas encore endormi, expliquez-lui les nouvelles raisons des délais.

La plupart du temps, quand il y a des problèmes graves, balayez-les en-dessous du tapis, et les gens vont avoir tendance à les oublier. Si quelqu'un vous revient encore là-dessus, dites qu'une réponse est imminente. Après l'élection, dites que c'est un vieux dossier et que vous voulez vous concentrer sur les besoins immédiats de la population.

Un très grand nombre de rapports négatifs se retrouvent sur des tablettes et amassent de la poussière, et ce, pour des siècles et des siècles...

80 - Revigorez-vous avec une bonne maladie

Vous, ainsi que les membres de votre équipe, aurez nécessairement des maladies à un moment donné. Cela fait partie de la vie. Avoir un cancer par exemple est devenu une chose normale pour tout le monde. Cela ne veut pas dire qu'il faut dévoiler cette maladie à n'importe quel moment.

Le fait d'être atteint d'une maladie génère habituellement une vague de sympathie envers le malade. Plusieurs grands démocrates ont revigoré leur carrière à l'aide de maladies. Un peu comme les bonnes et les mauvaises nouvelles et votre réserve de scandales, vous devez avoir une réserve de maladies pour vous et vos collègues.

Lorsque la situation se corse et que vous êtes impopulaire ou que les choses stagnent, le moment est venu pour vous de dévoiler une maladie, disons le cancer. Les gens auront pitié de vous. Cela vous permettra aussi d'être à l'écart de la vie publique un peu. La hargne de certains envers vous se calmera quelque peu.

Vous deviendrez alors un chevalier qui se battra sans répit contre la terrible maladie qui l'afflige. En gagnant votre combat, vous deviendrez un exemple de persévérance et de détermination. Vous en profiterez pour remercier vos proches et les milliers de personnes qui vous ont aidé (ce qui devrait les convaincre de voter pour vous). Vous montrerez votre côté humain et cela vous donnera la possibilité de vous exprimer en connaissance de cause lorsque vous parlerez de santé et de maladies.

Vous pourrez aussi profiter des maladies qui surviennent dans votre entourage. Vous donnerez à vos proches un soutien inconditionnel (c'est du moins ce que vous donnerez comme impression). Votre époux, votre épouse, vos parents, vos adjoints sont malades, parfait! Voilà une occasion pour vous de montrer quelle excellente personne vous êtes. Utilisez les mêmes méthodes qu'au point 52.

Si vos politiques ne sont pas populaires, c'est le moment idéal de réorienter le débat et de faire parler de vous, mais d'une autre manière.

Si tout va bien pour vous, il est peu utile de dévoiler une maladie, vous gagnerez peut-être un peu en sympathie, mais seulement chez vos partisans. Aussi, parfois, les gens risquent de se demander si vous allez demeurer là longtemps, certains penseront à prendre votre place, et certains agiront pour faciliter votre sortie. Plusieurs se demanderont si vous avez toujours le temps et les capacités nécessaires pour faire votre travail. Bref, si tout va bien, ne changez pas la combinaison gagnante, ne parlez pas de vos maladies, gardez-les dans votre réserve de surprises.

Les secrets du démocrate

Révéler une maladie au bon moment peut être une arme très puissante, mais c'est aussi risqué. Il faut donc utiliser ce recours seulement quand on est dans une mauvaise situation ou qu'on est carrément désespéré.

81 - Faites croire aux gens que ça va bien lorsque vous êtes au pouvoir

Lorsque vous êtes au pouvoir, vous devez faire croire aux gens que tout va bien. Le contraire est aussi vrai lorsque vous n'êtes pas au pouvoir.

Un peu comme avec les nouvelles, vous devez vous associer aux choses qui vont bien. Souvent, vous entendrez que les démocrates qui ont du succès sont des optimistes. Ils voient le bon côté des choses pour la population et pour eux personnellement. Ils espèrent que les gens vont se demander pourquoi ils devraient changer de démocrates si tout va bien.

Si les réseaux de santé et d'éducation titubent, faites des comparaisons avec les pires réseaux de la terre. Dites que tout va bien dans les urgences même si des gens meurent en attendant des soins. Faites comme si tout allait bien au niveau de l'économie même si le taux de chômage est très élevé. N'hésitez pas à dire que ça va bien, peu importe la situation.

Convainquez-vous et convainquez votre personnel que ça va bien. Vos gens en persuaderont d'autres. Souvent, c'est une question d'opinion personnelle, c'est assez relatif. Dans presque toutes les situations, on peut trouver du positif.

Accusez les médias d'être trop négatifs lorsqu'ils critiquent de nombreux aspects de votre politique.

Faites faire des rapports qui vous félicitent ou vous disent que tout va bien. Si ça ne va pas si bien, trouvez une époque où ça allait moins bien ou un pays où c'est pire et faites des comparaisons avec ceux-ci.

Tentez de marginaliser ceux qui parlent des problèmes. Dites à votre personnel de les traiter de mauvais critiques. Embauchez des professionnels de la motivation qui vont convaincre le peuple que tout va bien. Si vous pouvez inspirer des humoristes sur ce sujet, ça pourrait aussi aider.

L'important n'est pas que tout aille bien, mais qu'un grand nombre de personnes le pensent.

Lorsque ce sont vos adversaires qui sont au pouvoir, vous devez utiliser la technique opposée, c'est-à-dire répéter constamment que tout va mal. Documentez-vous et expliquez en long et en large tous les problèmes. Si les gens vous croient et qu'ils pensent que vous pouvez régler certains des problèmes, ils seront plus motivés à vous appuyer.

Les secrets du démocrate

Il est quasi impossible de chasser du pouvoir un gouvernement démocrate quand tout va bien... mais tout ne va jamais bien. Si vous êtes dans l'opposition, vous devez clamer que tout va mal et que vous êtes la solution à tous les problèmes de la terre.

82 - Faites croire aux gens qu'ils ne peuvent rien faire pour changer quoi que ce soit

Vous venez de vous voter une grosse augmentation de salaire? Vous venez de lancer une petite guerre pour aider vos amis dans l'industrie militaire? Vous venez de décider de hausser massivement les frais de scolarité malgré votre promesse de les éliminer?

Hé! hé! il est à prévoir que la population ne sera pas contente. Plusieurs demanderont des changements ou l'annulation complète de ce que vous venez de faire. Des sites Web et des blogues seront remplis de messages vous demandant de changer votre position. Partout, les gens vous condamneront pour vos actions. Vous vous demanderez alors ce que vous devez faire.

La réponse est simple, vous devez faire croire aux gens qu'ils ne peuvent rien faire pour changer quoi que ce soit. Que peu importe qu'ils manifestent ou non, ça ne va rien changer. Que même s'ils élisaient un autre parti plus tard, ces derniers mentent lorsqu'ils déclarent qu'ils vont revenir sur votre décision.

Si vous coupez le salaire des employés d'une industrie publique, ils manifesteront dans la rue et feront peut-être la grève. Tant pis, vous leur direz que ça ne changera rien à rien. Plusieurs seront convaincus de vos propos et retourneront au travail. Seuls quelques idéalistes voudront continuer.

En démocratie, c'est en théorie le peuple qui détient le pouvoir, mais vous devrez faire comprendre aux gens que c'est vous qui avez le pouvoir et non pas eux. Vous devrez leur faire passer le message que, peu importe ce qu'ils font, ce qu'ils disent, ça ne changera rien! Vous les découragerez ainsi.

Ils auront l'air d'idiots qui perdent leur temps. Vous voulez aller manifester par -30° C, eh bien allez-y! Mais ça ne changera rien. Vous êtes contre l'augmentation de tarifs ou de taxes, tant pis, écrivez des lettres si vous voulez, mais ça ne changera rien.

Faites-leur croire que le pouvoir est partagé ainsi, 100 % pour vous et 0 % pour eux. Vous leur dites que ce qu'ils font est totalement inutile et contre-productif. Si vous êtes capable de leur faire avaler cela, tout devrait bien aller pour vous parce que vous leur faites comprendre que vous critiquer est contre-productif pour eux.

Les gens se découragent de manifester quand ça ne donne pas de résultats. Gardez les choses en l'état. Ne changez absolument rien suite aux critiques. Faites oublier aux gens qu'en démocratie, ce sont eux qui détiennent le pouvoir.

83 - Formez le peuple de la bonne façon

Une autre chose essentielle pour rester au pouvoir longtemps est de former le peuple en conséquence de vos intérêts. Vous devez utiliser de la propagande, mais utilisez un autre mot, parce que ça pourrait être mal vu.

Premièrement, les gens doivent avoir un grand respect pour vous, pour l'autorité et pour les institutions. La meilleure façon de vous faire respecter est qu'ils aient peur de vous. C'est plus difficile de critiquer une personne publiquement quand on a peur d'elle.

Vous devez donc utiliser les institutions pour qu'elles forment le peuple de la façon qui vous aide politiquement. Éduquez les gens à vous respecter, à suivre les bonnes valeurs, c'est-à-dire les vôtres.

Vous pouvez faire cela dans le cadre de l'école, mais aussi par de la publicité payée avec l'argent des contribuables. Réécrivez l'histoire dans les manuels scolaires de manière à bien vous présenter et à faire le contraire pour vos adversaires. Réécrivez l'histoire en insistant sur le fait que les héros nationaux partageaient vos valeurs alors que les cancres soutenaient les valeurs de vos adversaires.

Faites des lois qui vous donnent l'immunité totale au Parlement, que ce soit en termes de diffamation ou autre, mais instaurez des règles très sévères pour la population. Si quelqu'un vous insulte publiquement, cela deviendra un crime punissable sévèrement. Plusieurs personnes préféreront s'associer aux légaux (vous) plutôt qu'aux illégaux (vos adversaires).

Assurez-vous d'inculquer les principes dont vous aurez besoin en valorisant le travail de vos soldats, qui se battront pour défendre vos objectifs économiques et contre la population si elle se révolte contre vous.

Une fois qu'une personne est formée dans un carcan précis, il lui est difficile d'en sortir. Il devient anormal de contester l'autorité ou d'agir de manière non conformiste.

Ne formez pas les gens à réfléchir, il est plus facile de travailler avec une population qui ne pense pas trop. C'est vous le penseur. Si les gens se mettent à réfléchir trop et à investiguer, ça pourrait mettre votre pouvoir en péril.

Ne fournissez pas trop d'information sur des sujets importants; le contrôle de l'information est aujourd'hui la clé du pouvoir. Donnez au peuple du pain et des jeux.

La vérité est que vous ferez, la plupart du temps, des choses qui ont déjà été faites auparavant; l'histoire se répète constamment. Mais s'il se trouve, dans votre population, des gens qui pensent et qui sont informés, alors ces derniers pourront lire dans votre jeu. Ils découvriront que vous répéteztoujours les mêmes tactiques. Ils pourront même prédire vos prochaines actions.

Lisez ce livre en secret

Ces gens-là sont dangereux pour vous. C'est pourquoi mieux vaut qu'ils ne pensent pas trop et se consacrent à des activités sportives, culturelles ou de divertissement.

Dépensez des milliards de l'argent du peuple pour les éduquer de la façon qui vous convient.

84 - Qu'on fasse ce que vous dites, pas ce que vous faites

Un autre élément-clé pour un démocrate, c'est que les gens doivent faire ce que vous leur dites, mais pas ce que vous faites.

Par exemple, si vous demandez aux soldats de sacrifier leurs vies pour vous, il ne faudrait pas que vous sacrifiiez la vôtre en même temps, sinon leur sacrifice deviendrait inutile et votre carrière se terminerait là, au grand dam de la population.

Si vous dites aux gens qu'ils doivent être honnêtes mais que vous l'êtes aussi, vous risquez alors de limiter votre carrière et votre richesse personnelle, car toute vérité n'est pas bonne à dire.

Si vous demandez à vos employés d'être ouverts, transparents et imputables, il ne faudrait pas qu'ils vous demandent la pareille, parce que votre carrière pourrait être courte. Vous devez cacher vos vices et vos fautes pour rester longtemps en poste.

Les règles que vous énoncez pour les autres ne doivent pas s'appliquer à vous. Sinon, comment pourriez-vous faire des exécutions extrajudiciaires? Vous risquez de mourir avec des choses comme ça! Comment allez-vous torturer en paix? Comment allez-vous vous enrichir au détriment de la société?

Si vous financez votre gouvernement ou vos services secrets par la vente illégale de drogues, vous allez avoir des problèmes assez rapidement si les règles qui s'appliquent aux autres s'appliquent aussi à vous!

La première option serait d'arrêter de faire ces ventes, mais alors vos revenus connaîtraient une chute importante, ce qui causerait des hausses de taxes, des réductions de services et une baisse probable des activités que vous financiez avec votre commerce illicite. Pire encore, cela pourrait réduire votre richesse personnelle.

Cependant, si les autres faisaient comme vous et se mettaient à vendre de la drogue illégale partout, alors les prix baisseraient considérablement, ce qui vous causerait des ennuis semblables à ceux expliqués au paragraphe précédent. L'idée de faire du commerce illégal est que ça paye plus; si vous le faites légalement, ça fait des retours sur investissement beaucoup plus modestes.

C'est pour cela que vous devez être au-dessus des lois (voir point 176) et il faut que les gens fassent toujours ce que vous dites, mais jamais ce que vous faites!

85 - Faites-vous poser des questions uniquement par des journalistes sélectionnés

Dans votre carrière de démocrate, vous rencontrerez souvent des journalistes qui vous poseront de nombreuses questions, certaines faciles, d'autres plus corsées. Si vous ne répondez pas comme il faut, vous pourrez perdre une partie de votre popularité, ce qui vous causera des problèmes pour réaliser ce que vous voulez accomplir en politique.

Votre attaché de presse expliquera aux médias que vous avez un emploi du temps très serré et que vous pouvez seulement répondre à un petit nombre de questions, et vous vous arrangerez ainsi pour sélectionner les journalistes qui poseront les questions.

Ces derniers seront choisis en fonction du type de questions qu'ils posent habituellement et selon leurs opinions politiques.

Favorisez les journalistes qui posent des questions générales à volets multiples plutôt que ceux qui posent des questions précises insinuant de grandes choses. Les questions générales sont plus faciles à répondre et vous donnent l'occasion de parler de votre programme politique de la manière dont vous le désirez. Le fait qu'il y ait des volets multiples vous permet de choisir les sous-questions auxquelles vous voudrez répondre.

Les journalistes qui posent des questions spécifiques simples et claires sont dangereux, car il est plus difficile d'escamoter la question. Voici quelques exemples de questions :

- Avez-vous ordonné l'assassinat extrajudiciaire de ces 25 opposants politiques?
- Avez-vous eu des relations sexuelles avec votre adjointe politique?
- Avez-vous menti au peuple en disant que vous ne feriez pas de déficit?
- Respectez-vous les droits de la personne dans vos actions avec l'opposition?
- Quels sont vos commentaires sur les rumeurs qui circulent dans votre entourage?
- Comment envisagez-vous le prochain budget?

Comme vous le voyez, certaines questions sont très pointues et difficiles à répondre alors que d'autres sont excessivement vagues et vous permettront de répondre de la façon que vous voulez.

Les questions précises et embarrassantes sont difficiles, soit vous devez admettre quelque chose qui serait vu comme étant

Les secrets du démocrate

grave, ou soit vous mentez, mais la façon dont la question est posée ne vous permet pas de mentir sans mentir (point 9). De plus, vos mensonges pourraient être prouvés plus tard, ce qui vous causerait des ennuis. Ou bien encore vous dites que la réponse est secrète ou personnelle, mais plusieurs la percevront comme un aveu, alors ils comprendront que vous avez des choses à cacher.

L'autre problème avec ceux qui posent des questions directes et difficiles, c'est que vos expressions faciales pourraient exprimer une réponse avant même que vous ne preniez la parole. Cette réponse pourrait vous être nuisible. Par exemple, alors que vous entendez la question, vous semblez soudainement embarrassé et vous cherchez à détourner le regard et devenez un peu rouge. Vous pouvez aussi rester bouche bée. Les gens tireront leurs conclusions en vous regardant. La photo de votre embarras pourrait se retrouver dans tous les médias.

Donc, les journalistes qui posent des questions très générales sont à choisir. Si, de plus, le journaliste est un chaud partisan de votre formation ou a des points de vue semblables aux vôtres, alors il sera le journaliste idéal.

86 - Triez les questions du public

Une autre chose que vous ferez de temps en temps est de répondre directement aux questions du public. Cela peut vous rendre populaire et les gens apprécient généralement d'entendre une réponse de votre bouche. D'autres verront cela comme une preuve que vous vous intéressez aux sujets qui touchent le commun des mortels.

Cependant, que ce soit en personne, par Internet, à la radio ou à la télévision, cette approche peut être très risquée. La personne pourrait vous poser des questions embarrassantes, exposer vos mensonges et révéler vos secrets.

Le demandeur pourrait être une personne d'un autre parti politique qui vise à vous discréditer. C'est pourquoi vous devez d'abord contrôler le média et trier les questions du public.

Idéalement, vous vous arrangerez pour que les gens du public soient en fait des fervents partisans et des membres de votre parti politique qui vous poseront des questions établies d'avance, ce qui vous permettra de vous entraîner à donner les réponses.

Certains journalistes ne vous permettront pas de faire le tri, c'est pour cela que vous devrez les éviter. Concentrez-vous sur des périodes de questions en ligne où les gens de votre parti vous posent anonymement des questions.

Si les questions viennent vraiment du public, alors choisissez les plus populaires, dans la mesure où vous pourrez y répondre sans trop de difficultés.

87 - Limitez le nombre de questions

Il est évident que les journalistes et le public auront un très grand nombre de questions pour vous. Certaines faciles, mais surtout, plusieurs difficiles. Il est important de savoir que plus le nombre de questions auxquelles vous répondez est grand, plus vous risquez de commettre des erreurs qui pourraient s'avérer coûteuses plus tard.

Le fait de donner l'occasion aux gens de poser des sous-questions et de revenir continuellement sur un point peut vous causer des ennuis. Il vaut mieux limiter le nombre de questions à cinq et que votre personnel invoque un horaire chargé pour mettre fin à la séance.

Le fait de répondre souvent à un grand nombre de questions peut fatiguer un démocrate et la fatigue pousse à commettre des erreurs. Par ailleurs, les questions, souvent négatives, peuvent vous exaspérer et vous frustrer, ce qui peut mener à des comportements répréhensibles.

Il est plus facile de s'en sortir sans répondre aux questions lorsqu'il y en a peu. On n'a pas l'air très intelligent lorsqu'on se fait poser dix fois des questions connexes et qu'on tourne autour du pot. Si l'on vous pose des questions difficiles pour lesquelles vous n'êtes pas préparé, vous pouvez toujours répondre de manière générale, ensuite rencontrer vos conseillers pour élaborer des réponses plus précises pour la prochaine fois que les journalistes vous en parleront.

Si, par contre, vous permettez des dizaines et des dizaines de questions, il est certain que quelqu'un va vous poser une question qui vous déstabilisera, et c'est justement celle-là qui passera dans les bulletins de nouvelles. C'est aussi celle-là que vos adversaires utiliseront dans leurs campagnes publicitaires contre vous.

Permettre un grand nombre de questions risque de vous faire dire quelque chose d'inexact dans les faits. Aussi, vos adversaires pourront se servir de ce matériel dans une future campagne électorale pour démontrer que vous aviez dit telle chose avant d'être élu, mais que vous avez fait différemment après.

88 - Intimidez les journalistes grâce à vos partisans

La plupart du temps, un démocrate rencontre tous ensemble un grand nombre de journalistes qui ont de multiples questions. Bien que le personnel politique accompagne souvent le démocrate, on se retrouve souvent dans une situation où les journalistes sont fortement supérieurs en nombre et en intelligence par rapport au politicien. C'est une situation risquée pour ce dernier.

Une trentaine de têtes valent mieux qu'une et vous pourriez aussi être intimidé par le groupe. La peur est la source de bien des erreurs.

Vous devez renverser la situation en intimidant les journalistes. D'abord, vous vous installez dans une salle pleine de partisans. Ces derniers seront des membres de votre parti politique et des gardiens de sécurité empêcheront les autres personnes d'entrer. D'ailleurs, vous pourrez même demander à la police fédérale de scruter à la loupe les personnes qui veulent venir assister à votre discours afin de s'assurer qu'ils sont tous de bons partisans. Habituellement, la police et les services publics ne rendent pas de services partisans, mais bon il leur arrive d'oublier leurs rôles.

Ensuite, une fois installé dans la salle avec vos 500 partisans, les quelques journalistes vous posent un nombre limité (point 87) de questions sur votre hypocrisie, vos mensonges et vos crimes. Le but est que vos partisans s'insurgent contre le type de questions posées. Que le journaliste qui pose des questions difficiles se fasse huer et insulter. Il faut que le groupe donne l'impression que la question n'a pas de bon sens.

Pendant que la foule réagit, vous restez calme et vous pensez à votre réponse. Cela vous donne plus de temps pour réfléchir à la meilleure réaction que vous pourriez avoir. Vous donnez ensuite une réponse, ou un semblant de réponse, et vous vous faites applaudir à tout rompre par la foule. C'est le genre d'image télévisuelle que vous voulez produire. Primo, celui qui vous a posé la question sur vos magouilles a l'air d'un idiot, secundo, vous avez du temps pour réfléchir, et tertio, vous êtes acclamé pour votre réponse.

Il faut du courage pour être journaliste, mais il y a des limites; plusieurs seront intimidés et n'oseront pas vous poser des questions difficiles. Les gens ramollissent avec le temps. À force de se faire huer, on se remet en question, plusieurs abandonnent leurs questionnements agressifs, d'autres sont hésitants. Certains voient le traitement réservé à leurs collègues et n'osent pas se lever pour contester vos manigances.

Lorsque vous avez un bon groupe de partisans qui ont compris comment réagir face aux journalistes hostiles, vous pouvez les inviter souvent afin qu'ils puissent intimider encore les

Les secrets du démocrate

journalistes. Vous pouvez aussi donner des conseils aux foules que vous rencontrez sur la façon de réagir aux comportements des journalistes. Préparer la foule est aussi important que le spectacle que vous allez donner en avant.

89 - Si vous ne savez pas la réponse, dites que ce sont des détails

Hélas, dans une démocratie normale, quelqu'un finira quand même par vous poser une question dont vous ne savez pas la réponse. Si la question est importante, vous pourriez avoir l'air de ne pas connaître les dossiers-clés, ce qui minerait votre crédibilité.

Par exemple, disons que vous avez annulé le programme environnemental de votre prédécesseur après l'avoir vertement critiqué à plusieurs reprises. Vous le remplacez maintenant par un nouveau programme qui a un nouveau nom. Un journaliste pourrait vous poser une question comme :

- Quelles sont les différences entre le programme que vous annoncez aujourd'hui et l'ancien programme de votre adversaire?

Il est fort possible que vous ne sachiez pas la réponse. Vous avez critiqué l'ancien programme en lisant des feuilles écrites pour vous, mais on a oublié de vous dire quelle est la différence entre votre programme et l'ancien. Dans ce cas, vous devez dire que les fonctionnaires de votre ministère contacteront les journalistes plus tard pour leur expliquer les différences.

Vous devez éviter de dire que vous ne savez pas les choses importantes, vous devez minimiser ce que vous ne savez pas en disant que ce sont des détails.

Vous n'aurez pas le temps d'apprendre en détails toutes les choses que vous proposerez.

90 - Prétendez ne pas avoir compris la question

Un autre truc pour se sortir de l'impasse lorsqu'on se fait poser des questions est de prétendre ne pas avoir compris la question et de réfléchir à une réponse en attendant.

Cette solution rappelle le truc que certains joueurs de hockey utilisaient. Lorsqu'ils se faisaient poser des questions difficiles, ils remettaient la tête sous la douche et pensaient à une réponse avant de demander à ce que l'on repose la question. Pendant tout ce temps, ils construisaient une réponse solide.

C'est la même chose en démocratie, prétendez ne pas avoir compris les questions difficiles auxquelles vous n'êtes pas bien préparé à répondre. Vous pouvez dire que certaines autres personnes parlaient dans la salle, expliquer que le micro ne fonctionnait pas bien ou trouver d'autres raisons qui font que vous n'avez pas bien compris.

Le fait de répondre trop vite à une question peut vous embarrasser pour le reste de votre vie. Il est bon de prendre quelques secondes de plus et de bien penser à ce que l'on dit.

91 - Ne répondez jamais aux questions

Même si l'on vous questionnera des millions de fois, l'idéal est toujours de ne jamais répondre aux questions lorsque c'est possible. Il est trop facile de commettre des erreurs, de faire des projections qui ne se réaliseront pas, de dire des choses qui seront contredites plus tard...

L'idéal est d'avoir un adjoint ou un porte-parole qui répondra aux questions à votre place. La personne, peut-être un avocat ou un expert en communication, est un spécialiste pour ce qui est de contourner des questions et de rendre positives les situations désastreuses. Cette personne travaillera à temps plein à se préparer et à répondre aux questions. Vous, vous vous occuperez des choses importantes.

Lorsque la personne commettra une erreur, ce qui devrait être rare, l'erreur ne vous sera pas attribuée directement. Ce n'est pas vous qui avez fait un lapsus, c'est un employé. Ce n'est pas vous qui avez dit que les habitants de telle région de votre pays sont des perdants, c'est votre porte-parole qui a fait une erreur qui ne reflète pas votre opinion personnelle (du moins, c'est ce que vous direz).

Certains systèmes démocratiques forcent les élus à se présenter au Parlement tous les jours pour répondre aux questions de l'opposition. Cela est une occasion pour ces derniers d'embarrasser le gouvernement en place, mais si vous en faites partie, assurez-vous que ceux qui répondent ne soient pas obligés de le faire en répondant directement à la question. Plutôt, ils peuvent insulter ceux qui posent la question ou parler d'un sujet non lié à la question tout en discutant des choses extraordinaires qu'ils font pour la population.

L'idéal, une fois au pouvoir, serait d'éliminer ces périodes de questions et de les remplacer par des visites occasionnelles dans des comités où d'autres moyens seront utilisés pour éviter de répondre aux questions. Au moins, vous n'aurez qu'à danser autour des questions quelques heures par année plutôt que chaque jour.

S'il y a des périodes de questions quotidiennes, assurez-vous d'en manquer souvent pour des raisons importantes, par exemple, vous allez annoncer l'inauguration d'un complexe sportif ou artistique dont vous vous accorderez le mérite de la construction. Aussi, si vous êtes le chef du gouvernement, faites semblant de répondre uniquement aux questions du chef de l'opposition ou des chefs de partis. Cela réduit fortement le nombre de questions auxquelles vous aurez à répondre.

Le fait d'avoir à répondre à de nombreuses questions augmente le stress et la fatigue et augmente les risques que vous commettiez une erreur.

Les secrets du démocrate

Souvent les nouveaux qui commencent en politique ont tendance à commettre l'erreur de répondre à la question qui est posée. Avec un peu d'expérience, on s'aperçoit qu'on tombe dans un piège en faisant cela.

92 - Changez souvent de sujet

Au cours de votre carrière politique, l'on vous parlera d'un très grand nombre de sujets dont plusieurs que vous ne pourrez pas anticiper facilement. Cependant, une chose est sûre, l'on vous parlera surtout des choses qui pourraient vous embarrasser et vous mettre mal à l'aise. En bref, on vous parlera de vos erreurs et de votre manque de résultats.

Il existe des techniques pour bien camoufler vos erreurs et pour blâmer d'autres personnes. Plusieurs sont abordées dans ce livre. Toutefois, le fait de toujours blâmer les autres et de se lancer dans des explications à l'emporte-pièce pourrait être mal perçu par la population.

C'est pourquoi, lorsqu'il y a un problème, il vaut mieux changer de sujet que de tenter de le régler.

Cela est relativement facile lorsque vous avez la parole et que l'on vous questionne sur des sujets d'ordre général. Ne parlez pas des sujets où vous avez de la difficulté, faites-les oublier. Parlez des choses qui vont bien.

Lorsqu'on vous parle de ce qui ne va pas bien, vous devez changer de sujet et passer aux choses qui vont bien. Dites que vous voudrez revenir sur un point discuté précédemment, dites que vous n'aviez pas terminé votre réponse à une question, dites que votre adversaire essaie de changer de sujet alors qu'en réalité c'est vous qui essayez de le faire.

Dites qu'avant de répondre à la question, vous voudriez ajouter une information sur un autre sujet et que vous allez revenir sur la question, mais ne revenez pas nécessairement dessus. Si l'on vous presse, donnez une réponse très courte sur le sujet, mais étendez-vous en long et en large sur un autre propos.

93 - Contrôlez les médias

En démocratie, ce sont souvent les médias qui finissent par déterminer qui va gagner ou non l'élection. Ces médias vous diront souvent qu'ils ne contrôlent rien, mais ne vous laissez pas embobiner par leurs explications.

Si les médias sont très négatifs envers vous, alors votre campagne électorale s'annoncera corsée. Le meilleur moyen de s'assurer que vos intérêts personnels soient protégés est de contrôler directement ou indirectement les médias.

Dans plusieurs pays, il y a des diffuseurs publics qui peuvent être facilement contrôlés. Votre gouvernement approuvera ou non ce qu'ils peuvent faire. Vous leur interdirez alors de ramener de vieilles histoires à votre sujet, mais vous les encouragerez à faire le contraire concernant vos adversaires.

Certains médias publics sont théoriquement indépendants du gouvernement. La technique pour les contrôler est de remplacer les membres de leur conseil d'administration par vos amis, peu importe qu'ils soient compétents pour le travail ou non. Vous prétendrez alors que ces médias sont indépendants même si vous dictez à vos amis leur ligne de conduite.

Parfois, vous n'aurez pas le droit de nommer les membres du conseil d'administration ni même son président. Dans ces cas, il est possible qu'une régie indépendante du gouvernement gouverne les médias publics. Utilisez alors les mêmes processus pour remplacer les membres de la régie par vos amis.

Si jamais vous n'avez absolument aucun contrôle sur rien, il faudra fonctionner de manière indirecte. Embarrassez les gens que vous voulez voir partir en les plaçant dans des situations impossibles à gérer et faites dévoiler de nombreux scandales sur leur gestion ou bien sur leurs vies personnelles. Cela en forcera plusieurs à partir.

La méthode douce qui consiste à leur conseiller gentiment de partir peut parfois fonctionner, mais ne comptez pas trop là-dessus.

Vous pouvez aussi changer les règles des mandats pour limiter ces derniers afin de faire partir les récalcitrants. Aussi, une petite réduction des salaires et des avantages sociaux en fera déguerpir plus d'un. Vous rétablirez vos coupures lorsque vos amis seront en poste; ils pourront alors vous aider à financer votre parti politique.

Si la haute gestion des médias publics est changée, mais que votre couverture est toujours mauvaise selon votre point de vue personnel, il faudra alors réaménager à nouveau la haute gestion. Après quelques essais, les gens devraient avoir compris le message.

Certains pays n'ont pas de diffuseurs publics, mais leurs gouvernements contrôlent les médias quand même. Donnez-vous le pouvoir de proscrire des mots et des expressions dans les médias. Utilisez cette censure pour éliminer des expressions qui seraient défavorables à vos alliés et à vous.

Prenez aussi le droit de censurer l'information relative à la sécurité nationale, les intérêts suprêmes du pays, les informations personnelles, etc. Après, ce sera facile de trouver une catégorie pour censurer l'information que vous ne voulez pas voir dévoilée.

Faites beaucoup de publicité dans les médias aux frais des contribuables. Le sujet importe peu, mais profitez-en pour vous faire bien paraître. Les médias sont souvent plus hésitants à critiquer ceux qui les choisissent pour leur campagne publicitaire. Si les choses ne vont pas bien avec un journal, une station de radio ou une chaîne de télévision, menacez-les de ne plus mettre de publicité gouvernementale dans leurs médias. Ce sera une perte importante pour eux. Ces médias sont peut-être en difficulté, car ils se font supplanter par les nouveaux médias. Ils ont besoin de tous leurs annonceurs pour survivre.

Si, malgré tout, vous ne pouvez toujours pas contrôler les médias, alors éliminez ceux que vous ne contrôlez pas. Financez sous des prétextes divers d'autres médias et compagnies, donnez-leur de l'information privilégiée, changez les lois de façon à avantager les médias qui vous sont plus favorables.

À force de contrôler les médias, même indépendants, il n'y aura bientôt que bien peu de distinctions entre ce que les médias diffusent et ce que vous souhaitez. Vous aurez atteint votre objectif.

En établissant une situation où les médias ont besoin et dépendent de vous, il sera impossible que vous perdiez. Vous deviendrez le maître dont l'esclave dépend.

Payez-leur des bières et des repas de temps en temps, ça les mettra de bonne humeur. Permettez-leur de voyager vers de belles destinations avec vous et cela, en partie, aux frais de l'État.

Il est aussi relativement facile d'acheter les médias parce que leurs dirigeants possèdent par ailleurs de nombreuses autres entreprises qui pourraient être affectées si vous preniez certaines décisions particulières.

Facilitez la convergence des médias afin qu'un petit nombre de personnes contrôlent tous les médias; ce sera plus facile de contrôler ce petit nombre par la suite. Ceux qui les dirigent à l'encontre de vos intérêts se retrouveront en prison sous toute une série d'accusations ayant peu à voir avec leurs médias. Quant aux autres, ils apprendront que des accidents, ça arrive à tout le monde.

Contrôlez-les, ou ils vous contrôleront!

94 - Accusez les médias d'être injustes envers vous

Alors que vous êtes dans le processus de contrôler les médias, vous devez les accuser d'injustice envers vous. Généralement, les gens n'aiment pas beaucoup les médias et ont peu de sympathie pour eux. En vous présentant comme une victime des médias, vous gagnerez dans l'estime populaire.

La plupart des gens honnêtes n'aiment pas trop se faire critiquer, donc consciemment ou non, les médias vont modérer leurs ardeurs envers vous et vont tenter d'avoir l'air juste et équitable. Cela veut dire qu'ils vont critiquer vos adversaires aussi souvent que vous, qu'ils vont se forcer à vous trouver des qualités même si vous n'en avez pas. Cela va équilibrer les choses un peu.

Après avoir vertement accusé les médias d'être injustes envers vous, vous accuserez les médias qui publient des choses négatives sur vous d'être des inconditionnels des partis de l'opposition. Vous attaquerez le journaliste et non pas ce qu'il dit ou écrit (car il a probablement raison sur le fond). Faites-en un débat de personnalités plutôt qu'un débat d'idées. Clamez partout que c'est facile de critiquer quand on est sur les estrades et qu'on n'a pas de décisions difficiles à prendre.

Vos chauds partisans seront immédiatement derrière vous et répéterons que les médias sont injustes chaque fois que cela s'avérera nécessaire. Même si ce n'est pas vrai ou difficilement prouvable, l'idée fera son bout de chemin (voir le point 11 sur les mensonges souvent répétés qui deviennent des vérités).

Lorsque vous contrôlerez effectivement les médias, continuez de les accuser d'être injustes envers vous. Comme cela, ils ne se rendront pas compte que vous les contrôlez.

95 - Riez des caricatures

Plusieurs feront des caricatures de vous qui paraîtront dans les médias écrits. Dans ces cas-là, vous devrez rire de ces caricatures. Pratiquez-vous à vous en amuser même si elles ne sont pas drôles (point 6).

Vous devrez montrer que vous avez un bon sens de l'humour, que vous pouvez rire de vous-même. Vous essayerez aussi d'être populiste, car les gens en général aiment bien les caricatures.

De nombreux illustrateurs ont passé des décennies à faire des caricatures de démocrates et tous les démocrates qu'ils ont rencontrés ont trouvé leurs caricatures drôles. Demandez à l'illustrateur si vous pouvez acheter le dessin original de la caricature tellement il est bon. Cela lui donnera plus d'argent et ça le rendra heureux.

Si le peuple aime la caricature, alors vous aussi, c'est comme cela que cela fonctionne.

Cependant, si jamais le peuple trouve une caricature trop provocatrice ou injuste, alors vous aussi.

Il y aura aussi de nombreux imitateurs qui feront leur interprétation de vous en voulant faire rigoler les gens. Participez à ces événements, qui feront monter votre popularité. Les gens aimeront rire et avoir du plaisir avec ces comédiens et vous en bénéficierez.

La politique, c'est un spectacle de relations publiques. Ce genre de choses (du pain et des jeux) rend les gens heureux et, pendant ce temps, vous évitez les débats sur vos dernières promesses non tenues.

96 - Faites comme si le monde vous écoutait parler

Vous parlerez souvent à divers groupes sur des sujets variés. Vous remarquerez rapidement que la capacité d'écoute de plusieurs est très limitée. De nos jours, les gens sont peu concentrés, ils font plusieurs choses à la fois, ils ne s'intéressent pas trop à la politique. (Moins ils s'intéressent à la politique, plus facile la tâche sera pour vous, mais faites semblant de vouloir intéresser les gens à la politique.)

En bref, l'immense majorité des gens ne vous écouteront pas longtemps. Cependant, vous devez en faire abstraction et continuer de parler le plus sérieusement du monde comme si les gens vous écoutaient et comme si vous leur disiez la vérité.

Faites comme si les gens étaient intéressés à vous entendre parler de votre politique fiscale et continuez de parler sur un ton énergique. Ne vous laissez pas décourager parce que la moitié des gens dans la salle ont l'esprit ailleurs.

Dans les pays bilingues, vous aurez souvent à parler dans deux langues, mais le groupe en particulier auquel vous vous adresserez se composera de plusieurs unilingues. Ces derniers décrochent rapidement lorsque vous parlez dans une langue qu'ils ne comprennent pas. Ne vous inquiétez pas de cela, continuez comme s'ils vous écoutaient.

De plus en plus, on évite les gens parce que certains sont imprévisibles et l'on parle à la caméra ou au téléprompteur. Même si c'est le cas et que personne ne vous écoute vraiment, vous devez donner l'impression que vous êtes écouté.

Souvent dans les médias visuels, on vous verra donner votre discours, mais on ne voit pas les gens qui sommeillent dans la salle. Si vous parliez seulement lorsqu'on vous écoute, vous n'ouvririez pas souvent la bouche.

97 - Faites comme si on vous applaudissait souvent pendant vos discours

Lorsque vous faites des discours, vous devez donner l'impression que les gens qui vous écoutent partagent vos opinions. Vous pouvez donner cette impression à ceux qui vous écoutent à la radio, qui vous regardent à la télévision ou qui vous suivent dans les nouveaux médias visuels.

Faites comme si l'on vous applaudissait souvent et longtemps. Remerciez souvent l'auditoire pour ses applaudissements. Mentionnez le fait que les gens dans la salle approuvent vos idées. Cela en convaincra d'autres que vos idées sont bonnes.

Interrompez-vous pour laisser les gens applaudir. Ayez l'air d'un artiste populaire. Dites que vous êtes touché par le soutien de la foule. Remerciez les gens d'être venus en si grand nombre.

S'il est difficile de réaliser ce point, remplissez la salle avec certains de vos chauds partisans afin de mettre un peu d'ambiance. Dites-leur de vous applaudir souvent et de scander votre nom. Faites comme si vous ne vous attendiez pas à un tel accueil.

Les gens qui vous regardent à la télévision n'ont pas une perspective juste de ce qui se passe dans la salle. Vous devez agir comme si une forte majorité de personnes vous soutiennent. Les gens ne pensent pas souvent de manière indépendante, ils se disent que si tout le monde a l'air de vous appuyer, ils devraient le faire aussi.

Vous pourrez aussi convaincre des journalistes que votre discours a été un grand succès. Ces derniers pourront le confirmer davantage en précisant que vous avez été chaudement applaudi à plusieurs reprises.

98 - Utilisez la raison déraisonnablement

Comme tout bon démocrate, vous serez souvent impliqué dans des débats émouvants sur des sujets insignifiants qui masqueront les graves problèmes de l'heure. C'est durant ces débats que vous allez pouvoir projeter l'image d'une personne raisonnable et cela en accusant votre adversaire du contraire.

Ayez l'air de quelqu'un qui pense avant d'agir, mais ne réfléchissez pas trop longtemps, car vous pourriez donner l'impression négative que vous ne savez pas quoi faire. Même si vous marquez beaucoup de points par des techniques douteuses (au point de vue de l'éthique) dans des débats insignifiants, appelez tout le monde à débattre raisonnablement.

Agissez comme un parent qui dit aux enfants d'arrêter de s'agiter pour rien. Agitez-vous pour rien vous aussi afin de montrer que vous êtes une vraie personne avec des émotions, mais donnez l'impression que vous êtes plus mature et plus raisonnable que les autres.

Demandez à votre adversaire d'inclure la raison et la logique dans son programme. Suggérez-lui de penser avant de parler. Expliquez que c'est une méthode qui a fait ses preuves.

Accusez votre adversaire d'avoir des demandes de compromis déraisonnables. En fait, c'est assez simple : tout ce que vous faites est raisonnable alors que tout ce qu'il dit et fait ne l'est pas. Répétez ces éléments assez souvent à votre adversaire ainsi qu'à la population.

Faites comme si, pour chaque sujet, il y a le bon côté, le vôtre, celui des gens de raison, et le mauvais côté, le sien, celui des demandes déraisonnables.

Vous devez être la personne qui décide de ce qui est raisonnable et de ce qui ne l'est pas.

Si votre adversaire tente d'expliquer des philosophies intellectuelles sur le sujet, il se perdra dans la complexité de ses explications, les gens ne comprendront pas et cela lui causera des problèmes. Le fait est qu'il est pratiquement impossible d'expliquer rapidement des choses complexes aux gens peu instruits qui, par ailleurs, forment la majorité de votre électorat.

Assurez-vous que vos supporters communiquent souvent que vous avez raison sur tel sujet et sur un autre ou un autre... et qu'il se trouve que votre adversaire n'a pas raison là-dessus ni sur aucun autre sujet... Tranquillement, vous serez associé au parti de la raison.

99 - Faites attention aux caméras et aux micros cachés

Une caméra ou un micro plus ou moins caché a mis fin à la carrière de trop de démocrates. Ces objets peuvent vous enregistrer en train de dire des choses que vous pensez vraiment, ce qui pourrait causer votre perte.

D'abord, faites toujours attention lorsqu'il y a des caméras ou des micros. S'il y en a, agissez comme un bon comédien, dites uniquement les choses reliées à vos politiques officielles. Ne parlez pas de vos intentions cachées. Ne parlez pas en mal de vos commettants ou de la population en général. Gardez votre masque, agissez comme si vous étiez devant tout le monde. Prétendez être un bon démocrate.

En privé, vous pouvez vous laisser aller un peu plus, mais faites attention, certaines personnes pourraient avoir caché des caméras dans la salle ou en porter sur elles.

La première des choses est de tenter de planifier le plus de réunions possible chez vous et non pas ailleurs, car il serait relativement facile d'installer des caméras à votre insu. Faites surveiller vos salles en tout temps et assurez-vous régulièrement de vérifier si des caméras cachées n'y ont pas été installées.

Lorsque des visiteurs se présentent, faites-les fouiller et passer aux tests de détecteurs de métal. Il se peut qu'ils aient des caméras cachées dans leurs cheveux ou dans leur cravate, par exemple. Faites vérifier les sacs à mains, valises, etc. Veillez à ce qu'une personne leur explique que c'est une procédure standard.

Des micros peuvent aussi être installés dans les montres, lunettes, bracelets, etc. Cette inspection sera officiellement rattachée à des raisons de sécurité nationale. Si l'on vous demande si vous n'exagérez pas avec les contrôles, dites-leur que ce sont vos spécialistes en sécurité qui l'exigent.

Interdisez les téléphones cellulaires, les portables ou autres appareils électroniques étrangers dans vos réunions. Un peu comme on le mentionne au point 25, il faut éviter de se placer dans une situation compromettante qui pourrait être enregistrée.

Disons que, au cours de la réunion, vous avez déclaré que vous favorisiez l'assassinat extrajudiciaire d'adversaires politiques que vous qualifiez de terroristes. Cela pourrait vous causer des problèmes si ces propos étaient enregistrés et dévoilés au grand public. Cependant, si une source rapporte la conversation, mais qu'elle n'a pas d'enregistrement, alors ça deviendra plutôt une question de débat. Vous expliquerez que ce n'est pas exactement ce que vous aviez voulu dire et que la source déforme vos propos pour se faire de la publicité.

Les secrets du démocrate

Si l'on vous enregistre en train d'autoriser vos services secrets à faire le commerce illicite des drogues afin de vous ramasser une petite fortune, il sera difficile de le nier si c'est vous-même qui l'avez dit. Il sera aussi difficile d'affirmer que vous avez été mal cité ou cité hors contexte si les gens ont accès à tout l'enregistrement.

Ne supposez pas qu'il n'y a pas de micro ni de caméra: assurez-vous qu'il n'y en a pas! Si vous n'en êtes pas sûr, agissez comme s'il y en avait.

Ne vous vantez pas de vos mensonges ou des tours de passe-passe que vous avez réussis et ne parlez pas de votre stratégie politique.

Il existe encore des gens qui croient que la politique est juste et équitable et que les élus font du mieux qu'ils peuvent pour la population. Ne laissez pas planer le doute en parlant des vraies affaires de la politique alors qu'il pourrait y avoir un micro sur place.

Cependant, dans certains cas, on peut faire semblant de ne pas savoir qu'il y a des caméras cachées et laisser tomber une information secrète et très dommageable concernant un adversaire.

100 - Séances de photos, habilleuse et maquilleuse aux frais de l'État

En démocratie, ce qui importe c'est l'image et non pas la substance de vos politiques. C'est pourquoi vous devrez consacrer des sommes immenses à soigner votre image. Cependant, vous voudrez garder votre argent pour autre chose et c'est pourquoi vous devrez vous arranger pour que l'État paye pour vous. Ce sera un grand avantage sur votre adversaire non élu qui ne pourra pas se faire rembourser les mêmes choses.

Organisez des sommets pour discuter des grands enjeux et profitez-en pour échanger des blagues avec les autres dirigeants. Régler ou non les problèmes n'est pas important, mais assurez-vous qu'il y ait de belles séances de photos dans de beaux décors et avec des personnalités importantes. Cela rehaussera votre prestige.

N'hésitez pas à faire construire des lacs artificiels ou à détruire des maisons à condition que les photos sortent bien. Postez vos meilleures photos sur les sites Web gouvernementaux, ce qui rehaussera votre aura. Ne publiez pas les autres même si elles ont été payées par les contribuables.

Essayez de ne pas être coincé aux toilettes au moment de la séance officielle de photo, ça ne paraîtrait pas très bien.

Assurez-vous que l'État paye pour tout, car il s'agit de vos fonctions officielles.

Faites-vous accompagner partout par une habilleuse et une maquilleuse afin de toujours conserver bonne apparence. Arrangez-vous pour que tous ces services soient défrayés par l'État dans votre cas, mais pour que rien de tel ne soit offert à vos adversaires, même élus.

Encouragez ces employées à contribuer à votre campagne politique; si elles ne le font pas, vous pourrez toujours les remplacer par d'autres.

Certains seront scandalisés par la somme d'argent que vous dépenserez en esthétique, c'est pour cela que vous devrez le cacher du public. Incluez cette dépense dans vos dépenses générales.

Faites comme si vous n'étiez pas obsédé par votre image et accusez plutôt vos adversaires de ce vice. Mais assurez-vous de toujours bien paraître... aux frais d'autrui!

101 - Faites semblant de consulter les gens

En démocratie, les gens s'attendent généralement à être consultés sur les grands et les petits enjeux du moment. Le fait de passer à l'action sans avoir consulté les gens attire une pluie de critiques. Cependant, consulter est un processus long et parfois dangereux. Il est possible qu'il en émerge un consensus qui soit contraire à vos idées prédéterminées.

C'est pourquoi vous devez faire semblant de consulter stratégiquement. D'abord, décidez de la solution que vous voulez mettre en oeuvre pour faire semblant de régler le problème. Ensuite, établissez des consultations afin de recevoir cette suggestion.

Précisez à votre équipe et aux consultants la solution que vous voudrez voir émerger. Assurez-vous de faire signer des ententes de confidentialité (point 51) à tout le monde, y compris aux consultants, pour éviter qu'ils n'informent les médias des irrégularités de votre processus. Choisissez les gens en fonction de leur point de vue sur le sujet.

Permettez aux gens de soumettre leur point de vue de manière publique ou confidentielle. Vous pourrez facilement dire que la majorité des opinions confidentielles étaient d'accord avec la proposition que vous appuyez.

Faites faire des consultations un peu partout au pays. Pendant ce temps, travaillez sur la façon dont vous allez mettre en œuvre la décision que vous avez déjà prise.

Remercier les gens qui ont participé au débat et dites-leur que vous avez appris beaucoup de choses.

Faites faire des ébauches du rapport final de la consultation. Assurez-vous que celles-ci ne soient jamais dévoilées au public. Faites corriger ces ébauches afin qu'elles soient alignées sur votre point de vue personnel.

Une fois que tout est selon vos désirs, dévoilez le rapport et informez les gens que vous allez de l'avant. Ce sera bien sûr avec la solution que vous avez prédéterminée, mais annoncez que vous y allez avec le choix populaire suite à de nombreuses consultations d'un bout à l'autre du pays.

Si jamais il n'est pas possible d'obtenir un rapport favorable à vos idées, il faudra laisser le rapport sur la tablette et recommencer des consultations avec des personnes qui pensent davantage comme vous. Veuillez noter que vous n'avez pas à suivre toutes les recommandations. Vous pouvez en modifier un certain nombre, mais les apparences sont meilleures quand vous avez l'air de suivre la volonté de la majorité de la population.

102 - Organisez des groupes de discussions aux frais des contribuables

Un outil de communication très utile pour le démocrate élu est le groupe de discussion. Il s'agit de réunir des gens représentant la population et de leur proposer des idées. Vous pouvez aussi faire des sondages. Évidemment, c'est l'État qui paye, même si vous faites les consultations au bénéfice de votre parti politique.

L'idée est de tester des idées auprès de la population avant de les dévoiler sur la plate-forme électorale de votre parti ou avant de les soumettre au Parlement.

Si l'une de vos idées ne reçoit pas l'appui des groupes de discussions, alors vous l'abandonnez pour le moment et vous espérez que votre adversaire la proposera...

Si une idée est populaire, alors vous travaillez à la mettre en œuvre pour obtenir du soutien de la population et des contributions politiques. Si vos adversaires vous critiquent, ils risquent d'en payer le prix puisque l'idée est populaire.

Vous demandez aussi aux gens s'ils ont des idées à proposer. Vous prenez les meilleures et les plus populaires et vous les incluez dans votre programme politique.

Vous utilisez ces groupes de discussions afin de rester connecté avec les gens et de garantir que vous allez rester populaire.

Les membres de l'opposition demanderont certainement à voir les résultats de ces études. Vous leur enverrez les résultats bien plus tard... en fait dès que ça fera assez longtemps que vous avez mis en œuvre les bonnes choses. Il faut qu'ils reçoivent les documents une fois qu'ils n'intéressent plus personne.

C'est vous qui pouvez utiliser ces informations à des fins politiques; s'ils pouvaient le faire aussi, alors ça annulerait l'avantage que vous avez.

Si l'on critique votre abus des groupes de discussions, n'hésitez pas à dire que vous faites tout cela dans le noble but de favoriser une démocratie active, de bien connaître les besoins de la population, et qu'il est de votre devoir d'être à l'écoute des gens. Trafiquez aussi les statistiques de manière à indiquer que vous avez dépensé moins que vos prédécesseurs sur ce sujet.

103 - Faites des ballons d'essai

Vous aurez sûrement un très grand nombre d'idées quant à la façon d'améliorer votre pays. Certaines auront été discutées en long et en large au cours des décennies, d'autres sont peut-être réellement nouvelles.

Vous pourrez les amener sur la place publique, mais vous ne saurez pas toujours quelle sera la réaction de l'électorat et des médias. Si l'idée est bien reçue, alors vous y gagnerez, mais rien ne vous garantit qu'elle le sera.

Aussi, il est possible que vous ayez oublié des éléments-clés dans l'étude de ces nouvelles idées. Il pourra y avoir des conséquences inattendues. Peut-être que même des membres de votre propre parti ne seront pas d'accord.

Réalistement, certaines de vos idées seront des désastres. Malheureusement, une fois que vous serez associé à cette mauvaise idée, il ne sera pas facile de s'en détacher. Les opposants vous insulteront et mineront votre crédibilité en s'attaquant à l'unique mauvaise idée du lot que vous aurez soumis. Ils pourraient aussi faire des publicités en vous montrant en train de proposer cette idée. Certains penseront que c'est la seule idée que vous avez eue.

C'est pourquoi il est recommandé de tester vos idées avec des ballons d'essai. L'astuce consiste à faire circuler l'idée dans les médias en utilisant des sources anonymes. Un journaliste annonce qu'il a appris de sources anonymes que le gouvernement considère telle ou telle idée. C'est un adjoint, un ami ou un fonctionnaire qui communique la nouvelle à un journaliste.

Si la réaction du public en général est bonne, vous pouvez dire qu'effectivement vous envisagez de mettre en œuvre cette idée, sinon vous dites que cette idée ne vient pas de vous et vous fermez le dossier à moins que vous ne puissiez corriger l'idée en tenant compte des critiques reçues.

Faire des ballons d'essai est particulièrement utile pour les idées majeures. Vous souhaitez que des sondages aient lieu sur ce sujet. Vous étudiez les résultats des sondages avant de prendre votre décision.

Par exemple, disons que le chef de votre formation politique veut prendre sa retraite et que vous êtes intéressé de prendre sa place. Vous faites circuler la rumeur. Ensuite, vous évaluez la réaction des gens, vous voient-ils dans le poste? Quel pourcentage du parti vous soutiendrait? Quel pourcentage de la population?

Si vous avez peu ou pas d'appui, tentez de trouver pourquoi et de travailler sur les problèmes. Si votre appui est très fort, c'est probablement le bon moment pour sauter dans la course à la succession.

Les ballons d'essai sont une manière gratuite pour vous d'obtenir des informations essentielles.

104 - Mettez de grands mots dans vos discours

Même si vous devez avoir l'air d'une personne du peuple, n'hésitez pas à essayer d'impressionner la galerie en utilisant de grands mots de temps en temps pour avoir l'air plus intelligent que vous ne l'êtes vraiment. Plusieurs personnes admirent les gens intelligents, ou qui en ont l'air.

Par exemple, utilisez les mots « réorganisation stratégique », « opérationnel », « conglomérat », « interstice » ou « balistique ». Il n'est pas important que vous sachiez ce que ces mots veulent dire ou non; il n'est pas important non plus que la population le sache. L'important, c'est que vous ayez l'air intelligent.

Cherchez dans les dictionnaires ou sur Internet des mots rares et insérez-les dans vos discours. Insérez aussi des mots connus; par exemple, ne faites plus de simples « plans », faites uniquement des « plans stratégiques ». Ça paraît mieux si c'est stratégique, donc rajoutez le mot dans le titre de votre plan.

Chaque fois que vous changez quelque chose, appelez cela une « modernisation » de la façon de procéder. L'expression a une connotation positive et vous avez l'air d'améliorer les choses.

Donnez l'impression de faire des plans stratégiques et de les suivre. Les gens aiment les dirigeants qui ont l'air organisés. Il n'est pas trop important que vous suiviez vraiment le plan. De temps en temps, modernisez le plan. N'incluez pas d'échéanciers trop serrés, sinon vous risquerez de ne pas les respecter.

Chaque fois qu'un de vos employés doit écrire un document, dites-lui d'écrire l'essence du texte d'abord, ensuite reprenez le texte et ajoutez des mots scientifiques et prestigieux un peu partout. Achetez-vous un dictionnaire de synonymes, aux frais des contribuables, pour ne pas utiliser les mêmes mots.

Produisez de sensibles prospections sophistiquées d'expressions vocables!

(Note : N'essayez pas trop longtemps de comprendre la phrase qui précède. Comme tout le monde, faites semblant d'avoir compris et mentionnez que c'est très recherché.)

105 - Donnez-vous de grands titres

Une chose extrêmement importante, c'est votre titre. Ce que vous faites exactement n'est pas très important, mais vous devez avoir l'air d'en faire beaucoup (point 58). La plupart des gens ne sauront pas que vous faites bien peu de choses, mais ils devront être impressionnés par votre titre.

Pour être bon, un titre doit être long et complexe. Si en plus, il est ambigu, cela donne un sentiment de mystère qui amplifie l'importance du titre. Vous aurez l'air de quelqu'un d'important.

Prenons l'exemple où vous venez d'être nommé ministre de la Santé. Disons aussi que des milliers de personnes meurent dans les urgences de votre pays, qu'il y a des tonnes d'erreurs médicales (notamment sur certains de vos opposants hé! hé!), que les listes d'attentes pour les soins sont très longues et que des critiques fusent de toutes parts sur le système de santé. Que devez-vous faire?

Vous devez changer votre titre, évidemment. Être ministre de la Santé est trop simple comme titre. Ça peut impressionner quelques personnes mais pas assez. Mettez sur place une équipe de recherche de noms plus compliqués qui vous mettront plus en valeur. Embauchez des consultants (notamment des amis sans emploi qui ont justement des compétences et de l'expérience dans la désignation des choses) et invitez le public à soumettre ses suggestions. Vous pouvez aussi consulter les patients sur leurs civières dans les hôpitaux pour connaître leurs opinions. Ne faites pas une consultation bidon cette fois-ci, parce que le dossier est très important.

Ensuite, déposez un projet de loi pour changer le nom de votre ministère et assurez-vous que tout se fasse le plus rapidement possible. Étant donné que tout va mal dans le secteur de la santé, notamment à cause du vieillissement de la population dans de nombreux pays, vous ne voudrez pas rester à la tête de ce ministère trop longtemps, mais si au moins, vous avez eu assez de temps pour vous donner un titre approprié, alors vous et votre curriculum vitae aurez pu profiter de votre passage à ce ministère.

Travaillez aussi à ce que tout le monde ait des titres honorifiques, incluant le mot « honorable ». Ajoutez à votre nom des initiales qui indiquent que vous êtes député, membre de ceci et de cela, etc. Faites-vous appeler par votre titre pour avoir l'air important.

Si le titre le plus prestigieux de votre pays est « Premier ministre », changez cela pour « président », c'est plus prestigieux encore et mieux vu mondialement. Généralement, il faut changer la Constitution pour que vous changiez de titre, alors allez-y!

Au lieu d'être simplement le « Premier ministre », vous

deviendrez « Son Excellence, le très honorable président et commandant en chef des forces armées, M.P., C.P., B.A., M.A. » (et ajoutez d'autres initiales, mais assurez-vous de savoir ce qu'elles veulent dire au cas où on vous poserait la question; sinon dites qu'il y en a trop et qu'il n'est pas raisonnable de penser que vous les sachiez toutes par cœur).

Changez le règlement du Parlement pour qu'on vous appelle par votre titre et non par votre nom. Insistez (ordonnez) auprès des médias et des autres pays pour qu'on vous appelle par votre titre.

106 - « Propagandez » mieux que votre adversaire

Certains démocrates naïfs décident de ne pas faire de propagande parce que ce mot a une connotation négative. Pendant ce temps, leurs adversaires manipulent psychologiquement la population et remportent leurs élections.

Les gens en général ne pensent pas, mais ils ont souvent des émotions, exprimées ou non. C'est plus fort qu'eux. La manipulation de ces émotions en sa faveur est la clé du démocrate.

L'endoctrinement fonctionne de la même manière. Vous devez décider qui est le bon (vous) et qui est le méchant (votre adversaire). Vous devez influencer les perceptions de la population en conséquence. Vous réalisez le tout en contrôlant les médias, en promouvant ardemment vos réalisations et votre personne et en dénigrant, par personnes interposées, vos adversaires.

Vous devez inculquer vos valeurs à la population. Ainsi, les valeurs de vos adversaires seront mal vues. Toute personne qui ne pense pas comme vous sera vue comme étant un fou. Les gens qui sont du même avis que vous n'auront pas peur de s'exprimer, mais ceux qui pensent l'inverse se tairont pour éviter qu'on se moque d'eux. Même s'ils parlent, ils se couvriront de ridicule par leurs commentaires.

Généralement, on « propagande » mieux que son adversaire si on a le pouvoir et l'argent. On utilise les institutions, notamment le système scolaire, pour bien former le peuple (point 83). Il est plus facile d'endoctriner les jeunes et les peu éduqués, c'est pourquoi vous devez vous concentrer sur eux.

Utilisez massivement la publicité payée par la population pour l'endoctriner. Présentez uniquement des experts qui ont votre point de vue. Faites former vos fonctionnaires par des gens qui partagent votre idéologie et qui vous adulent. Ajustez les manuels d'immigration selon vos idées personnelles et acceptez uniquement des immigrants qui partagent vos idées politiques.

Lors de suppressions de postes dans la fonction publique, faites passer des tests psychologiques au personnel et gardez seulement ceux qui ont été bien endoctrinés.

Choisissez uniquement les avocats qui pensent comme vous pour les postes de juges. Éliminez les éditorialistes qui ont des visées contraires aux vôtres.

Si vous réussissez à contrôler les pensées de la population, vos adversaires seront de simples figurants lors du prochain vote et votre pouvoir ne sera plus inquiété par des facteurs internes.

107 - Divisez et conquérez l'électorat

Surtout lors de vos premières campagnes, il risque d'être particulièrement difficile d'obtenir 50 % + 1 des votes, car vous n'aurez pas encore le pouvoir nécessaire pour appliquer certains des conseils présentés dans ce livre.

De plus, si votre approche est de satisfaire les riches (comme vous et votre financier) au détriment de l'ensemble de la société en augmentant l'écart entre les riches et les pauvres tout en diminuant le premier groupe et en augmentant le second, vous vous retrouvez dans une situation où l'immense majorité de la population ne devrait pas soutenir vos politiques.

Cependant, rassurez-vous, il n'est pas nécessaire d'obtenir 50 % + 1 des votes pour gagner dans la plupart des systèmes politiques. La méthode est de diviser et de conquérir l'électorat.

Supposons que l'élu en place possède une grande avance sur vous. La majorité des électeurs ne voteront jamais pour vous. L'astuce est d'amener un troisième adversaire dans la course afin de diviser les votes de votre principal rival. Amenez dans la course quelqu'un qui a des qualités et des idées semblables à celles de votre autre ennemi. Le but est que ces deux-là se divisent le vote des gens qui ont leur idéologie.

Si nécessaire, encouragez d'autres adversaires à se joindre à la course pour diviser davantage l'électorat. Vous pouvez aussi inviter quelqu'un qui a un nom semblable à celui de votre adversaire. Certains voteront par erreur pour lui.

S'il y a plusieurs tours électoraux, cette stratégie est plus difficile à appliquer parce que les candidats peu populaires seront éliminés aux tours suivants. Ils pourront cependant se rallier à vous tout en critiquant votre adversaire en espérant un poste bien payé plus tard. Vous devrez leur faire comprendre qu'il est dans leur intérêt personnel de vous aider à gagner.

108 - Divisez vos adversaires

Alors que vous achetez ou éliminez les candidats qui ont des idées semblables aux vôtres, faites en sorte que vos adversaires soient plusieurs à penser la même chose sur la plupart des sujets. Assurez-vous que plusieurs adversaires aient les mêmes solutions aux mêmes problèmes afin qu'ils se divisent les voix de ceux qui sont du même avis.

Étudiez votre adversaire principal et tentez de trouver des idées sur lesquelles son personnel et lui ne sont pas d'accord; faites la même chose concernant ses partisans. Lancez des débats qui les divisent. Faites éclater au grand jour leurs divergences d'opinions. Leurs principales faiblesses sont qu'ils sont humains et démocrates, ce qui veut dire qu'ils ne pensent pas tous de façon identique et qu'ils sont libres de l'exprimer.

Pendant que vos adversaires s'entre-déchirent sur la voie publique, vous, vous êtes certain que personne ne se révoltera dans votre camp parce qu'on y partage tous la cause commune : vous.

L'idéal serait aussi que des adjoints de vos adversaires claquent la porte et dénoncent publiquement leurs anciens chefs. Vous pouvez les inciter à le faire en leur soumettant des propositions...

Bientôt, ce ne seront plus seulement vous et vos partisans qui attaquerez votre adversaire, ce seront les autres adversaires, leurs anciens adjoints, les médias et une bonne partie du public. Bref, ce sera un autre adversaire qui connaîtra une fin politique abrupte. Vous ajouterez son visage à votre tableau de chasse.

Fusionnez rapidement avec les candidats ou partis qui vous ressemblent, mais créez pour vos opposants une panoplie de candidats qui ont une idéologie semblable.

109 - Accusez vos adversaires d'être antipatriotiques

Une chose qui fonctionne bien lorsqu'on est au pouvoir est de continuellement accuser nos adversaires d'être antipatriotiques. Cette expression est vague et peut englober à peu près n'importe quoi. Vous n'aurez rien à prouver et une grande partie des gens vous croiront dans vos commentaires sans qu'ils puissent vraiment expliquer pourquoi.

Disons que vous faites quelques guerres ici et là pour rehausser votre stature de chef d'État. Alors vos adversaires pourraient vous accuser de faire des guerres inutiles ou impossibles à gagner. Répondez-leur qu'ils sont antipatriotiques. Accusez-les d'être contre l'armée nationale, le sacrifice des jeunes soldats, etc. Ni plus ni moins, vous les accusez d'être des traîtres et d'agir contre l'intérêt du pays.

Le fait de critiquer votre gouvernement alors qu'il est en dispute avec une autre puissance est antipatriotique parce que ça nuit au gouvernement national. Soyez donc toujours en dispute avec tout le monde, il sera alors plus difficile, à votre adversaire, de vous critiquer sans avoir l'air antipatriotique.

Le terme ne s'applique pas seulement aux choses militaires, utilisez le principe à tout escient.

Disons que vous essayez d'obtenir l'organisation des Jeux Olympiques pour rehausser votre prestige et remplir les poches de vos amis dans le domaine de la construction. Il est clair que vos adversaires doivent militer pour que vous gagniez, c'est dans l'intérêt national. Si un adversaire critique votre plan ou vos façons de faire, alors accusez-le d'agir contre l'intérêt du pays et de nuire à vos chances d'accueillir les Jeux ou des événements majeurs.

C'est pour cela qu'il est bon de promouvoir des projets nationaux de grande envergure, non seulement pour rehausser votre prestige et pouvoir dire que vous avez fait quelque chose pendant que vous étiez au pouvoir, mais aussi pour accuser vos adversaires d'être antipatriotiques s'ils critiquent les projets. S'ils ne le font pas, alors vous remportez tous les éloges pour les réalisations, sans aucune opposition.

110 - Accusez vos adversaires de mettre en péril la sécurité nationale

L'une des choses les plus importantes aux yeux des gens est de se sentir en sécurité. C'est pourquoi vous devez associer votre adversaire à l'insécurité nationale, financière, personnelle ou autre.

Toutes les fois que votre adversaire révèle un détail sur votre armée, sur votre niveau de préparation face à une crise, etc., accusez-le de révéler des informations qui mettent en péril la sécurité nationale.

Admettons que, dans un document, votre gouvernement affirme que vos centrales hydro-électriques ou nucléaires sont critiques pour votre pays et que votre adversaire dévoile cette information. Accusez-le d'aider les terroristes. Si votre adversaire ne l'avait pas dit, personne n'aurait pensé que ces installations sont importantes.

Si votre adversaire dévoile des informations jugées secrètes, alors accusez-le de tout mettre en péril. Conséquemment, considérez tous les documents de votre gouvernement comme étant des documents secrets, cela empêchera votre adversaire et les médias de dévoiler quelque chose qui pourrait vous embarrasser. Néanmoins, donnez-vous le droit de tout déclassifier au cas où vous pourriez trouver une façon de nuire à l'ancien gouvernement ou à vos adversaires politiques. Aussi, cela vous empêchera d'être poursuivi si vous faites un lapsus.

Si vos adversaires vous accusent de torturer des prisonniers et de garder en prison pendant des années sans raison valable et sans procès des gens que vous n'aimez pas, alors accusez-les de mettre en péril la sécurité nationale.

Si votre adversaire veut vous empêcher de tuer extrajudiciairement ceux qui défendent des idées différentes des vôtres, alors il met en péril la sécurité nationale parce que ces gens peuvent causer de l'instabilité politique et même de la violence. C'est pour éviter la violence que vous les tuez d'ailleurs.

Le même concept s'applique pour les libertés individuelles et le droit à la vie privée. Ces principes nuisent à la sécurité nationale et à la sécurité de votre régime, car ils vous empêchent d'espionner la population au cas où on voudrait se révolter contre vous. Cela devient plus difficile d'espionner vos adversaires et de faire condamner vos ennemis, réels ou fictifs. Les gens pourraient utiliser leur liberté pour se débarrasser de vous.

Plusieurs philosophes soutiennent qu'on ne devrait jamais échanger nos droits pour plus de sécurité; heureusement qu'ils ne sont pas nombreux et que personne ne les écoute. Au contraire, éliminez les droits de la population en lui promettant plus de sécurité. S'il devait y avoir tout de même des problèmes de sécurité, alors enlevez encore plus de droits. C'est une technique qui existe depuis des milliers d'années.

Faites croire aux gens que vous êtes la personne qui est la mieux placée pour défendre la sécurité nationale du pays, accusez votre adversaire du contraire. Ensuite, s'il pouvait y avoir quelques événements qui font peur aux gens sur ce sujet... ça aiderait à en rallier plusieurs à votre cause.

111 - Traitez ceux qui vous embarrassent comme des menaces à la sécurité nationale

La sécurité nationale est un motif plausible pour vous débarrasser de ceux qui vous causent des ennuis. Expliquez qu'ils représentent des menaces à la sécurité pour des raisons secrètes que vous ne pouvez pas dévoiler. Vous pourrez ainsi les emprisonner à perpétuité sans procès. C'est le retour à la justice du Moyen Âge.

Faites des lois qui interdisent aux gens de savoir ce dont ils sont accusés et qui les empêchent de voir les preuves ou ce qui vous sert de preuves. Assurez-vous de choisir un juge qui déclare tout le monde coupable et de sélectionner un jury. Prenez la liberté de choisir aussi bien les procureurs de la Couronne que les avocats de l'accusé, s'il y a lieu, mais empêchez-les de pouvoir communiquer avec leurs clients.

La plupart des pays permettent l'emprisonnement à vie ou l'exécution judiciaire ou extrajudiciaire des individus considérés comme des menaces à la sécurité nationale. Mettez sur pied une liste secrète basée sur des critères subjectifs et utilisez les impôts que ces personnes ont payés pour financer leur élimination.

Supposons que certains mettent en doute vos paroles ou sont au courant de plusieurs de vos manigances; ils pourraient bien avoir une attaque cardiaque ou se suicider en prison en attendant indéfiniment leur procès.

Un grand nombre de pays « assassinent » par suicide ceux qu'ils appellent des terroristes lorsque ces derniers sont sur le point de gagner leur procès. Il serait trop embarrassant de les voir sortir de prison et exposer vos crimes. C'est le même principe pour les journalistes qui exposent votre manque d'éthique et vos délits.

Vous pourrez donc écouter les délibérations secrètes du jury pour décider si un arrêt cardiaque est nécessaire.

112 - Accusez les autres pays d'être responsables des problèmes d'ici

Lorsque vous êtes au pouvoir et que les choses vont mal, vous devez jeter la pierre à d'autres personnes. Évidemment, vous pouvez abondamment accuser l'ancien régime, mais il y a des limites surtout si ça fait longtemps que vous êtes au pouvoir.

Le meilleur moyen est de blâmer des choses ou des gens pour tout ce que vous ne contrôlez pas. Ce ne sera donc pas de votre faute si ça va mal.

Prenons par exemple les problèmes économiques. À cause de la mondialisation, qui vise à enrichir vos riches amis au détriment des pauvres, l'économie de la vaste majorité des pays du monde est dépendante des autres pays. Si donc l'économie de votre pays ne va pas bien, c'est facile, rejetez-en la responsabilité sur les autres économies mondiales qui ne vont pas bien. Dites que ce n'est pas de votre faute ni celle de la population; les problèmes sont plutôt dus à des facteurs mondiaux et à des ralentissements économiques internationaux.

Cependant, si l'économie va bien, alors accordez-vous tous ses succès. Expliquez que tout va bien grâce à vos politiques fiscales et autres. Aussi lancez des fleurs aux entrepreneurs de votre pays pour leur dynamisme.

Si vous êtes dans l'opposition et que tout va bien économiquement, dans ce cas, dites que c'est grâce aux entrepreneurs, au secteur privé et aux autres pays, mais non pas à votre adversaire au pouvoir. Inversement, si cela va mal, accusez votre adversaire d'être l'unique raison de tous les problèmes économiques du pays.

Si votre économie est basée sur des ressources naturelles comme le pétrole, dont les prix sont très dépendants des marchés mondiaux, il est peu probable que vous ayez beaucoup de contrôle sur l'économie nationale. Expliquez bien cela à la population pour éviter qu'elle ne vous en rende responsable. Si les prix du pétrole augmentent rapidement parce qu'un travailleur a été enlevé au Nigéria, alors expliquez que c'est grâce à vos politiques dynamiques que l'économie du pays reprend beaucoup de vigueur.

113 - Accusez les autres candidats de manquer d'expérience

La peur est source de beaucoup d'actions et d'inactions. Même si les fameux philosophes et psychologues disent qu'on ne devrait pas manipuler la peur des gens, c'est une technique de base à retenir pour tout démocrate.

Lorsque vous êtes nouveau en politique, vous devez minimiser l'importance de l'expérience, mais lorsque vous en avez et que votre adversaire n'en a pas, alors vous devez faire peur aux gens parce qu'ils n'aiment pas les gens sans expérience.

Ces derniers sont souvent vus comme peu compétents, il y a un risque à les mettre en poste. Les gens aiment mieux le diable qu'ils connaissent, c'est-à-dire vous, qu'un inconnu qui n'a pas fait ses preuves.

Les gens peu expérimentés commettent beaucoup d'erreurs, vous l'avez, vous aussi, appris à vos débuts. La population en général comprend bien cela parce que tout le monde a eu un patron peu expérimenté, un collègue de travail ou un client qui ne savait pas ce qu'il faisait.

Expliquez que mettre quelqu'un d'autre que vous au pouvoir est un risque pour la sécurité nationale et les intérêts suprêmes du pays. Étant donné que vous êtes au pouvoir, vous êtes la seule personne à détenir l'expérience nécessaire pour faire correctement le travail. Vous êtes irremplaçable. Ça tombe bien pour vous. Que voulez-vous, le pays ne pourrait survivre sans vous!

Expliquez que vos adversaires ne sont pas prêts à assumer le pouvoir. Évidemment, tant et aussi longtemps que vous serez au pouvoir, ils ne seront jamais prêts, ce qui est idéal pour faire craindre à la population ce qui arriverait s'ils prenaient le pouvoir.

Regardez votre curriculum vitae ainsi que celui de vos adversaires et expliquez que toutes les expériences que vous avez et qu'ils n'ont pas s'avèrent justement être les expériences jugées essentielles et importantes pour remplir le poste que vous comptez obtenir ou garder.

114 - Criez aux autres d'être conciliants

Vous serez probablement très souvent impliqué dans des négociations avec vos opposants politiques, la population, d'autres pays, etc. Ce qui va être important, c'est que les autres soient conciliants.

Accusez vos adversaires de vouloir le beurre et l'argent du beurre. Accusez-les de ne pas être raisonnables (voir point 98). Expliquez-leur qu'ils doivent mettre de l'eau dans leur vin. Projetez une image plus mature et plus réaliste.

Criez-leur d'être plus conciliants et de faire des compromis. Pendant ce temps, vous avez fait de faux compromis, c'est-à-dire que vous avez laissé tomber des choses qui ne vous intéressaient pas vraiment.

Cette approche a deux avantages majeurs. D'abord, si la négociation réussit, vous obtiendrez de nombreuses concessions de l'autre parti et vous aurez l'air d'un gagnant alors que votre adversaire n'obtiendra qu'une partie de ce qu'il désire. De plus, vous aurez l'air de la personne mature et responsable qui a fait fonctionner la négociation. Si la négociation échoue, vous serez déjà en excellente position pour critiquer l'autre parti puisqu'il n'a pas fait assez de concessions.

Dans les négociations, il y a souvent un gagnant et un perdant, du moins aux yeux du public. La solution du gagnant-gagnant est souvent une illusion. L'important, pour vous, est de vous mettre dans une situation où vous gagnez peu importe le résultat, c'est-à-dire que vous êtes le responsable si cela fonctionne bien, mais que l'autre parti est responsable si le tout échoue.

115 - En politique, la stupidité n'est pas un handicap

Parfois dans notre vie, nous hésitons à faire des choses qui nous seraient avantageuses pour la seule raison que nous avons l'impression que ce serait stupide de le faire. Ce genre de situations se produit encore plus souvent en politique.

Le cas typique est la situation où vous avez deux options, une option qui appert raisonnable et intelligente et une autre complètement stupide. Un gestionnaire éliminerait immédiatement la seconde option sans même l'étudier. C'est une erreur. Au contraire, souvent la position la plus stupide est celle qui aidera le plus le démocrate. Des personnes étonnamment stupides ont maintenu leur pouvoir grâce à des décisions d'apparence complètement stupide. C'est un phénomène assez difficile à comprendre pour l'apprenti démocrate.

Premièrement, n'éliminez pas des options parce qu'elles semblent stupides. Deuxièmement, écoutez les opinions des stupides dans votre société, mais sans avoir l'air de les écouter parce que ce serait mal vu.

Ensuite, étudiez les effets, sur votre popularité et vos finances personnelles, de l'adoption possible de cette position. Dans certains cas, vous serez très surpris.

Prenez, par exemple, la construction d'un nouveau pont entre deux rives. L'idée peut être complètement stupide à première vue. D'abord, il n'y a que peu ou pas de congestion sur le pont existant. Ensuite, personne ne se plaint de ce problème. Il n'y a pas de besoin pour ce pont. Bref, cette idée est stupide et constitue une perte de temps.

Cependant, étudiez de manière approfondie cette idée stupide. D'abord, si vous faites faire ce pont, vous allez donner des emplois à des milliers de personnes. Puis, vous pourrez justement avoir à déplacer certaines maisons et entreprises. Ça tomberait bien si, en plus, c'étaient celles de vos adversaires politiques ou d'affaires. Que voulez-vous, vous faites tout cela dans l'intérêt suprême de la région! Enfin, afin de donner de l'argent à vos amis pour qu'ils financent votre campagne, vous pourrez leur demander de faire des études de tous genres quant à la construction du nouveau pont. Ensuite, vous pourrez vous faire prendre en photo pour témoigner des choses concrètes que vous réalisez pour les citoyens.

Réfléchissez maintenant à cette idée de pont en fonction de vos deux objectifs, soit le pouvoir et l'argent. Cette idée stupide pourrait vous amener au sommet sur les deux plans qui comptent pour vous.

Les secrets du démocrate

Vous pouvez utiliser ces mêmes principes pour la construction de nouvelles méga prisons même si les crimes sont en baisse et pour l'achat de nombreux équipements de guerre que vous n'utiliserez pas.

116 - Assurez-vous de la « perroquétisation » de vos députés

Lorsque vous êtes le chef de votre formation politique, vous devez imposer une stricte discipline à tous ses membres afin qu'ils évitent de faire des erreurs qui pourraient vous coûter cher. C'est pourquoi vous devez contrôler tout ce qu'ils font et ce qu'ils disent mais sans en avoir l'air.

Vous devez pénaliser les personnes qui n'obéissent pas à vos instructions en réduisant leur budget et leur pouvoir. Vous pouvez les retirer de certains comités ou de certains rôles prestigieux. Également, vous pourriez avoir à en expulser quelques-uns. Vous devez adopter une approche de style militaire dans laquelle vous dirigez et ils obéissent.

S'ils ont des idées, ils doivent en parler à l'interne d'abord. Ensuite, vous étudiez ces idées et permettez ou non à vos collègues d'aller de l'avant avec leur suggestion. Si la suggestion est extraordinaire, vous faites comme si elle était de vous. Si la suggestion n'augmente pas votre pouvoir, votre popularité et votre argent, alors vous la refusez.

Vos députés ne doivent pas avoir d'idées personnelles. Ils doivent simplement se lever au Parlement et lire les textes approuvés. Dans leurs circonscriptions, ils doivent répéter la propagande que vous leur avez fait parvenir. Ils ne doivent jamais faire preuve d'initiative.

Vos députés doivent littéralement répéter ce que vous dites. Ils doivent être vos perroquets. Évaluez tous vos députés selon une échelle de « perroquétisation ». Quels sont ceux qui vous « perroquétisent » le mieux? Quels sont ceux qui sont dans la moyenne et quels sont ceux qui ne le font pas du tout? Le dernier groupe risque de vous causer des problèmes.

Essayez d'embrigader ceux qui sont les moins élevés sur l'échelle de « perroquétisation ». Méfiez-vous, ces gens pourraient devenir vos adversaires même s'ils sont dans le même parti que vous. Vous devez les marginaliser et ne pas leur donner de rôles importants. Vous devez leur créer des embûches même si vous n'avez pas encore de signes qu'ils complotent contre vous.

Dans le cas où un allié se retourne contre vous, il lui sera difficile de le faire avec crédibilité puisqu'il aura passé les dernières années à répéter sans cesse tout ce que vous avez dit. Si un autre qui avait pris ses distances le fait, il risque d'avoir des ennuis puisque vous l'avez écarté de tous les postes importants et que

Les secrets du démocrate

vous avez constamment empêché qu'il obtienne l'information nécessaire pour juger correctement de chaque situation.

Vos députés doivent devenir vos perroquets, ou bien vous devez les écarter.

117 - Un bon système démocratique, c'est quand tu gagnes

Il sera probablement difficile d'obtenir le pouvoir, car vous devrez composer avec une constitution, des lois et des règlements qui ne vous seront pas toujours favorables. Il est quasiment certain que le système démocratique dans lequel vous travaillez est très imparfait et que plusieurs demandent des changements.

Il est généralement populaire, avant les élections, de promettre des réformes au système démocratique, mais souvent, une fois élu, les démocrates n'en font pas puisqu'ils ne veulent pas nuire au système qui leur a donné le pouvoir. De plus, ayant le pouvoir et d'immenses budgets, ils seront dans une excellente position pour le conserver.

Néanmoins, une analyse rigoureuse du système est nécessaire.

Les 7 prochains points (118-124) donnent des exemples à suivre afin de vous assurer que le système soit bon, c'est-à-dire qu'il vous permette de toujours gagner et de vous enrichir.

118 - Décidez des règles du jeu politique

Étant donné que vous avez le pouvoir, vous devez décider des règles du jeu afin de conserver le pouvoir (pour le bien du peuple). D'abord, rapatriez la plupart des pouvoirs pour que ce soit votre bureau (vous) qui contrôle tout.

Étudiez le vote dans les limites actuelles des circonscriptions et redéfinissez ces limites en fonction de la méthode qui devrait vous donner le plus de comtés.

Augmentez le nombre de députés dans les régions qui vous sont favorables et diminuez-le dans les régions qui ne votent pas pour vous.

Étudiez les types de modes de scrutin qui vous donneraient le plus de pouvoir.

Donnez-vous un droit de veto pour défaire le vote des autres élus du peuple. Si cela n'est pas possible, donnez-vous le droit de ne pas rendre applicables les lois que vous ne supportez pas.

Interdisez aux officiers indépendants du Parlement de rendre des rapports publics pendant la campagne électorale. Ça ferait mauvaise impression si vos fraudes ou vos mensonges étaient exposés en pleine campagne.

N'accordez pas le droit à vos adversaires politiques de savoir quel est le coût des mesures que vous proposez, car la population pourrait ne pas apprécier les coûts excessifs. Cependant, n'hésitez pas à rendre ces coûts publics lorsqu'ils sont raisonnables.

Donnez le moins d'information possible à vos opposants et contrôlez de manière serrée l'information. Ne votez pas de lois d'accès à l'information, ou s'il y en a, assurez-vous qu'il n'y ait pas de conséquence lorsqu'elles ne sont pas respectées.

Ne donnez pas la possibilité à l'opposition de débattre indéfiniment des projets de lois dans le but de les retarder. Par contre, assurez-vous de conserver ce droit pour vous.

Étudiez toutes les règles pour vous assurer qu'elles vous favorisent et, au besoin, faites les changements appropriés. Ne dites pas que vous les faites pour des raisons personnelles, trouvez toujours des justifications nobles pour expliquer vos actions.

119 - Loi sur le financement politique en votre faveur

Dès votre ascension au pouvoir, révisez immédiatement ce qui compte vraiment en politique, soit le financement politique. Analysez vos sources de revenus versus celles de vos adversaires. Avez-vous plus de donneurs qu'eux? Vos donateurs sont-ils plus riches que les leurs? Êtes-vous plus dépendant du financement public des partis politiques ou des remboursements?

L'idée consiste à évaluer ce qui se passe pour découvrir ce qui est à votre avantage et ce qui ne l'est pas. Vous devez ensuite éliminer les sources de financement qui favorisent vos adversaires et bonifier celles qui vous aident.

Par exemple, les syndicats donnent plus d'argent à vos adversaires, alors éliminez les dons politiques des syndicats. Quelques personnes seraient prêtes à vous donner des sommes d'argent colossales, alors éliminez les limites des contributions individuelles.

Seriez-vous avantagé si les candidats et les partis devaient respecter des montants maximums de dépenses lors des campagnes électorales? Si oui, imposez-en. Cela serait particulièrement utile si votre adversaire a beaucoup plus d'argent que vous.

Si vous éliminiez tels ou tels types de financements, est-ce que cela tuerait d'autres partis politiques? Si oui, lesquels? Est-ce que cela serait avantageux pour vous? Faites attention toutefois, car cette tactique pourrait unifier vos adversaires, ce qui est contraire au point 108.

La meilleure solution pour vous serait de vous assurer que les lois sur le financement politique vous avantagent et nuisent fortement à vos adversaires, au point où tous vos adversaires seraient fortement sous-financés. Cela vous donnerait plus d'employés, plus d'argent pour les publicités et plus de moyens pour conserver le pouvoir. Vous approcheriez d'une situation où un seul parti a des chances légitimes d'obtenir le pouvoir, c'est-à-dire le vôtre.

Les donateurs et les lobbyistes devraient ainsi vous donner plus d'argent puisque vous seriez le seul parti à avoir des chances de gagner le vote.

120 - Décidez de la date des élections

Il existe encore des pays où le parti au pouvoir a le droit de décider de la date de l'élection.

Lorsque vous étiez dans l'opposition, vous avez probablement décrié ce système archaïque, mais une fois au pouvoir, gardez-le précieusement parce qu'il est le gage de votre réussite.

D'abord, vous devez déterminer la date des prochaines élections en fonction de ce qui est le mieux pour votre parti. Si vous êtes haut dans les sondages, ce pourrait bien être le bon moment surtout si vous savez que des scandales et des problèmes sont sur le point de venir miner vos chances. Vous voulez aussi éviter d'attendre trop longtemps avant de déclencher les élections pour éviter que les électeurs commencent à se lasser de vous.

Vous pouvez aussi prendre de vitesse vos adversaires qui ne s'attendaient pas à ce que vous déclenchiez des élections de sitôt. Si vos opposants sont mal pris, mal financés, en train de changer de chef, alors le moment est idéal pour aller en campagne.

Si, en revanche, les sondages ne vous sont pas favorables et que vous risquez de perdre le pouvoir, alors vous devez retarder la date des élections afin d'avoir la possibilité de remonter dans les sondages, de vous refaire une santé financière et d'espérer que la population oublie certaines de vos magouilles récemment dévoilées. Vous pourrez aussi vivre plus longtemps aux frais de l'État et obtenir une plus grande pension de retraite.

Si vos potentiels électoraux sont faibles, n'hésitez pas à utiliser toutes sortes d'excuses, comme des attentats terroristes, des inondations, des pannes d'électricité majeures, afin de reporter la date du vote.

Dans tout cela, vous allez sûrement vous faire critiquer de ne pas changer le système électoral qui vous donne tous les pouvoirs. Vous pourrez alors y aller d'une ruse en faisant semblant de passer une loi qui ordonne des élections à date fixe.

Vous expliquerez que vous faites cela en bon démocrate pour la justice et par souci d'équité. Inspirez-vous des discours de nombreux politiciens qui l'ont fait pour se donner des allures de personnes intellectuellement intègres.

Ensuite, examinez la situation selon les événements. En fait, une loi a été modifiée, mais assurez-vous qu'elle n'altère pas la Constitution, qui vous donne toujours tous les droits. Si le moment est bien choisi pour une élection et que vous êtes dans un gouvernement minoritaire, déclenchez les élections en expliquant que la loi électorale ne s'applique pas aux gouvernements minoritaires.

Lisez ce livre en secret

Si vous êtes majoritaire, vous pouvez toujours déclencher des élections en vous réclamant d'événements extraordinaires, par exemple des menaces à la sécurité nationale, la récession économique mondiale, etc.

Si cela n'est pas possible, votez, grâce à votre majorité, une loi spéciale autorisant expressément la tenue d'élections immédiates.

L'important, quand vous passez des lois qui semblent restreindre vos pouvoirs, est de vous assurer que vous pourrez toujours continuer de faire tout ce que vous voulez selon vos intérêts.

121 - Fermez le Parlement pour nuire à vos adversaires

Le même principe s'applique pour ce qui est de fermer le Parlement ou l'Assemblée nationale au moment de votre choix. Disons que vous vous faites poser des questions difficiles sur vos dernières magouilles, alors vous pouvez ordonner la fermeture du Parlement, question d'empêcher vos adversaires d'utiliser l'immunité parlementaire pour vous accuser de banditisme.

Si un projet de loi de vos adversaires est sur le point de passer, alors vous pouvez fermer le Parlement pour empêcher que ce projet soit approuvé.

Si vous êtes tenu de répondre aux questions écrites dans un confortable délai de 45 jours ouvrables, vous pouvez interrompre les travaux parlementaires, ce qui annule ces questions. Lorsque le Parlement rouvrira, on devra vous reposer les mêmes questions et vous aurez un nouveau délai de 45 jours ouvrables.

C'est le même principe pour les comités; en fermant le Parlement, les comités sont dissous, ce qui vous permet de bloquer ceux de vos adversaires qui enquêtent sur vos crimes.

L'idéal est d'être dans un système démocratique basé sur des traditions, mais où il n'y a que peu ou pas de règles écrites, cela vous permet de faire à peu près n'importe quoi, vous n'avez pas de limite à votre pouvoir.

N'oubliez pas que les règles ont été faites par des gens au pouvoir qui désirent conserver le pouvoir. Si jamais vous perdiez le pouvoir de fermer le Parlement quand il nuit à votre ego, vous pourriez tout perdre...

122 - Nommez ou congédiez votre patron

Dans plusieurs démocraties qui ont hérité de vieilles pratiques, il existe un monarque, un gouverneur général ou même un président qui a un rôle symbolique. Bien que cette personne ne possède que peu de pouvoir en pratique, elle a souvent tous les pouvoirs en théorie.

Dans ces cas-là, cette personne pourrait vous causer bien des ennuis. Elle limite votre pouvoir. Vous ne savez pas comment elle pourrait réagir si elle apprenait que vous avez poussé les limites de l'acceptable en démocratie, et cela, même si vous aviez des motifs nobles (vous).

Bien qu'archaïques, les pouvoirs de cette personne font en sorte que vous pourriez perdre les vôtres. Cette personne pourrait théoriquement avoir le droit de déclencher des élections alors que c'est vous qui devez avoir ce droit (point 120). Elle pourrait aussi refuser de signer les lois qui garantissent votre pouvoir (points 118 et 119 entre autres).

C'est pourquoi vous avez deux options. Soit, vous éliminez ce poste ainsi que cette personne et vous transférez tous les pouvoirs à une personne de confiance, comme par exemple vous. Ou bien, si ce rôle doit être absolument occupé par quelqu'un d'autre, alors vous nommez une personne de confiance qui fera tout ce que vous voulez. Dans l'éventualité où la personne n'obéirait pas à vos ordres, vous la changeriez pour quelqu'un de plus soumis.

Ne laissez pas les choses au hasard; si quelqu'un a plus de pouvoirs théoriques que vous, il pourrait être tenté d'écouter le peuple et, pire, il pourrait utiliser son influence pour éliminer certains de vos pouvoirs et mettre fin à votre carrière.

123 - Choisissez l'âge du vote selon ce qui vous convient

Analysez les résultats des derniers scrutins ainsi que les sondages et déterminez quels sont les électeurs qui sont le plus susceptibles de voter pour vous. Par exemple, s'agit-il des jeunes ou des personnes âgées? Si l'âge de vote était réduit de 2 ans, cela vous donnerait-il un avantage? Si, au contraire, l'âge était repoussé de 2 ans, cela vous aiderait-il?

Étudiez le tout et changez les lois afin que vous soyez avantagé. Après voir fait une étude approfondie, utilisez des arguments bidon pour justifier le changement d'âge.

Si réduire l'âge minimum du vote vous est utile, expliquez qu'il est discriminatoire d'empêcher les jeunes de voter, qu'ils sont aussi intelligents et souvent plus éduqués que ceux qui votent. Expliquez aussi que c'est leur avenir qui est en jeu et forcez les organismes électoraux à faire de la publicité pour les encourager à voter et pour leur faciliter la tâche en mettant des bureaux de scrutin proches des lieux qu'ils fréquentent.

Si augmenter l'âge minimum du vote vous est utile, alors expliquez que les jeunes n'ont pas la maturité nécessaire pour faire des choix importants, que les enjeux sont très importants et que ça prend des gens intelligents, matures et consciencieux pour le faire. Vous ne pouvez pas laisser une bande de jeunes décider de l'avenir du pays.

S'il était impossible d'interdire le vote aux jeunes qui ne votent pas beaucoup pour vous, essayez de tout faire et de leur compliquer la tâche pour aller voter. Dans les démocraties occidentales, les jeunes ont moins tendance à aller voter et ce n'est pas par hasard si ça ne dérange pas trop ceux qui sont au pouvoir.

C'est le même principe pour l'âge maximal d'aller voter. Si vous vous apercevez que les gens au-dessus d'un certain âge ne votent pas en majorité pour vous, alors retirez le droit de vote aux gens de cet âge et au-delà. Par exemple, retirez le vote aux gens de 85 ans et plus puisqu'ils appuient en majorité un adversaire. Expliquez que ces gens ne sont plus assez intelligents pour voter, qu'ils sont souvent malades et ne savent pas ce qui se passe, qu'ils n'ont pas l'avenir à cœur lorsqu'ils votent.

S'il est impossible de retirer le droit de vote à ceux qui ne votent pas pour vous, alors instituez des tests d'intelligence ou de mémoire à l'intention des personnes âgées. Cela en découragera plusieurs. S'ils ne réussissent pas le test d'intelligence minimale, alors ils ne pourront pas voter. Cela diminuera les votes pour votre adversaire et réduira ses chances d'être élu.

Lisez ce livre en secret

Cependant, si les personnes âgées, bien que peu conscientes, votent en majorité pour vous, alors n'utilisez pas ce moyen: vous perdriez des voix et donneriez des chances supplémentaires à vos adversaires.

L'idée est de changer le système pour vous donner plus de chances de gagner; analysez votre situation et changez les lois en conséquence. Chargez ensuite des avocats de trouver des raisons socialement acceptables pour effectuer le changement.

Tandis que vous vieillissez, si jamais le groupe d'âge qui avait tendance à voter pour vous change, il se pourrait que les jeunes vous délaissent pour d'autres candidats plus jeunes et que les plus vieux soient plus favorables à vous, qui grisonnez; dans ce cas, n'hésitez pas à rechanger le système de manière à ce qu'il continue de vous avantager. Expliquez que les temps ont changé et qu'il faut revoir le système.

124 - Donnez le droit de vote aux prisonniers s'ils votent pour vous

Utilisez le même principe pour déterminer si vous allez donner ou non le droit de vote aux prisonniers. Dans certains pays, les prisonniers ont le droit de vote s'ils purgent une petite peine, une peine avec sursis ou dans certaines autres conditions. Dans d'autres pays, différentes lois s'appliquent.

Étudiez les précédents résultats et les sondages pour déterminer si les prisonniers ont tendance à voter plus ou moins pour vous. Divisez les prisonniers en quelques catégories, par exemple, criminels, Code pénal, etc.

Si les prisonniers votent plus en votre faveur, alors donnez-leur ou redonnez-leur le droit de vote afin d'augmenter vos chances de réélection.

Si les prisonniers soutiennent en majorité votre adversaire, alors enlevez-leur le droit de vote et expliquez à la population que votre adversaire a le soutien des pires crapules au pays. Cela ne sera pas entièrement vrai parce que plusieurs crapules ne vont jamais en prison, mais bon.

Expliquez à la population que l'avenir du pays ne doit pas être décidé par de dangereux criminels (ne mentionnez pas que certains d'entre eux sont déjà au pouvoir). Étant donné le peu de soutien que les criminels ont dans la population en général, leur enlever le droit de vote ne devrait pas être un problème. Cela vous permet aussi d'avoir l'air d'un dur avec le crime (point 66).

Comme d'habitude, si jamais la tendance change et que les préférences politiques des prisonniers évoluent, alors vous devrez réétudier cette question.

125 - Économisez de l'argent en éliminant des élections

Les règles électorales exigent des élections à intervalles relativement fixes même si les élus peuvent parfois décider de la date du prochain vote (point 120).

Certains postes ont des mandats très courts de 2 ou 3 ans. Ces mandats sont compliqués, il semble que vous soyez toujours en course électorale, vous ne pouvez pas vous asseoir sur vos lauriers. Cela coûte beaucoup d'argent au public, qui a autre chose à faire que d'écouter des démocrates se disputer aux nouvelles.

De plus, cela complique votre réalisation du point 75: l'idée d'annoncer les mauvaises nouvelles en début de mandat est que les gens ne s'en souviennent plus en fin de mandat. Cependant, avec un mandat très court, c'est difficile à faire. Plusieurs personnes risquent de se rappeler de vos coups fumeux.

Aussi, vous ne disposez pas de beaucoup de temps pour tenir une ou deux de vos promesses électorales. De plus, vous n'accumulez pas beaucoup d'argent en salaire et en pension. Ça peut aussi être difficile de recruter du bon personnel, car les gens ne se sentiront pas en sécurité de quitter un bon emploi pour aller travailler pour vous alors que vous pourriez être défait aux prochaines élections qui arrivent à court terme.

C'est pourquoi vous devez éliminer des élections ici et là et obtenir des termes plus longs. Par exemple, des termes de six ou sept ans vous donnent pleinement le temps d'accomplir vos objectifs et de vous en mettre plein les poches.

Le pouvoir est un métier difficile et on n'apprend certaines choses que trop tard. D'aucuns argumenteront que deux ans ne sont pas assez pour saisir pleinement l'ampleur de la tâche que vous avez.

Vous pouvez aussi éliminer les élections au sénat et nommer plutôt les sénateurs vous-même. Nommez des amis et des gens qui ont contribué à votre caisse électorale. Vous pouvez aussi nommer vos directeurs de campagnes afin de leur donner un beau bureau et du personnel pour faire leur travail.

Essayez aussi d'éliminer ou de retarder les élections partielles. Celles-ci sont souvent insignifiantes quant à l'équilibre du pouvoir et peuvent avoir tendance à être difficiles pour le parti en place parce qu'il y a souvent un vote de protestation contre le pouvoir établi.

Soyons clairs, vous devez économiser de l'argent en réduisant le nombre d'élections auxquelles vous serez obligé de participer pour conserver votre pouvoir. Cependant, n'allongez pas trop souvent les termes des autres personnes, car cela leur donnerait un avantage.

Les secrets du démocrate

En démocratie, c'est souvent celui qui doit subir des élections le plus tôt qui est en difficulté, car il se doit de trouver des solutions aux problèmes rapidement; celui qui peut attendre est en meilleure posture pour négocier. C'est un des principes de base de la négociation: celui qui peut attendre le plus est bien mieux positionné que celui qui doit obtenir une entente rapidement.

Si les sénateurs, gouverneurs généraux ou autres ont des termes plus longs que les vôtres, mais que vous êtes le vrai chef de l'État, rajustez les termes de tout le monde pour vous assurer que les vôtres seront plus longs que ceux des autres.

126 - Protégez l'environnement qui vous donne des votes

Les points 117 à 125 contiennent des idées sur ce qu'il convient de faire ou de ne pas faire pour conserver le pouvoir démocratique. Il en existe d'autres dans ce livre, mais l'essentiel est de protéger l'environnement qui vous donne des votes.

Si les personnes âgées votent massivement pour vous, n'allez pas permettre le suicide assisté ou l'euthanasie des malades graves alors que vous savez que ces personnes voteront pour vous.

Si vous subventionnez des dossiers inutiles comme celui de l'éthanol utilisé dans l'essence, n'allez pas retirer ces subventions, si vous pensez que vous allez perdre des votes.

Si votre gouvernement soutient des groupes industriels qui financent votre parti politique, alors protégez leurs financements.

Si vous êtes appuyé par le lobby des armes à feux, protégez l'existence de ce lobby et des droits qu'ils réclament.

Par contre, détruisez tout ce qui ne vote pas pour vous ou ne finance pas votre parti. Par exemple, les syndicats, le secteur public, les organismes sans but lucratif, les associations communautaires, etc. Éliminez tous ces organismes de façon à les empêcher de vous nuire.

Diverses astuces existent pour éliminer les groupes qui vous opposent, mais l'important est de rendre leur union plus difficile et de frapper là où ça fait mal, c'est-à-dire dans leur portefeuille.

Inventez n'importe quel prétexte, par exemple que les syndicats sont devenus trop forts face aux politiciens, pour éliminer le droit à la syndicalisation ou pour le rendre impraticable. Expliquez que les finances publiques sont dans un état précaire, et qu'il est critique d'éliminer les droits de tout le monde pour remettre de l'ordre là-dedans. Ne dites pas que c'est vous qui avez mis les finances dans un piètre état en achetant des votes et en aidant vos amis.

Protégez l'environnement qui vote pour vous, détruisez les autres.

127 - Maintenez le secret : pas de transparence

Vous vous ferez peut-être élire en promettant d'être ouvert, transparent et imputable, cependant ne mettez jamais en pratique ces concepts à moins que ce soit pour embarrasser vos adversaires.

Au contraire, vous devez garder une atmosphère de secret et d'ambiguïté sur ce qui a été fait, par qui et sur décision de qui. Ainsi, vous empêcherez tout le monde de découvrir les scandales que votre administration cache.

Utilisez les principes de la protection de la sécurité nationale, de la vie privée et du secret professionnel pour dévoiler le moins d'information possible. De cette manière, les gens ne pourront pas trouver vos rapines. Par exemple, vous utilisez des avions de l'armée pour aller vous amuser à un camp de chasse ou pour aller voir des parties de hockey. Gardez cela secret. Les contribuables réagiront mal lorsqu'ils l'apprendront.

Moins il y aura de transparence, moins les rumeurs néfastes circuleront. Ensuite, lorsque vous vous ferez poser des questions là-dessus, expliquez que vous ne pouvez pas répondre parce que c'est confidentiel. C'est vous qui prenez la décision de cacher des choses, mais expliquez que ce sont les policiers sous vos ordres qui vous obligent à dévoiler le moins d'information possible.

Comme on l'a expliqué précédemment, parfois des choses anodines peuvent mener des enquêteurs chevronnés à trouver des informations embarrassantes sur vous.

Quelqu'un pourrait par exemple donner aux médias la liste des prêts aux entreprises que votre gouvernement a faits et ensuite découvrir que vous avez vous-même investi dans ces compagnies. Ou bien que ce sont vos amis et vos financiers qui reçoivent le gros des montants.

Vous pouvez par exemple dévoiler une centaine d'informations qui semblent anodines, mais qui, une fois jumelées à d'autres, vous causeront de graves problèmes. Par exemple, lors d'une guerre, votre armée fait parfois des prisonniers et les remet à une armée alliée. Or dévoiler cette information semble normal, il ne semble pas y avoir de problème. Mais si, par la suite, cette armée alliée torture les prisonniers ou les tue extrajudiciairement, alors vous pourriez être coupable de crimes majeurs, car selon les conventions de guerre, on ne peut pas remettre de prisonniers à un pays qui pratique la torture. Vous pourriez passer des dizaines d'années en prison pour cela. C'est pourquoi vous devez être le moins transparent possible. Si vous détenez des documents embarrassants sur vos crimes de guerre et qu'une commission d'enquête est lancée, il serait bon que ces documents disparaissent...

Lisez ce livre en secret

C'est la même chose pour votre programme, ne le rendez pas public. Ne dites pas qui vous rencontrez ni pourquoi. Il se pourrait qu'une ou plusieurs de ces personnes ne soient pas exactement recommandables, soit maintenant ou dans l'avenir. Même principe pour vos déclarations de revenus. Si elles étaient dévoilées publiquement, les gens pourraient s'apercevoir que vous avez fraudé ou bien que vous avez oublié certaines choses...

Certains pensent que mettre les données secrètes à l'abri les protégera, mais il ne faut pas oublier les hackeurs, qui peuvent voler et dévoiler vos secrets diplomatiques. C'est pourquoi le fait d'être opaque ne suffit pas toujours. D'autres mesures sont nécessaires.

Chose certaine, si vous savez tout sur votre population et que cette dernière ne sait rien de votre gouvernement, vous serez en excellente position pour rester en poste longtemps.

128 - Menacez sans mot dire

Il est aussi essentiel que vous et vos assistants deveniez des spécialistes de la menace. Cependant, il faut agir avec doigté. Si vous exprimez ces menaces clairement, alors vous serez accusés d'intimider les gens et d'utiliser des méthodes non éthiques pour arriver à vos fins. De plus, vos menaces pourraient être enregistrées à votre insu.

La peur, comme on l'a vu, est un sentiment puissant qui peut changer les comportements de la majorité des gens, surtout à une époque où l'ensemble d'entre eux sont des lâches qui attendent que quelqu'un d'autre fasse le travail pour vous renverser. Leurs valeurs varient; certains privilégient l'argent, leur famille, leurs amis, leur emploi, etc. Vous devez trouver leur faiblesse et leur faire peur à ce niveau. Ou bien, vous pouvez lancer des menaces de manière générale.

Sans utiliser de mots abusifs, expliquez que vous ne seriez pas content si quelqu'un dévoilait ceci ou cela à votre sujet, ou si quelqu'un faisait telle ou telle chose. Expliquez aussi qu'il ne serait pas bon qu'un magistrat juge une cause de telle manière ou que tel fonctionnaire prenne telle ou telle décision, comme de baisser les taux d'intérêt.

Ensuite, lorsque les gens ne font pas ce que vous voulez, vous dévoilez des secrets sur eux (ils prennent des drogues illégales, ont des relations extraconjugales, etc.) et vous les forcez ainsi à quitter leur emploi. S'ils ne veulent pas le faire et que vous ne pouvez les forcer, alors vous utilisez des méthodes plus directes en lançant la police à leurs trousses. Ils se font arrêter à chaque coin de rue parce qu'ils ont fait un arrêt trop court ou trop long, on inspecte leur voiture chaque jour, etc. Vous laissez couler dans les médias des rumeurs désobligeantes sur eux.

Si des juges ne prennent pas les décisions que vous souhaitez, vous gardez les promotions pour ceux qui prennent les décisions que vous voulez. Cela envoie un message clair à tous les juges: si vous voulez des promotions, rendez les jugements que je veux. Bien que beaucoup de personnes entrent dans le réseau de la justice avec des idées nobles, un grand nombre apprend comment le jeu se joue et veut avoir des promotions et faire plus d'argent. Il ne faut pas que vous pensiez que le système juridique est indépendant de vous, au contraire, il est votre faire-valoir. Néanmoins, certains juges vous embarrasseront quand même en évoquant la possibilité que vous ne respectiez pas la Constitution, etc. Par hasard, ceux-ci auront une crise cardiaque ou décideront de se suicider bientôt. Vous en serez tellement désolé.

Lisez ce livre en secret

En bref, pour ceux-ci comme pour d'autres, évitez les paroles de menace claires et directes. Menacez indirectement par des gestes plus subtils. Arrangez-vous pour que vos gestes aient l'effet de menaces.

129 - Favorisez le syndrome de mort du dénonciateur

Il arrivera néanmoins que des gens dévoilent au public vos secrets. Par exemple que vous espionnez illégalement votre population, que vous torturez en secret, que vous êtes impliqué dans l'élimination des gens que vous n'aimez pas, dans d'autres pays ou dans le vôtre. Ces dénonciateurs seront parfois vus comme des héros publics.

Dans ces cas, c'est tolérance zéro. Vous devez éliminer ces gens. D'abord, pour les empêcher de prouver leurs points. Ensuite, pour faire peur à d'autres personnes qui pourraient venir corroborer leurs dires, et finalement, pour effrayer d'autres dénonciateurs potentiels.

Afin de couvrir tout cela, faites des discours exprimant à quel point le rôle des dénonciateurs est important et encouragez ces derniers à dévoiler des secrets si c'est votre adversaire qui est au pouvoir et qui en sera embarrassé. Ça pourra vous aider à gagner vos élections. Cependant, une fois que vous êtes au pouvoir, continuez vos bons discours, mais éliminez les délateurs.

Il existe plusieurs méthodes. D'abord, vous pouvez les emprisonner pour toutes sortes de motifs loufoques (menace à la sécurité nationale, divulgation non autorisée de données, etc.). Ensuite, vous les laissez en prison de haute sécurité pendant des mois ou des années. Vos procureurs pourront les emprisonner pendant de nombreuses années ou leur offrir de négocier un plaidoyer de culpabilité du moment qu'ils admettent de nombreuses fautes et acceptent de ne plus parler du sujet.

Même si les dénonciateurs n'ont pas commis de crime, ils vont probablement accepter un plaidoyer de culpabilité pour éviter de rester en prison indéfiniment. Aussi, ils n'auront pas, dans la plupart des cas, les ressources financières pour se défendre longtemps.

Même si, dans certains cas, un dénonciateur peut être libéré de prison, habituellement, il meurt de mort naturelle à 25 ans, il se fait suicider ou bien il est soudainement victime d'une petite attaque cardiaque mortelle (ne mentionnez pas que c'est après l'injection que vous leur avez faite).

Les autres dénonciateurs potentiels en trembleront. Ils ne voudront pas risquer leurs vies et celles de leurs familles pour la cause de la vérité et de la justice. Si jamais c'était le cas, alors recommencez le procédé et continuez de terroriser les gens honnêtes.

Lisez ce livre en secret

La plupart des gens sont des lâches, le fait de perdre potentiellement leur emploi, leur pension, leur argent et de passer du temps en prison suffira pour les dissuader. Mais sinon, un traitement-choc est nécessaire.

130 - Prenez action en ne faisant rien (allez vite nulle part)

Lorsqu'il y a une crise ou un problème, réagissez immédiatement en ne faisant rien de spécial, mais donnez l'impression d'en faire beaucoup.

Disons qu'il y a des problèmes de sécurité, les bourses baissent fortement, les gens meurent dans les urgences des hôpitaux, etc. Alors tenez des réunions, créez des comités, parlez à des gens et émettez des communiqués.

Faites comme si vous faisiez quelque chose pour régler le problème, faites comme si vous étiez préoccupé par la situation. Lancez des enquêtes internes, des études, faites des plans d'action.

Très souvent, vous n'aurez pas grand contrôle sur les événements, mais faites de faux efforts pour démontrer à la population que vous faites quelque chose. Continuez d'avoir l'air de travailler vite et fort.

Disons que vos policiers tuent par erreur des gens qui manifestent contre vous, alors évidemment, vous ne voulez pas punir les policiers, mais faites semblant d'être troublé par les événements et lancez toute une série de mesures qui ne donneront rien.

Par contre, si les policiers tuent par erreur vos supporters, prenez des actions rapides et significatives.

Avec l'âge, on apprend que souvent la meilleure chose est de ne rien faire, mais ce n'est pas bien vu politiquement. Il faut que vous donniez l'impression de faire quelque chose.

En d'autres occasions, la meilleure chose à faire est de penser, mais ça aussi ce n'est pas bien vu politiquement, car vous semblez hésitant alors que les gens ne veulent pas d'immobilisme, ils s'attendent à des changements rapides. Vous pouvez alors envisagez de changer les lois pour du pareil au même (point 135).

Les médias vous talonneront pour savoir ce que vous allez faire pour régler une crise qui souvent est hors de votre contrôle ou bien créée par vous-même et que vous n'avez aucune intention de résoudre. C'est alors que vous arriverez avec une longue liste de mesures qui n'auront que bien peu d'impacts.

131 - Ayez l'air de savoir ce que vous faites

Une règle de base pour inspirer la confiance de vos électeurs est de toujours avoir l'air de savoir ce que vous faites.

Même si les problèmes ont trait à un manque d'isotopes médicaux, à des problèmes nucléaires, à des virus ou à des problèmes informatiques et que vous ne connaissez rien du sujet, agissez comme si vous étiez au-dessus de vos affaires. N'avouez aucunement votre ignorance de ces sujets, ou de l'économie, de la politique monétaire, de la situation d'un pays en particulier, etc. Ne montrez pas vos faiblesses.

Vous pourrez toujours vous en sortir avec des déclarations banales telles que vous suivez de près la situation et que des rencontres ont été fixées pour discuter du problème.

En fait, il existe des choses qu'aucun politicien ne connaît vraiment, mais donner l'impression d'avoir des lacunes vous discréditerait. La plupart des politiciens ne peuvent pas expliquer clairement l'historique du conflit israélo-palestinien parce qu'ils n'ont pas lu les grands auteurs. Ils ne connaissent rien non plus en aérospatiale, en informatique ou en médecine, mais ils font semblant.

132 - Le ridicule ne tue pas!

C'est le grand démocrate Napoléon Bonaparte qui a dit qu'en politique, le ridicule ne tue pas. D'ailleurs, à en juger par les actions des patrons des grandes multinationales et des grandes banques mondiales, le ridicule ne semble pas tuer grand monde dans le secteur privé non plus.

Il faut savoir en se lançant en politique que non seulement on va souvent avoir l'air ridicule, mais qu'on risque de devenir l'une des personnes les plus ridicules de l'histoire de l'humanité. C'est normal, il faut l'accepter.

Vous devrez continuellement changer de positions (tout en ayant l'air de ne pas le faire, point 15), dire des choses contraires aux faits, inventer des raisons médiocres et ânonner régulièrement des sottises.

Certains ne sont pas vraiment capables d'agir de cette manière et y réussissent mal. Ils font trop attention à leur réputation. C'est le même problème que celui des acteurs amateurs qui jouent pour la première fois des rôles qu'ils n'aiment pas. Ils ont de grandes valeurs religieuses, mais jouent le rôle d'un débauché. Ils croient en la démocratie, mais jouent le rôle d'un despote. Ils sont raffinés, soignés et de belle apparence, mais jouent le rôle d'un malpropre.

Souvent, ces acteurs amateurs ont de la difficulté à jouer un rôle incompatible avec leurs valeurs; de plus, ils sont mal à l'aise, ce qui fait qu'ils ne jouent pas bien leur rôle. Vous devez éviter ce genre de problème, c'est pourquoi vous devez toujours améliorer vos talents d'acteurs, comme on l'a mentionné précédemment.

En bref, le ridicule ne tue pas. Ne vous inquiétez pas si vous avez l'air d'un imbécile. C'est la réalité en politique. Même si ce que vous dites n'a pas de sens, dites-le sérieusement. Jouez votre rôle...

133 - Réglez les problèmes fictifs, c'est plus facile que les réels

De nombreux politiciens néophytes veulent régler tous les problèmes sur la terre, notamment la pauvreté, la violence, etc. D'abord, oubliez tout cela immédiatement. Vos chances de régler ces problèmes sont à peu près inexistantes.

Souvent, il y a des raisons pour lesquelles ces problèmes existent. Par exemple, la pauvreté existe pour qu'il y ait des riches qui puissent en profiter. S'il n'y avait plus de pauvres, il n'y aurait plus de riches non plus. Le riche devient riche justement parce qu'il y a des gens prêts à travailler pour lui pour des miettes. Sinon, ce serait impossible de devenir riche dans la plupart des cas.

Et comme il se trouve que ces riches sont justement ceux qui financent votre campagne électorale, alors il faut que ça demeure ainsi. Pendant ce temps, les pauvres qui meurent de faim ne financent aucune campagne puisqu'ils n'ont pas d'argent.

Il y a des raisons pour lesquelles certains problèmes humains ne sont jamais vaincus. Les guerres sont nécessaires pour soutenir les investisseurs et les travailleurs de l'industrie de l'armement. Ça aide aussi qu'on puisse abuser des vaincus à la fin des hostilités et leur voler leurs richesses et leurs ressources.

Trouver une solution abordable au cancer causerait une récession économique mondiale étant donné tous les gens qui dépendent de cette industrie. Les problèmes de déficit démocratique existent pour garder en place des tyrans, ne changez rien! Si on arrêtait de gaspiller de l'énergie pétrolière, les cours baisseraient radicalement, ce qui menacerait des régimes, créeraient des guerres et des assassinats (notamment de celui qui mettrait fin au gaspillage).

Alors, arrêtez de penser à régler les vrais problèmes majeurs, la plupart sont d'ailleurs insolubles. Plutôt, réglez des problèmes inexistants, c'est plus facile et ça ne change rien.

Par exemple, créez quelques problèmes peu réels, dites que les bulletins scolaires sont incompréhensibles et faites une réforme. Après avoir travaillé trois ou quatre ans là-dessus, vous allez revenir à une solution similaire à celle du départ, mais il n'y aura pas de problème (ou très peu). Vous serez félicité pour avoir éliminé le problème, mais en vérité, il n'y en aura jamais eu. Vous devez créer artificiellement l'idée qu'il y en avait un.

Faites des réorganisations, changez les structures, la façon d'écrire des rapports, des notes de breffage. Il n'y avait pas vraiment de problème avec les anciennes méthodes, mais vous pourrez dire qu'il n'y a plus de problème avec la nouvelle façon de faire et que vous êtes très fier des changements.

Les secrets du démocrate

Inventez des problèmes ou exagérez-les. Annoncez que votre pays est la cible potentielle d'attaques terroristes. Ensuite, un an plus tard, clamez bien haut que c'est à cause de vos efforts héroïques qu'il n'y en a pas eu.

De cette façon, vous prendrez le crédit pour avoir réglé des problèmes... inexistants.

134 - Ne réglez pas de problèmes, repoussez-en la solution à plus tard

Suite à ce qui est indiqué au point précédent, non seulement vous ne devez pas vraiment essayer de régler les problèmes réels, mais vous devez utiliser toutes sortes de subterfuges pour en repousser la solution à plus tard. Il faut réaliser que la plupart des problèmes qui existeront à votre arrivée seront toujours là à votre départ, mais qu'heureusement certains auront disparu d'eux-mêmes.

Régler des problèmes majeurs requiert du courage, de la détermination et souvent de l'abnégation. Il est souvent contre-productif d'éliminer certains problèmes. Disons qu'il y a des problèmes majeurs dans l'économie du pays et que vous êtes élu parce que vous êtes perçu comme un expert dans le domaine. Vous réglez les problèmes. Ensuite, les gens passent à autre chose et disons que la santé et l'environnement deviennent les enjeux majeurs et que c'est justement la force de votre adversaire. Lors d'une prochaine campagne électorale, vous serez dans le pétrin. Les gens ne voteront plus pour vous pour l'économie, car les problèmes ont été réglés. Votre adversaire gagnera un grand nombre de votes puisqu'il sera perçu comme l'homme de la situation en santé et en environnement. C'est pourquoi, si l'économie est votre force, vous devez garder cet enjeu au sommet des priorités des gens. Or il s'avère que ce sont les problèmes majeurs qui constituent les grandes priorités.

Le même principe s'applique à l'ordre et à la justice. Si c'est votre force et que vous réglez tous les problèmes, alors on n'aura plus besoin de vous. Vos qualités seront moins nécessaires. Vous deviendrez inutile ou excédentaire.

C'est pourquoi vous devez prendre votre temps pour régler les problèmes. En vérité, ne les réglez pas, mais repoussez-en la solution à plus tard pour les garder bien vivants. Annoncez en grandes pompes des mini-mesures peu utiles, mais prenez soin de ne pas régler les problèmes.

Ce sont les problèmes de l'heure qui déterminent souvent les gagnants, assurez-vous de garder les problèmes qui vous avantagent.

135 - Changez les lois pour du pareil au même

Le fait de passer des mois à siéger en passant très peu de lois est un problème majeur. Les gens diront que vous ne faites pas grand-chose, que vous n'avez pas un grand bilan législatif. C'est pourquoi vous devez faire adopter un grand nombre de lois même si elles ne changent pas grand-chose.

Lorsque vous parlerez de votre bilan, vous nommerez le très grand nombre de lois que vous avez fait adopter. Cela vous donnera l'air de paraître occupé, d'avoir plusieurs réalisations à votre actif et de travailler fort pour les gens.

Les gens ne liront pas, dans la grande majorité des cas, le texte des lois et ne s'apercevront pas qu'elles sont très semblables à celles qu'on avait déjà. Les militants de vos adversaires vous traiteront de tous les noms, mais vos propres partisans en feront autant à leur endroit.

Par exemple, changez la durée d'un emprisonnement quelconque de quatre à six mois. Ça ne change pas grand-chose, mais c'est une réalisation. Vous expliquerez ensuite que c'est un changement majeur.

Ensuite, comme tout bon démocrate, vous allez faire des mini-changements qui passeront inaperçus. Par exemple, changez la loi sur le lobbying en quelque chose de semblable, mais assurez-vous que les cas de tricherie sous l'ancienne loi soient abandonnés, ce qui aidera vos amis.

Inventez des principes qui n'ont aucun sens comme le fait de « regarder en avant, pas en arrière ». Ce genre d'idées fait en sorte que les poursuites entamées contre vos amis et financiers en vertu de l'ancienne loi ne s'appliquent plus puisque l'ancienne loi est abrogée, alors que la nouvelle loi stipule formellement que les cas soulevés sous l'ancienne loi doivent être abandonnés.

Il est un peu ennuyant d'avoir pendant six ou sept ans une loi qui ne règle aucun problème, surtout si c'est vous qui l'avez mise en place. C'est pourquoi il est temps de la changer pour quelque chose de semblable. Si les gens critiquent la nouvelle mesure, vous leur expliquerez que cette nouvelle loi, politique ou procédure n'est en place que depuis seulement quelques mois et qu'ils devraient attendre avant de juger de ses avantages ou de son manque de résultats.

Dites aux gens d'être patients lorsque vous êtes au pouvoir, mais dites le contraire dans l'opposition.

Au pouvoir, changez souvent les lois, même si c'est pour la même chose.

136 - Retardez l'adoption de vos projets de lois populaires

L'erreur que font beaucoup de néophytes au pouvoir est de faire passer tous leurs projets de loi populaires rapidement. C'est une erreur grave, car six mois plus tard, ils n'ont plus de lois populaires à adopter, et ce, pour le reste de leur mandat.

Immédiatement après avoir été élu, vous êtes habituellement dans une période de lune de miel avec la population. C'est le moment de passer vos lois difficiles et déchirantes. Vous garderez vos bons projets de lois pour juste avant les prochaines élections. C'est le même principe que d'annoncer les mauvaises nouvelles en début de mandat (point 75) et les bonnes à la fin.

Aussi, étant donné que vos lois populaires vous donnent une bonne image, vous devez les garder longtemps dans l'actualité. Ne vous pressez pas à les faire franchir les multiples étapes. Même si vous avez une majorité de sièges et que vous pourriez tout adopter rapidement, étirez les choses. Tentez de prendre au piège vos adversaires en leur donnant l'occasion de ralentir les choses. S'ils veulent étirer les procédures, tant mieux, étant donné que c'est populaire, ça ternira leur image.

La population n'aime pas beaucoup les politiciens qui utilisent toutes sortes de trucs pour retarder des projets de loi populaires, si votre adversaire le fait, laissez-le continuer (point 38)!

De plus, vous devez vous assurer de garder de bonnes idées pour vos prochaines campagnes électorales. Si vous avez déjà mis en place toutes vos idées populaires lors d'un premier mandat, qu'allez-vous faire lors des mandats subséquents?

Aussi, certaines des lois populaires sont en fait inutiles et leurs effets positifs sont grandement exagérés. Ce n'est pas parce qu'une majorité pense que c'est une bonne idée, que ce l'est vraiment. Si vous introduisez la mesure populaire trop tôt et qu'avec les années, on s'aperçoit que c'est une mesure inutile, alors les gens vous en voudront personnellement. Si, par contre, vous venez à peine d'implanter la mesure alors que la nouvelle campagne se met en branle et que les résultats ne sont pas très probants, alors les gens seront plus patients en ce qui concerne les résultats. Vous leur expliquerez aussi que c'est une mesure à long terme. Essayez cependant d'éviter que personne ne parle de ce sujet lors d'une élection subséquente, ou peut-être allez-vous rechanger la loi (point 135).

La « technique du pont » est bonne pour trois élections. À la première élection, vous promettez le pont que tout le monde veut depuis longtemps. Ensuite, vous tergiversez à décider lesquels de vos amis recevront les contrats lucratifs relatifs au pont et combien

Les secrets du démocrate

vous allez vous-même recevoir directement ou indirectement. Juste avant la 2e élection, vous lancez les travaux et vous vous faites prendre en photo à la première pelletée de terre. Finalement, le pont est terminé juste avant la 3e élection et les gens vous en seront éternellement reconnaissants. Les gens sont heureux, les travaux ont créé des emplois et tout le monde vote pour vous. Évidemment, le pont aurait pu être construit à l'intérieur d'un premier mandat, mais n'en parlez pas.

Après ces trois élections, il faudrait que vous recommenciez le cycle, peut-être avec un viaduc, une autoroute, un train ou quelque chose d'autre.

137 - Adoptez de gros projets de lois au contenu disparate

Même s'il faut passer un grand nombre de lois pour donner l'impression de travailler fort, il est parfois très utile de passer des méga-lois avec toute une série d'éléments disparates pour résoudre des problèmes inexistants ou pour avantager ses amis.

Les gros projets de loi contiennent habituellement des éléments majeurs comme le budget de la future année financière ou des dépenses d'urgence à la suite d'un attentat terroriste ou d'une catastrophe naturelle. Ce sont ces éléments qui retiennent l'attention des gens.

Vous en profiterez pour inclure dans le projet de loi toutes sortes d'autres éléments, justement les choses que vous voulez passer, mais qui ne sont pas nécessairement populaires ou même utiles. Par exemple, vous pouvez inclure des mesures éliminant les possibilités d'extradition vers un pays dans lequel vous avez commis des erreurs (parfois appelés fraudes bancaires), diminuant les taxes à l'importation des produits que votre financier importe ou bien mettant sur pied une protection blindée sur mesure afin que vous ne puissiez pas être inculpé de crimes contre l'humanité (point 176).

Si vos adversaires veulent défaire votre projet de loi à cause des changements secondaires qui y sont inclus, alors vous les accusez d'être contre le financement des mesures d'urgence de gens qui en ont grandement besoin après un désastre, vous direz que les paiements de l'assurance-emploi ou des pensions de vieillesse ne seront pas faits.

L'idée est de forcer vos adversaires à voter pour la loi, ce qui solidifiera votre position par la suite. En effet, si votre adversaire vous accuse d'avoir changé les lois pour en bénéficier personnellement, vous direz simplement qu'il a aussi voté en faveur de cette loi.

Si votre adversaire décide de voter contre, vous l'accuserez de laisser tomber les personnes âgées et les sans-emploi. Vous ferez des annonces publicitaires le montrant en train de voter contre les mesures d'urgence pour les sinistrés.

Lorsque vous faites adopter de grosses lois comme les budgets, les plus petites choses passent souvent inaperçues. C'est dans ces situations que vous ajoutez aux lois les cadeaux pour vos amis. Parfois, plusieurs mois plus tard quelqu'un va se réveiller et vous demander pourquoi telle ou telle chose a été incluse dans le projet de loi. Vous leur répondrez que s'ils n'étaient pas d'accord, ils auraient dû le dire plus tôt, que c'est une drôle d'idée de soulever le point plusieurs mois après que la loi ait été adoptée. Lorsque ça fait longtemps qu'une mesure est adoptée, on a souvent l'air niais de soudainement y trouver à redire.

Vous profiterez aussi du déficit d'attention général de la population et des journalistes. Il semble que les gens ne puissent se concentrer que sur un petit nombre de choses à la fois. Même s'il se passe des dizaines et des dizaines d'événements importants chaque jour dans le pays, les médias se concentrent sur les éléments-clés. Plusieurs médias et adversaires ne lisent même pas les projets de loi, ils se contentent des sommaires et se fient à des étudiants qui travaillent pour eux à petits salaires et qui s'endorment en lisant les documents.

Souvent les entrevues que vous allez accorder seront très courtes et les journalistes vont se concentrer sur les sujets critiques. Ça vous donne l'occasion de passer en douce plusieurs autres choses. Si un individu veut souligner publiquement certaines de vos mesures controversées mais peu connues, il aura de la difficulté à le faire parce que les sujets présentés comme importants et critiques prendront toute la place. Si, de plus, vous contrôlez les médias (point 93), alors ce sera dans le sac.

138 - Pratiquez l'obstructionnisme

L'obstructionnisme est un couteau à deux tranchants. Il faut savoir l'utiliser adéquatement.

Traditionnellement, un élu obstrue le travail des autres sur les questions avec lesquelles il n'est pas d'accord, il retarde les procédures et essaie d'empêcher l'adoption des mesures qu'il n'aimerait pas voir passer. Inversement, il veut adopter les mesures qu'il soutient le plus rapidement possible. On a vu plus haut (point 136) qu'il ne faut pas nécessairement être pressé de faire adopter les lois qu'on favorise.

Inversement, il faut être stratégique dans son obstructionnisme. Il existe quelques situations de base.

Disons que le projet de votre adversaire est très bon et populaire, mais que vous y êtes personnellement opposé. Par exemple, il est question de hausser les impôts pour les riches. C'est une bonne solution pour éliminer les déficits et c'est très populaire puisque ça ne toucherait directement que 2 % de la population. Évidemment, ce serait négatif pour votre portefeuille ainsi que celui de vos amis. Vous serez alors tenté de faire le maximum d'obstructionnisme pour retarder l'adoption de cette loi. Cependant, ce serait une erreur. D'abord, vous allez vous aliéner la majorité de la population et, ensuite, vous serez perçu comme protégeant quelques méga-riches. Au contraire, vous devez vous assurer que le projet passe le plus tôt possible pour vous en débarrasser. C'est pour empêcher qu'on parle éternellement de cette question. Chassez-la du discours public. Rendez-la obsolète. Faites comme si c'était un vieux sujet dont il n'est plus utile de parler.

Pendant ce temps, vous direz à vos financiers et à quelques riches que vous allez renverser cette loi lorsque vous serez élu. Cela leur donnera un incitatif majeur pour voter pour vous, mais surtout, pour financer fortement votre campagne et vous aider à gagner. Ils seront fortement motivés et ils auront besoin de vous. Il n'y a rien de mieux que d'avoir des riches motivés pour vous aider.

Ironiquement, si votre obstructionnisme fonctionnait, cela stimulerait la majorité de la population contre vous, ce qui mettrait votre siège en péril. De plus, le sujet demeurerait le sujet d'actualité pendant une plus longue période. Cela vous ferait parler beaucoup plus longtemps d'un sujet qui vous rend impopulaire. On s'interrogerait sur vos motivations. Et si vous pouvez bloquer ce genre de mesure en étant dans l'opposition, les riches n'auront pas intérêt à vous amener au pouvoir.

Si le projet de votre adversaire est bon mais peu populaire, alors cette fois-ci vous devez calculer à quel moment les avantages devraient se faire sentir. Est-ce avant, pendant ou après les prochaines élections? Si c'est avant ou pendant, vous devez soit

Les secrets du démocrate

laisser passer le tout le plus tôt possible pour que l'effet s'estompe avant l'élection ou, si vous faites de l'obstructionnisme, vous devez veiller à ce que ça ne passe pas avant l'élection. Étant donné que c'est impopulaire, vous serez vu comme un vaillant chevalier travaillant dans l'intérêt du peuple.

Si le projet de loi de votre adversaire est mauvais et impopulaire, contrairement à l'opinion générale, vous devez vous assurer qu'il passe en faisant semblant de faire de l'obstructionnisme, mais sans en faire réellement. Préférablement, son projet passerait avant l'élection et suffisamment tôt pour que ses effets pervers paraissent et puissent être documentés. Si votre adversaire essaie de passer la loi en début de mandat, faites de l'obstruction pour que ça passe plus tard et pour garder le sujet dans les conversations longtemps. Si la mauvaise mesure est annoncée avant les élections, alors assurez-vous que ça passe. Ne faites pas d'obstructionnisme inutile, il faut que cette erreur de votre adversaire passe. Vous pouvez dire que vous allez vous opposer avec toute votre énergie contre ce projet, mais trouvez une façon de le faire passer.

Finalement, si le projet de votre adversaire est mauvais mais populaire, faites-le passer le plus tôt possible et les gens auront ainsi plus de temps pour s'apercevoir de leur erreur. Faites seulement semblant de faire de l'obstruction. Parfois, ça prend du temps pour faire changer l'opinion publique, mais l'idéal serait que les gens aient le temps de s'apercevoir, juste avant la prochaine élection, à quel point le projet était mauvais.

L'ironie avec l'obstructionnisme, c'est que souvent il ne faut pas en faire contre les choses qu'on déteste, mais plutôt contre les choses qu'on approuve. Parfois, il faut aussi « s'auto-obstruer » (point 136).

139 - Ne gaspillez jamais une bonne crise

Lorsque vous serez au pouvoir, il y aura de nombreuses crises de tout genre, parfois à cause de vous, souvent en raison de facteurs externes, et parfois les supposées crises seront inventées de toutes pièces.

Certains néophytes paniquent lors de ces situations, mais pendant ce temps, vous vous frottez les mains; en effet, toute crise est une excellente occasion en soi, il s'agit de savoir en profiter.

Afin de pouvoir effectuer des changements majeurs, il faut des crises majeures. Sinon, vous risquez difficilement d'avoir le soutien des gens. En effet, pourquoi changerions-nous un système qui fonctionne bien?

Disons qu'une personne meurt dans une urgence et que cela devient un cas très médiatisé. La mort aurait-elle pu être évitée? Le système de classement des priorités est-il efficace? Devrait-on revoir le système?

Pendant ce temps, vous voudriez éliminer le régime de santé public pour le remplacer par un régime privé surtout accessible aux riches et beaucoup plus rapide pour ces derniers. Cela permettrait aussi à vos amis de s'en mettre plus dans les poches. Cependant, vous n'avez pas le soutien de la population, surtout de ceux qui ne pourraient pas se payer un régime privé.

Vous devez donc profiter de la mort de personnes dans les urgences ou sur les listes d'attentes pour critiquer sans fin le régime public et imposer un régime privé qui, apparemment, sauvera des vies. Exagérez fortement la crise; agissez comme si un grand nombre de personnes mouraient tous les jours à cause du régime public. Parlez souvent et longtemps des personnes décédées; s'il pouvait y avoir une figure publique dans le lot, ça aiderait encore plus! Et s'il pouvait s'y trouver un adversaire politique ou social, vous feriez d'une pierre deux coups!

C'est le même principe s'il y a un attentat à la bombe ou une attaque terroriste. Profitez-en pour justifier l'espionnage généralisé, recueillez tous les courriels écrits à travers le monde, dépensez des milliards en sécurité dans les compagnies de vos amis, mettez sur pied des écoles de torture. Profitez-en pour envahir plusieurs pays. N'oubliez pas de prendre les photos nues des gens qui veulent prendre l'avion, vous passerez ainsi des soirées agréables à regarder des photos. Ces dernières peuvent d'ailleurs être vendues sur le marché noir à des prix intéressants ou être utilisées pour embarrasser un adversaire.

Le même principe s'applique s'il n'y a plus de poissons dans des communautés qui dépendent de cette ressource, si les cours du pétrole sont trop hauts ou trop bas, s'il y a des manifestations monstres contre vous. C'est parfait. Profitez-en pour augmenter les

Les secrets du démocrate

pouvoirs des policiers (et les vôtres) et ainsi vous rapprocher de l'état policier souhaité.

Profitez des crises pour augmenter les possibilités d'arrestations sans causes, de détentions illimitées et d'arrestations de groupes prétendument violents (vos ennemis politiques, par exemple). Profitez-en pour changer la constitution et les lois en votre faveur.

S'il n'y a pas de crise dans le domaine que vous voulez changer, établissez une stratégie de création de crises majeures. S'il y en a une en vue, ne faites rien pour l'empêcher de se développer. Laissez-la prendre de l'ampleur et ensuite imposez vos changements radicaux.

Par exemple, si les gens achètent des maisons trop chères pour leurs moyens et qu'il y a une hausse des taux d'intérêt, il y aura nécessairement crise de l'immobilier puisque la majorité des gens ne pourront plus payer leur hypothèque. C'est excellent; ainsi il y aura des reprises de possessions, ce qui vous permettra, à vous et à vos amis, de racheter des propriétés de rêve à bas prix. Vous pourrez aussi acheter plusieurs propriétés et les louer, une façon facile et légale de faire beaucoup d'argent. Finalement, les frustrations des gens risquent de créer de la violence, ce qui aidera à justifier l'état policier. Ce genre de problèmes affectera surtout les pauvres et ils ne votent pas pour vous.

140 - Des temps exceptionnels demandent des mesures exceptionnelles

Cette fameuse phrase, utilisée dans de nombreux livres et films, vous donnera l'occasion de radicalement changer la société et le système politique de votre entité.

Des problèmes majeurs et des catastrophes nationales vous permettront de tout changer. Plus que de changer des lois à votre avantage, il s'agit ici de changer le cours de l'histoire, d'imposer une nouvelle idéologie, de devenir l'élu le plus connu de l'histoire de votre pays. Il ne s'agit pas seulement de prendre ou de garder le pouvoir mais de se l'assurer à vie.

Même s'il y a des crises ou des catastrophes de tout genre, il sera parfois difficile de changer le tissu de la société. Il est recommandé de changer la société étape par étape, de prendre son temps de manière à ce que les gens ne s'aperçoivent pas trop de ce que vous faites sauf, évidemment, en cas de crises ou de catastrophes majeures.

Mais disons que ce que vous voulez vraiment faire, outre que de devenir extrêmement riche et puissant, c'est d'éliminer les autres partis politiques, de museler la presse négative et de licencier de nombreux travailleurs du secteur public que vous n'aimez pas.

La méthode pour y parvenir est de créer un déficit monstre dans le pays en envoyant des milliards directement ou indirectement à ses amis via des contrats plus ou moins bidon. Ensuite, étant donné l'ampleur du déficit, vous justifiez des coupes mesquines justement dans les secteurs que voulez voir disparaître. Vous éliminez le financement des autres partis politiques et réduisez leur capacité de survivre, ensuite vous éliminez les publicités gouvernementales dans les médias que vous n'aimez pas tout en imposant de nouvelles taxes loufoques sur l'affichage. Enfin, vous éliminez les postes des fonctionnaires que vous n'aimez pas et vous éliminez ou vendez les organismes publics que vous détestez.

Lorsqu'on vous interrogera là-dessus, vous répondrez que vous n'aviez pas le choix compte tenu de l'ampleur du déficit. Profitez-en aussi pour éliminer les syndicats de la fonction publique et pour réduire les pouvoirs des travailleurs. Cela avantagera l'employeur (vous), qui s'adonne justement à être aussi le législateur.

Profitez-en aussi pour éliminer des postes de juges (ceux et celles qui prennent les mauvaises décisions selon votre perspective), notamment à la cour suprême.

Continuez à aider vos serviteurs (les élus qui suivent vos consignes) et à écraser les autres. Bientôt, vous aurez le pouvoir absolu sur le pays. Vous pourrez donc changer les clauses constitutionnelles et la charte des droits et libertés à votre guise.

Les secrets du démocrate

Les temps exceptionnels sont une excellente occasion pour emprisonner à vie vos opposants et pour remettre indéfiniment de futures élections si vous êtes sur le point de les perdre.

Les guerres sont aussi d'excellentes raisons pour justifier n'importe quoi. Si la guerre est permanente, comme la guerre contre le terrorisme, alors c'est encore mieux. Cela vous permet de tuer extrajudiciairement tous ceux qui s'opposent à vous ou que vous n'aimez pas. Faites semblant que ce sont vos fonctionnaires, et non pas vous, qui décident qui sera tué, au cas où il y aurait des erreurs... et il y en aura. Expliquez aux gens que des critères objectifs ont été établis, mais qu'ils sont secrets et ne seront jamais dévoilés.

141 - Les mesures permanentes dites temporaires

Si vos mesures sont parfois difficiles à avaler pour la population, présentez-les comme des mesures temporaires; en effet, vous forcez un changement impopulaire, mais vous convainquez les gens en leur disant que c'est temporaire, dû à la crise actuelle, mais que ça va changer plus tard. Évidemment, vous ne changerez rien plus tard.

C'est ainsi que l'impôt sur le revenu a été créé. Initialement, c'était pour soutenir l'effort de guerre, mais surprise! surprise! De nombreuses décennies plus tard, il est toujours en place.

C'est le même principe qu'une taxe pour bâtir et financer un stade olympique. Vous expliquez aux gens que c'est temporaire, mais vous gardez la taxe bien après que vous avez fini de repayer le tout. Si jamais les critiques sont trop acerbes, enlevez cette taxe temporaire pour la remplacer par une autre équivalente.

Il semble que les gens soient psychologiquement plus disposés à accepter une mauvaise mesure en sachant qu'elle est temporaire. Cela vous donne aussi un argument de plus pour défendre la mesure. Alors qu'il vous serait difficile d'expliquer en quoi la mesure est bonne, vous vous en sortirez en insistant sur le fait qu'elle est temporaire.

Vous avez besoin de soldats pour aller faire vos petites guerres à travers le monde, mais ils doivent s'attendre à se faire tuer sans raison et pour un très petit salaire? Alors, imposez la conscription de manière temporaire... ça donne aussi l'illusion à plusieurs qu'ils ne seront pas directement touchés par la mesure.

Il y a des problèmes sociaux que vous avez causés et qui sont difficiles à contrôler? Alors, donnez-vous, à vous-même et à la sécurité publique, des pouvoirs temporaires... mais ne retirez jamais plus ces pouvoirs à moins que ce soit pour les remplacer par des semblables.

Une fois qu'on est habitué à des mesures temporaires, on ressent un manque à l'idée de ne plus les avoir. Quand on a moins de sécurité qu'à l'habitude, on a tendance à penser qu'on n'est pas en sécurité. Quand on a eu beaucoup de pouvoirs, on n'estime pas normal d'en avoir moins. C'est pourquoi réduire ses propres pouvoirs ou éliminer des pouvoirs temporaires est peu fréquent.

142 - Demandez des sacrifices aux autres

Le temps de crise est idéal pour demander des sacrifices aux gens. Les gens comprennent habituellement l'extrême gravité de la situation et peuvent être plus susceptibles d'accepter certains sacrifices. C'est dans cette situation que vous poussez l'enveloppe et exigez plus de sacrifices.

Évidemment, l'idée, c'est que les autres se sacrifient; si c'était vous qui deviez le faire, alors vous n'auriez pas d'incitatifs à demander des sacrifices.

Disons qu'un avion a été détourné et que la sécurité aéronautique a été remise en doute. Vous informez les gens qu'ils devront faire des sacrifices par souci de sécurité. Vous imposez des montants supplémentaires (mais n'appelez pas cela des taxes!), vous augmentez les caméras de sécurité achetées à vos amis, vous tâtez plus les gens et vous les obligez à se présenter plus tôt aux aéroports dans l'idée qu'ils dépenseront peut-être plus, ce qui vous fournira plus de taxes. Vous haussez les prix des passeports afin de vous donner un surplus pour faire une réunion internationale qui vous mettra en valeur. Bref, vous imposez toute une série de sacrifices aux autres. Cela vous donnera même plus d'argent pour acheter le vote des gens (point 65).

Pendant ce temps, pour vous, c'est la même chose qu'avant. Étant donné votre statut, vous ne payez pas personnellement pour vous déplacer, vous ne faites pas l'objet de fouilles intimes et vous n'avez pas à attendre des heures en raison de la sécurité.

Le fait que les autres se sacrifient alors que pour vous tout est normal est l'objectif recherché. Parfois, vous pouvez cependant faire semblant de vous sacrifier dans l'intérêt commun. Vous prenez par exemple une réduction de paye de 5 % alors que vous éliminez 100 000 emplois dans la fonction publique et que les pensions sont réduites de 25 %. Vous expliquez ensuite aux gens que vous vous sacrifiez fortement, vous aussi, pour le bien commun.

143 - Conservez un adversaire faible

En politique, vous aurez de nombreux adversaires, que ce soit au niveau local ou national. Certains d'entre eux seront des faibles qui n'ont aucune chance de gagner quoi que ce soit. Dans ces cas-là, votre instinct sera probablement d'éliminer cet adversaire vulnérable, mais au contraire vous devez le garder en poste.

Si vous éliminez un adversaire faible et qu'il est remplacé par un plus fort, alors vous serez perdant. Plus vous garderez un concurrent faible longtemps, mieux ce sera. Dans plusieurs cas, d'autres personnes de son parti voudront le voir partir, mais vous devrez vous arranger pour qu'il reste.

Votre adversaire commet de nombreux lapsus dans ses discours? Il n'est pas un leader et il n'y a pas de discipline dans son parti? Son parti s'entredéchire continuellement sur la place publique? Parfait, gardez cet adversaire en place. Tentez de nuire à ses adversaires, à l'intérieur de son parti, qui voudraient prendre sa place. Gardez les adversaires mous et si jamais ils prennent de la force, ce sera un jeu d'enfant pour vous de les assommer.

Vous devez contrôler vos inhibitions démocratiques. Si votre adversaire principal est très faible, retenez-vous de mettre fin immédiatement à sa carrière politique.

144 - Les ennemis à l'intérieur du parti

Les nouveaux démocrates naïfs arrivent dans un parti et considèrent les gens de leur parti comme étant des alliés et les gens des autres partis comme étant des adversaires ou des ennemis. Cette vision simpliste est la cause de plusieurs problèmes.

Au contraire, la plupart du temps, vous aurez au moins autant d'adversaires dans votre parti qu'à l'extérieur du parti. Ne tenez pas pour acquis que vos alliés vont vous aider. Méfiez-vous de votre propre parti.

Malgré de belles images publiques, les démocrates de votre parti seront souvent contrôlants, manipulateurs, et vous aideront seulement si ça leur rapporte personnellement. Des intellectuels qui se sont lancés sur le tard en politique ont compris cela, mais beaucoup trop tard.

D'abord, vous devez considérer les autres politiciens comme des opportunistes. Ils ne sont pas là pour vous aider ou pour aider l'humanité, ils sont là pour leurs intérêts personnels. Ils ont des comptes à rendre à leur financier et ils sont souvent sous les ordres d'intérêts privés. Il serait utile de savoir qui contrôle quel politicien et quels sont les buts de ces personnes.

Si vous commettez des erreurs embarrassantes, vos « amis » de votre parti seront prêts à se débarrasser de vous rapidement; si vous faites de belles choses, ils voudront recevoir le mérite à votre place.

La plupart des démocrates sont frustrés. Il y a beaucoup de frustration au fait d'être dans l'opposition et de ne pas détenir de pouvoir ou très peu. On est heureux de se retrouver au pouvoir, mais on s'aperçoit souvent qu'on n'en a pas tant que ça. Le vrai pouvoir est concentré dans les mains de très peu de personnes, peut-être même d'une seule. Cela fait beaucoup de mécontents. Certains sont cependant heureux de leurs salaires et de leurs conditions de travail.

Cependant, dans l'ombre de tout politicien se cachent toujours d'autres démocrates prêts à lui planter un poignard dans le dos à la première occasion. Quand on n'a ni argent ni pouvoir, personne ne veut prendre votre place, mais quand on en a ou que l'on a l'air d'en avoir, alors plusieurs veulent vous évincer.

Vous pouvez lire les batailles menées par le démocrate Joseph Staline afin d'obtenir le pouvoir. Vous noterez que la quasi-totalité de ses luttes de pouvoir épiques ont été à l'intérieur de son propre parti.

Méfiez-vous de vos alliés, enquêtez sur eux, ayez une liste de scandales en poche pour les dénigrer en cas de besoin. Faites comme Edgar Hoover et soyez prêt à combattre tout présumé allié.

Vous devez savoir que vos alliés ne le seront peut-être que

temporairement. Ils veulent aussi monter et avoir des promotions, ils veulent possiblement prendre votre place. Vous devrez pressentir qui va vous trahir et quand.

Si vous êtes le leader de votre parti, essayez d'éviter qu'il y ait des candidats pressentis à votre succession. S'il y en a, ça peut en encourager plusieurs à vous évincer dès qu'il y a des problèmes. S'il n'y a pas de successeur clair, alors les gens seront plus hésitants à vouloir vous changer pour un autre dont on ne connaît pas l'identité et dont on n'est pas certain qu'il possède les qualités et l'expérience nécessaires pour faire le travail.

C'est pourquoi, en tant que leader, vous devez vous entourer de gens qui sont d'abord et avant tout très fiables et très fidèles. Ne prenez pas les meilleurs, prenez les plus sûrs. Choisissez ceux qui sont prêts à prendre une balle pour vous.

Présentez de vous l'image d'une personne en forme et en poste pour longtemps. Les couteaux vont s'aiguiser s'il plane des rumeurs que vous pourriez partir bientôt.

145 - Faites des recherches avant d'accepter un candidat

Avant d'accepter un nouveau candidat dans votre parti politique, faites de longues recherches sur cette personne. Faites-lui remplir un très long questionnaire, étudiez en détail ce qu'il a dit et écrit dans le passé. Veillez à ce qu'il n'y ait rien de trop controversé, rien qui ne puisse mettre votre parti dans le pétrin. Prenez le droit de lire tous les courriels et autres messages qu'il a envoyés ou reçus dans sa vie.

Assurez-vous qu'il n'a pas commis de crime dans le passé puisque les électeurs n'aiment pas trop les criminels.

Commencez cette méthode de scrutage des candidats à la loupe après vous sinon, il se pourrait que vous ne soyez jamais accepté dans le parti.

Cette méthode vous permettra d'éliminer les pommes pourries qui peuvent nuire à votre parti. Vous ne voulez pas passer des semaines à expliquer comment il se fait que vous ayez un imbécile comme candidat dans telle circonscription. Ensuite, remplacer un candidat, surtout élu, est assez difficile. S'il reste, il sera certainement mécontent de ne pas être pressenti pour aucun poste important.

Ensuite, les recherches vous aideront à trouver les faiblesses de chaque candidat, ce qui pourrait vous aider si vous avez à éliminer démocratiquement ces candidats plus tard. S'ils omettent d'écrire des choses importantes, vous les accuserez d'avoir induit en erreur tout le monde.

Mais ce qui est surtout important lorsque vous analysez les demandes de candidatures, c'est de déterminer si le candidat vous apporte quelque chose. A-t-il des valeurs et des opinions semblables aux vôtres? Est-il en admiration devant vous? Est-il prêt à prendre une balle dans l'estomac pour vous? Est-ce le genre de candidat ambitieux qui voudra prendre votre place plus tard? Ses opinions sont-elles alignées sur les vôtres ou sur celles de vos principaux opposants à l'intérieur du parti?

Officiellement, vous étudiez de manière objective sa candidature mais, officieusement, vous devez sélectionner les meilleures personnes pour vous.

C'est pourquoi, si vous êtes le chef du parti, vous devez vous donner personnellement le droit d'approuver ou non tous les candidats. Si vous voulez prendre la direction du parti, essayer d'obtenir le plus de poids possible dans le processus de sélection des candidats.

Certains veulent être candidats, peu importe le parti, ou bien voudront se présenter comme indépendants après avoir été rejetés

Lisez ce livre en secret

par vous. Le fait d'avoir ses informations personnelles, tous les documents qu'il a écrits ainsi qu'une liste de choses qui pourraient l'embarrasser vous aidera certainement lors des prochaines élections si ce candidat finit par se présenter contre vous.

146 - Attribuez-vous le mérite du bon fonctionnement de l'économie

Lorsque l'économie va bien et uniquement lorsque celle-ci va bien, vous devez vous attribuer le mérite de son bon fonctionnement même si vous n'y êtes pour absolument rien. Prenez la responsabilité de tout ce qui va bien. Expliquez que ce sont les lois et les mesures que vous avez mises en place qui font que l'économie se comporte de la bonne façon.

Expliquez que c'est le rôle de tout bon gouvernement de mettre en place un contexte favorable au développement économique et que c'est justement ce que vous avez fait au cours de votre mandat.

Ce principe s'applique à tout ce qui va bien. Vous devez convaincre, notamment les médias que vous contrôlez, que tout ce qui va bien dans le pays est dû à votre travail personnel. Vous voulez que les gens vous associent, consciemment ou inconsciemment, aux choses qui fonctionnent bien, comme l'économie.

Essayez cependant que ce soit vos partisans et vos médias qui portent ce message plutôt que vous personnellement, car votre arrogance pourrait devenir trop évidente.

Évidemment, vous devez utiliser l'approche inverse lorsque l'économie ou tout autre domaine va mal. Vous expliquez en long et en large que ce n'est ni de votre faute ni de celle de votre gouvernement si cela va mal. Vous jetez le blâme sur les marchés internationaux, les banquiers, les catastrophes naturelles, les gouvernements précédents, etc. N'oubliez pas de jeter une bonne partie du blâme sur les partis d'opposition ainsi que sur les gouvernements régionaux et locaux lorsqu'ils ne sont pas vos alliés. Vous voulez que le message soit clair, c'est-à-dire que vous n'êtes responsable d'aucun des problèmes, mais de toutes les bonnes choses.

147 - Baissez les taxes et les impôts, mais haussez les frais indirects

Outre les politiciens, s'il y a une chose que les gens détestent fortement, ce sont bel et bien les taxes et les impôts. De nombreuses personnes ne comprennent pas bien l'utilité de ces choses essentielles à votre enrichissement personnel, ainsi qu'à celui de vos amis. Par conséquent, vous devez adopter le bon message populiste, c'est-à-dire que vous allez baisser les taxes et les impôts.

Essayez de faire cela de manière répétitive pour qu'on parle souvent de vos baisses de taxes. Trop souvent, un démocrate baisse les impôts une fois en début de mandat, mais plus personne ne parle de cela plus tard, notamment aux élections suivantes. C'est pourquoi il est bon de revenir sur la baisse des taxes et des impôts chaque année.

Évidemment, vous devez annoncer ces baisses en grande pompe. Dépensez également des millions de dollars afin que cela soit publicisé dans les différents médias. Essayez de convaincre les gens que vous leur mettez plus d'argent dans les poches. Présentez-vous comme le coupeur de taxes et d'impôts.

Évidemment, vous allez vous apercevoir assez rapidement que vos diminutions de taxes et d'impôts auront des effets désastreux sur les finances publiques (mais pas sur vos finances personnelles). Avec la hausse d'à peu près toutes vos dépenses (par exemple, le prix des sous-marins nucléaires ne baisse pas souvent), il deviendra de plus en plus difficile de boucler le budget. Cela pourrait faire monter le service de la dette et causer une cascade de problèmes.

Votre course aux armements ainsi que votre sécurité personnelle et votre état policier risquent de coûter de plus en plus cher au moment même où vous baissez les impôts. Vous risquez de ne plus avoir assez d'argent pour offrir des cadeaux prestigieux aux autres chefs d'État lors des réunions internationales. C'est pourquoi vous devez baisser les taxes et les impôts, mais vous devez hausser les frais indirects en même temps de manière à compenser les baisses, ou même à vous retrouver avec plus d'argent qu'au départ.

Il existe toutes sortes de frais que vous pouvez augmenter, comme le transport en commun qui se trouve sous votre juridiction, les péages, les frais de service (notamment montez radicalement les frais de demande d'accès à l'information, ça va faire d'une pierre deux coups, voir le point 127).

Les secrets du démocrate

Augmentez aussi les permis de conduire, les stationnements, les tarifs électriques, les frais scolaires, etc., ne manquez surtout pas d'imagination lorsqu'il est temps de hausser le coût des services.

L'important est que vous allez pouvoir récupérer les sommes que vous avez perdues en baissant les taxes et les impôts. Cela vous permettra de vous vanter à juste titre que vous avez baissé radicalement et fréquemment les impôts. Ne dites pas aux gens que vous récupérez au moins l'équivalent indirectement.

L'autre chose qui se passe lorsqu'on baisse les taxes et les impôts, c'est que les entreprises ne baissent pas nécessairement les prix proportionnellement. Souvent, elles mettent l'équivalent d'une baisse de taxes dans leurs poches. Cela sera intéressant pour vos financiers. Quant aux baisses d'impôts sur le revenu, elles ont tendance à avantager les riches (justement comme vous et votre financier) et peuvent créer de l'inflation, ce qui nuit fortement surtout aux pauvres et c'est de bon augure, car ils ne pourront pas faire de contributions financières à votre adversaire).

Faites vos campagnes sur le thème des diminutions d'impôts, vous pourrez attraper de nombreux poissons en baissant les taxes et les impôts mais en haussant de nombreux autres frais.

148 - La déclaration de revenus qui paye les gens

Une des choses que les gens détestent le plus est évidemment la fameuse déclaration de revenus. Cette période de l'année n'est pas propice au déclenchement d'élections si vous êtes au pouvoir puisque la haine de la population envers les politiciens en place est encore plus élevée qu'à l'habitude.

D'abord, conservez des déclarations de revenus longues et complexes, cela fera en sorte que seulement les personnes qui s'y connaissent (comme vous et votre financier) pourront prendre avantage de toutes les déductions.

En général, la déclaration annuelle d'impôt fonctionne de la façon suivante. Les gens calculent l'impôt qu'ils auraient dû payer l'année précédente. S'ils n'ont pas payé assez d'impôt, ils doivent débourser la différence et ils sont en furie contre vous. S'ils ont payé trop d'impôt, alors ils obtiennent un remboursement et ils sont très heureux. Dans la réalité, le montant est symbolique parce que vous ne faites que recevoir un montant qui de toute façon vous était dû. Même chose si vous devez payer un montant suivant votre déclaration de revenus; dans ce cas, c'est que vous n'avez pas payé assez d'impôt au cours de l'année.

Une personne qui gagne 50 000 $ par année et qui reçoit un remboursement de 1 000 $ à la fin de l'année n'est pas plus riche qu'une personne qui gagne 50 000 $ et qui doit payer 1 000 $ à la fin de l'année si les deux sont dans les mêmes circonstances. La différence est qu'une a trop payé d'impôt au cours de l'année, alors que l'autre n'en a pas payé assez, mais les deux se retrouvent avec le même montant en tout.

Cependant, la plupart des gens ne comprennent pas bien les impôts, ils ne connaissent pas bien les mathématiques et la comptabilité, peuvent être sujets à des déficits d'attention et, bref, ne comprennent pas du tout comment les impôts fonctionnent. Vous profiterez alors de leur ignorance.

Même si les gens ne se retrouvent pas avec plus d'argent en termes réels, ils ont l'impression d'avoir plus d'argent s'ils reçoivent un chèque suite à leur déclaration de revenus. De plus, ça leur donne une opinion plus favorable du gouvernement au pouvoir et donc, de vous.

Vous devrez donc trouver un moyen pour que l'immense majorité des contribuables reçoive de l'argent après avoir fait leur déclaration. Il existe plusieurs méthodes pour ce faire, mais l'idée principale est de retenir trop d'argent à la base.

La technique de base se présente ainsi. Les entreprises et les gouvernements retiennent une importante somme d'argent sur chaque paye. Ensuite, à la fin de chaque année, vous réduisez le pourcentage d'impôt, haussez des crédits ou le montant des

Les secrets du démocrate

déductions de base de manière à ce que la majorité des gens n'aient pas de paiements additionnels à faire et reçoivent, au contraire, des sommes intéressantes.

Évidemment, au début de l'année, vous aviez déjà prévu faire le mouvement de dernière minute, mais vous ne l'avez pas dit. L'idée est que les gens aient le sourire après avoir fait leur déclaration puisqu'ils recevront de l'argent et seront alors plus susceptibles d'avoir une opinion favorable de vous. Ils risquent moins de se révolter contre votre style autoritaire.

Ils auront l'impression d'avoir plus d'argent, mais en vérité, ils ne feront que collecter l'argent qui, de toute façon, leur était dû depuis le début. Ils ne seront pas plus riches, mais ils en auront l'impression.

Payez les gens qui remplissent leur déclaration de revenus, cela réduira l'impression que vous les volez.

149 - Changez la façon de compter

Nous habitons dans un monde de statistiques. Tous les jours, nous sommes inondés de statistiques de tout genre, notamment sur l'économie. Vous serez jugé en partie sur les statistiques, mais celles-ci ne seront pas toujours en votre faveur.

Si votre région exporte principalement quelques produits dont les prix sur les marchés mondiaux sont fortement à la baisse, cela nuira fortement à votre économie. Si les cours des produits essentiels que vous importez augmentent fortement pour des raisons hors de votre contrôle, alors il vous sera difficile de contrôler l'inflation. Ces facteurs risquent d'augmenter vos dépenses et de diminuer vos revenus, et donc d'augmenter votre déficit. Qui plus est, si le salaire des travailleurs publics que vous n'aimez pas est lié à l'inflation, alors vous devrez augmenter radicalement les salaires tout comme toutes les pensions et tous les bénéfices de gens que vous n'aimez pas. Finalement, votre ego et votre réputation de bon administrateur des fonds publics pourraient être remis en question. Pire, s'il y a plus d'un parti politique dans votre pays, vous pourriez perdre vos élections.

Bref, vous voulez éliminer tous ces problèmes en donnant l'impression que tout va bien. Si vous n'êtes pas capable d'améliorer les chiffres tels que comptés présentement, vous devrez alors changer la façon de calculer les choses dans le but d'obtenir de meilleurs résultats. Lisez les méthodes qui ont été attribuées notamment à Margaret Thatcher sur ce sujet.

En ce qui concerne le taux de chômage, vous devez changer la méthode de calcul afin de le faire baisser. Interrogez les gens pour savoir s'ils cherchent activement un emploi; s'ils répondent « non », alors ne les comptez pas comme sans-emploi puisqu'ils ne cherchent pas. Ne comptez pas non plus ceux qui travaillent à temps partiel, mais qui voudraient travailler à temps plein; n'incluez pas les handicapés physiques ou mentaux permanents ou temporaires (comme cela, le nombre officiel de sans-emplois sera beaucoup plus bas).

Vous pouvez par contre inclure les prisonniers qui travaillent, question de hausser les statistiques, mais n'incluez pas ceux qui ne travaillent pas. Si les sondages se font auprès des 15 à 64 ans par exemple, et que les 15 à 17 ans ont un taux de chômage particulièrement élevé, alors retirez-les de vos statistiques, calculez à partir de 18 ans. Ceux qui travaillent et qui suivent des cours doivent être inclus, mais ceux qui ne travaillent pas et qui suivent des cours ne doivent pas faire partie des calculs. Ainsi, vous améliorerez les statistiques.

Vous devez prendre toutes les données et les changer afin de faire baisser le nombre officiel de sans-emploi. Faites cela graduellement. Par exemple, vous changez quelques petites choses ici et là chaque année et vous donnez un grand coup l'année de l'élection pour que vous puissiez présenter de très bons résultats.

Aussi, cela vous permet de vous comparer avantageusement aux autres pays qui calculent leur taux de chômage de manière plus rigoureuse. Cela vous aidera à dire que ça va très bien dans votre pays par rapport aux autres.

C'est le même principe pour l'inflation. Vous aurez avantage à vouloir diminuer le taux officiel d'inflation sauf dans des cas extrêmes de déflation où vous voudrez alors augmenter l'inflation.

Rien de plus facile, vous devrez ajuster le panier de consommation qui sert au calcul du taux d'inflation de manière à obtenir le résultat voulu.

Si vous voulez réduire le taux officiel d'inflation, alors enlevez du panier de consommation les articles périssables comme l'essence et la nourriture, soit des produits qui sont achetés fréquemment. Remplacez-les par des produits que les gens achètent rarement et qui justement s'avèrent ne pas fluctuer autant, comme des sécheuses et des drapeaux. Si jamais ces produits fluctuent trop à la hausse, alors remplacez-les par d'autres produits qui ne craignent pas la hausse des prix.

Vous devez décider d'abord du taux d'inflation que vous recherchez et vous choisissez ensuite la façon de calculer le taux et les articles sélectionnés de manière à arriver au taux que vous voulez obtenir.

L'un des plus grands pouvoirs que vous avez en tant que démocrate est celui de décider comment les choses se calculent. Veillez à ne pas perdre ce pouvoir ultime, il vous assure de bien paraître et vous permet de donner l'impression que les choses vont bien. Lorsque certains se plaindront des nombreux problèmes que vous avez créés dans le pays, alors vous leur indiquerez les statistiques extraordinaires que vous avez obtenues.

Assurez-vous de toujours avoir la possibilité de changer la façon de tout comptabiliser, vous devriez en avoir besoin à plusieurs reprises lors de vos mandats.

150 - Les secteurs privé et public

Au cours de votre carrière, vous aurez souvent la chance, ou la malchance, de vous adresser à des gens aux opinions diamétralement opposées et vous devrez adapter votre discours en fonction des opinions et des styles des gens. Il est certain qu'on ne s'adresse pas de la même façon à des scientifiques qu'à des sans-abris (en supposant que vous deviez absolument vous adresser à ces derniers).

C'est le même principe lorsque vous vous adressez aux fonctionnaires. D'abord, assurez-vous de ne pas être enregistré parce que ça pourrait faire scandale. En privé, vous devez leur dire comme ils sont bons et comme ils travaillent fort pour le pays, etc. N'épargnez pas les fleurs, mais assurez-vous que personne d'autre ne vous entende.

Vous avez avantage à leur lancer de bons mots, parce que sinon ils pourraient se mettre à travailler moins fort pour vous, à dévoiler secrètement des choses embarrassantes et à ternir votre image.

Cependant, l'ensemble du secteur privé, qui est normalement beaucoup plus nombreux que le secteur public, déteste habituellement ce dernier secteur étant donné que les salaires et les bénéfices y sont perçus comme étant plus généreux pour des gens qui travailleraient moins fort. Il y a aussi la question des taxes et des impôts relativement élevés qui servent à payer ces gens-là. Vous ne devez pas vous aliéner la majorité de la population, et surtout pas votre financier.

C'est pourquoi vous vous devez d'adopter une approche populiste et d'expliquer que vous réduirez le nombre de fonctionnaires, que vous réduirez les dépenses, que vous ajusterez les pensions, etc. Pendant ce temps, vous grossirez la fonction publique malgré le message contraire.

Plutôt que d'avoir des employés permanents, vous utiliserez des contractuels ou des employés temporaires. Il vous sera plus facile de mettre fin à leurs contrats s'ils parlent contre vous ou vous embarrassent. Il sera aussi plus facile de hausser leur salaire s'ils vous font honneur ou contribuent à votre caisse électorale. En conclusion, il y a plus de travailleurs autonomes et moins d'employés du secteur public.

Les contractuels ont souvent, par définition, un emploi précaire; alors ils tendent à vous lécher les pieds plus souvent.

Par exemple, si vous voulez faire des compressions dans la fonction publique, vous pouvez embaucher des amis qui, à 100 000 $ par jour, vous diront où faire les compressions. Évidemment, vous leur indiquerez où vous voulez qu'ils vous conseillent de faire ces coupures. Comme les honoraires que vous leur paierez par jour seront supérieurs au salaire annuel des fonctionnaires qu'ils vont couper, vous vous attendrez à ce qu'ils contribuent généreusement à votre caisse politique et à ce qu'ils vous écoutent attentivement de manière à obtenir un autre contrat semblable. En tout, vous ne dépenserez pas moins d'argent, mais il y en aura plus qui se retrouvera dans vos poches.

Le pouvoir de dépenser l'argent du secteur public est l'un de vos plus grands pouvoirs, ne le supprimez pas, car il vous donne un plus grand contrôle sur votre pays et sur le monde. Cependant, soyez populiste, ayez l'air de réduire les dépenses publiques et d'être un défenseur inconditionnel du secteur privé, qui a la réputation d'être plus innovateur et plus efficace. Allez par la suite dire à vos employés du secteur public à quel point ils sont bons.

Lorsque vous faites des restrictions dans le secteur public, ne dites pas que c'est vous qui en avez eu l'idée; dites plutôt que ce sont les experts (et cela, même si c'est vous qui le leur avez suggéré).

Ne perdez pas trop de temps à réconcilier les apparentes contradictions entre vos discours, ce serait inutile, mais visez parallèlement deux buts mutuellement exclusifs.

151 - Faites des sauvetages financiers, mais appelez cela différemment

Que ce soit ou non en raison de vos politiques, il est fort probable que de grandes entreprises de votre pays seront en danger à un point tel qu'elles auront besoin de l'aide des gouvernements pour survivre. Vous devrez donc vous demander s'il est dans votre intérêt personnel de les sauver ou non. Des milliers d'emplois et l'avenir de certaines régions seront en jeu.

De nombreux économistes purs et durs vous diront qu'il faut laisser ces entreprises faire faillite, que vous ne devez pas intervenir pour les sauver. Vous avez peut-être cette idéologie, mais il vaut mieux étudier l'impact de toute décision sur vos chances de réélection.

Est-ce que financer cette entreprise vous permettra de gagner ou de conserver des votes? Si oui, combien de votes et quel prix le public payera-t-il pour vos votes? Risquez-vous de perdre le vote de ces travailleurs ou sont-ils majoritairement des partisans de vos adversaires? Quel sera l'impact sur vos amis, sur les finances de votre parti, celles de votre financier et, bien évidemment, les vôtres?

Même si certains économistes vous le déconseillent, vous devrez de temps en temps aider les entreprises dépassées, mal gérées et non compétitives sous le prétexte fallacieux ou non de sauver les emplois et l'économie régionale, sinon l'impact électoral sera trop fort et vous risquerez de perdre vos élections.

L'important est que la majorité des gens conservent leurs emplois, au moins jusqu'aux prochaines élections. Si vous êtes perçu comme ayant joué un rôle positif, les électeurs seront plus susceptibles de voter pour vous et de financer votre campagne.

Quand vous vous adressez au reste des citoyens à travers le pays, qui seront outrés de l'aide que vous donnez à une seule entreprise, vous devrez minimiser cette aide. Ne qualifiez pas votre initiative de sauvetage financier, mais plutôt d'investissement stratégique. Parlez comme si ce genre de renflouement était normal et fréquent. Expliquez que vous ne faites pas cela pour des raisons partisanes, mais pour les intérêts supérieurs du pays. Vous n'agissez pas pour sauver les banquiers ou les grands dirigeants, mais plutôt l'économie de la région et du pays. Évoquez des scénarios catastrophiques si vous ne faites rien. Évidemment, s'il y a beaucoup de résistance, assurez-vous que ce sont d'autres personnes qui parlent, plutôt que vous (similaire au point 76, ne prenez pas trop souvent la parole pour parler de choses qui ne servent pas votre image).

Payez des économistes et d'autres spécialistes pour expliquer en long et en large publiquement en quoi vos actions sont nécessaires.

Les secrets du démocrate

Assurez-vous que des médias (idéalement contrôlés par vous) communiquent ces informations. Il faut que vous donniez l'impression d'être forcé de prendre ces mesures compte tenu de situations exceptionnelles.

Il est de votre devoir de faire ces investissements stratégiques, faites-les même si ça vous pue au nez. Ça se fait dans tous les pays... Cependant, si cette mesure ne vous apporte aucun vote (parce que cette région ne voterait jamais pour vous) ou qu'elle aide un des concurrents de votre financier (ou des vôtres), alors laissez l'entreprise faire une faillite incontrôlée.

Restez vague sur les règles à suivre au sujet des sauvetages financiers. Cela vous donnera la souplesse d'agir en fonction de vos intérêts. Des règles trop précises risquent de vous forcer de sauver des ennemis politiques.

Les sauvetages financiers vous permettront aussi de capitaliser les gains et de socialiser les pertes. C'est-à-dire que lorsque vos amis et vous produisez des gains, vous les gardez, mais lorsque vous faites des pertes, alors vous les faites payer par l'ensemble de la population, ce qui vous évite de devoir piger dans vos poches.

152 - Prenez aux pauvres pour donner aux riches

On a vu précédemment que la richesse est relative et que pour être riche, il faut nécessairement qu'il y ait des pauvres. Une fois rendus riches, les gens veulent généralement s'enrichir encore davantage, cela devient une obsession. C'est pourquoi votre financier, aussi riche soit-il, veut probablement le devenir encore plus. Vous suivrez probablement le même genre de cheminement. Même si vous êtes immensément riche, vos nombreux voyages chez les dirigeants des autres nations et des très grandes entreprises remettront le tout en perspective. En effet, même si vous êtes 100 fois plus riche que le citoyen moyen, il y a fort à parier que votre richesse ne fera pas le poids devant celle des dictateurs, monarques et despotes de cette terre. De plus, les dirigeants de grandes entreprises vous accueilleront dans des bureaux ou des résidences secondaires valant de nombreuses fois les vôtres. Vous réaliserez alors qu'il y a peut-être quelque chose que vous ne faites pas bien.

Mais d'abord, revenons aux méga-entreprises internationales. Elles sont continuellement en train d'essayer de développer de nouveaux marchés et de nouveaux produits, ce qui leur permet une bonne croissance économique. Elles innovent beaucoup, ou volent les idées d'innovations des plus petits et augmentent leurs chiffres de ventes, mais un jour, inévitablement, elles frappent un écueil.

Elles arrivent à leur maximum. Si elles ne peuvent plus s'étendre, elles sont déjà partout dans le monde où c'est rentable. Elles ne peuvent plus descendre les salaires, elles sont déjà aux salaires minimums là où c'est le plus bas. Elles tournent déjà les coins ronds en matière environnementale et de santé et sécurité. Elles invitent déjà les consommateurs à surconsommer leurs produits et à les remplacer même s'ils sont encore bons. Elles écrasent déjà leurs petits fournisseurs pour obtenir les meilleurs prix. Elles ont déjà les meilleures techniques de marketing... pire! Les administrateurs, possiblement des amis, trouvent leur emploi ennuyant et sans défi. Vos actions (dans ces compagnies) ne prennent plus beaucoup de valeur. C'est une sorte de cul-de-sac. Qu'allez-vous donc faire pour permettre aux riches (vous compris) d'être plus riches ?

Vous avez deux principales options. La première consiste à prendre à certains riches et à redonner à vos riches favoris. Cette méthode est risquée, car offenser des riches peut vous coûter très cher. Ils ont les moyens de vous liquider ou de vous rendre la vie difficile. Vous pouvez quand même passer des lois sur mesure pour ennuyer les riches que vous n'aimez pas tout en facilitant la vie de vos riches amis. Augmentez les normes environnementales et de sécurité dans les domaines où vos ennemis travaillent. Mettez en

Les secrets du démocrate

place des processus bureaucratiques longs et fastidieux. Retardez les choses aux douanes, ajoutez des frais supplémentaires, enquêtez sur les pratiques déloyales dans ce domaine. Évidemment, ne faites pas de sauvetages financiers dans ces domaines à moins que ce soit pour leur prendre la propriété de l'entreprise.

Néanmoins, le fait de prendre à certains riches pour donner à d'autres comporte des risques. C'est aussi d'autant plus compliqué que vos amis pourraient être dans le même domaine que vos ennemis, ce qui rend peu praticables certaines des options énumérées ci-haut parce que vous nuiriez à vos amis aussi.

Le truc est donc de prendre aux pauvres et de donner aux riches. Ça tombe bien qu'il y ait un très grand nombre de gens de la classe moyenne et des pauvres qui, généralement, ne votent pas pour vous. Cela vous permet de prendre un montant qui semble petit de la poche des pauvres et de le donner aux riches. Évidemment, vous inventerez des prétextes pour ce faire.

Par exemple, votre ami veut bâtir un nouveau stade, mais il ne veut pas dépenser ses propres milliards. Alors, vous décidez que bâtir le stade est d'intérêt public et que vous le bâtirez essentiellement à partir de fonds publics. Votre ami contribuera pour un infime montant et le stade lui appartiendra. Il donnera ensuite potentiellement des redevances au gouvernement, mais ces redevances seront hautement conditionnelles et seront du très long terme. La plupart des riches ont en effet beaucoup de dettes, mais l'important est qu'elles doivent être remboursées à très long terme.

Ce partenariat public-privé sera très avantageux pour votre ami, qui vous en devra une plus tard (ça pourrait être bon d'avoir un emploi à cet endroit après votre carrière politique).

Pour enrichir davantage vos amis riches, vous pourrez leur donner des subventions à la recherche, des contrats de construction ou de garderies publiques ou même des contrats militaires et autres. L'important est que l'argent passe de la population générale aux riches.

Par la suite, sous différents prétextes, réduisez les normes environnementales, cela permettra à vos amis de polluer davantage, ce qui est plus payant. Réduisez aussi le salaire minimum sous prétexte que les compagnies doivent être plus compétitives. Réduisez les normes de santé et de sécurité (mais ne réduisez pas votre budget personnel de sécurité) et, de manière générale, réduisez les obligations auxquelles les entreprises font face.

Ces mesures vont toutes dans la même direction générale, elles permettent aux riches de devenir encore plus riches et elles enlèvent des droits, du pouvoir ou de l'argent aux pauvres et aux travailleurs.

Évidemment, vous expliquerez que vous faites tout cela pour les intérêts supérieurs de votre pays, c'est pour attirer des investisseurs étrangers (surtout quand ça nuit à vos ennemis) et pour être compétitif internationalement. Expliquez aussi que cela créera des emplois... éventuellement, quelque part..., mais ne dites pas que ces emplois seront moins bons que ceux que vous avez éliminés.

L'idéal avec cette approche, c'est qu'elle semble sans fin. Il y aura toujours un pauvre quelque part à qui vous pourrez prendre son argent.

153 - Soyez 50 ans en arrière sur tout

Au cours de votre carrière, de nouvelles modes et tendances se développeront, certaines seront éphémères, d'autres plus permanentes. Parfois, suivre ces modes requiert énormément de temps et d'argent. La plupart des nouvelles tendances débutent au sein d'un groupe relativement restreint de marginaux, le genre de personnes avec lesquelles vous n'auriez probablement pas trop d'affinités étant donné qu'ils pourraient être anti-gouvernement ou, pire, anti-vous!

C'est ainsi que de nombreuses modes ont commencé, notamment les tatouages, les perçages, les divorces, les avortements, l'homosexualité, les relations sexuelles avec de multiples partenaires en même temps, etc.

Ne vous lancez pas trop tôt dans ces histoires, même si vous pensez que vous pourriez gagner en popularité auprès de ces groupes en faisant semblant d'être comme eux. Il n'y a pas d'intérêt à essayer de gagner le soutien des marginaux, qui, par définition, ne vous appuieront pas en grand nombre.

De plus, en faisant ce genre de choses, vous risquez d'aliéner les traditionalistes, qui sont généralement des personnes moins jeunes. Or puisque habituellement, les jeunes et les marginaux ne se déplacent pas en grand nombre pour aller voter, au contraire des autres, vous risquez de perdre beaucoup de votes dans l'échange.

Il n'y a pas trop d'avantages non plus à légaliser la prostitution ou les drogues même si votre financier œuvre dans ces domaines. D'abord, ces commerces sont plus profitables lorsqu'ils sont interdits; s'ils devenaient légaux, alors un très grand nombre de personnes et d'entreprises se lanceraient dans ces domaines. De plus, ils seraient alors forcés de payer des impôts. Ensuite, cela vous donnerait une mauvaise image auprès de ceux qui s'opposent fortement à ces pratiques.

D'ailleurs, si votre armée et vos services secrets sont financés secrètement par le commerce illicite de drogues, il serait particulièrement erroné de légaliser ces activités, ce qui réduirait considérablement le nombre de gadgets que vous pourriez leur offrir.

Il n'y pas d'avantages pour un démocrate à être à l'avant-garde des changements sociaux. Il vaut mieux confirmer une évolution lorsque tout le monde le fait, lorsque c'est devenu moralement acceptable dans votre société. Ne devancez pas l'évolution de la pensée, ne corrigez pas les injustices si vous n'avez pas le soutien d'une majorité sur le sujet. Ne vous occupez pas à satisfaire les groupuscules inconnus avant le jour où leurs points de vues deviennent majoritaires.

Lisez ce livre en secret

Aussi, tentez d'éviter les chirurgies esthétiques majeures si elles sont mal vues par la majorité de la population, qui n'a pas les moyens de se les payer. De plus, plusieurs sont d'avis que ce n'est pas naturel et qu'il devrait y avoir d'autres priorités dans la vie. Néanmoins, un jour, elles deviendront acceptables. C'est la roue qui tourne.

Pendant un certain temps, il était mal vu de mettre du rouge à lèvres parce que ce n'était pas naturel; aujourd'hui toutes les femmes le font et plusieurs hommes utilisent des produits pour embellir leurs lèvres.

Il est donc plus prudent de suivre les tendances et non pas de les devancer.

154 - Gérez stratégiquement votre ego

Généralement, les politiciens ont dès le départ des egos surdimensionnés, mais il arrive souvent que ceux-ci prennent des proportions épiques en cours de mandat. Vous pourriez alors avoir un ego incontrôlable et contre-productif qui pourrait vous nuire considérablement.

Il se peut que vous commenciez par avoir une approche d'ouverture envers les critiques et les opinions différentes; cependant, après un certain temps, alors que vous gagnez en confiance, disposez de plus d'information que tout le monde et avez une estime stratosphérique de vous-même, vous risquez de ne plus avoir trop de patience et de temps pour les attaques verbales contre votre personne.

Il semble que chaque homme ait un certain seuil de patience, et qu'une fois celui-ci atteint, des conséquences imprévisibles peuvent s'ensuivre. Vous pourriez perdre votre sang-froid et poser des gestes que vous regretteriez plus tard.

Tout d'abord, partout où vous allez, vous devez imposer le respect, de gré ou de force. Vous ne devez pas permettre aux autres de vous insulter, que ce soit au Parlement, lors de vos discours ou lors de vos sorties à des événements sportifs et culturels. Finalement, vous interdisez partout qu'on vous manque de respect. Vous justifiez cette exigence par le respect que les gens doivent à votre position (c'est-à-dire non pas parce que c'est vous qui occupez le poste, mais pour le poste lui-même).

Évidemment, avant de prendre le pouvoir, vous n'avez pas nécessairement suivi ces normes de respect et vous ne les suivrez pas si vous perdez le pouvoir, mais vous attribuez vos propres écarts de conduite à des situations vraiment exceptionnelles où vos adversaires ne méritaient aucun respect.

Vous imposerez également des normes élevées à tous les médias afin qu'ils vous présentent par votre titre et soutiennent le sentiment que vous avez légitimement mérité votre poste. Il s'agira d'une mesure nécessaire pour réduire le nombre de fois où vous serez accusé dans les médias d'être un voleur, un bandit, un corrompu, un tortionnaire, un assassin et un génocideur. Ces qualificatifs peuvent avoir l'effet d'être négatifs pour votre ego.

Lorsqu'on devient connu, on peut avoir tendance à aller sur Internet et à lire tous les articles qui paraissent sur soi dans tous les médias ainsi que tous les commentaires des internautes à travers le monde. Bien qu'il puisse être plaisant de lire les commentaires de certains, d'autres, possiblement la vaste majorité, pourraient être très négatifs et offenser votre ego. Il n'est donc pas nécessaire de perdre son temps à lire ces commentaires.

Lisez ce livre en secret

De temps en temps, il sera satisfaisant de prendre sa revanche sur certaines personnes qui attaquent votre ego. Pour faire cela, laissez passer un peu de temps afin de développer la bonne stratégie contre la personne qui a nui à votre honneur. Non seulement pourrez-vous aussi développer la meilleure approche, mais de plus, on aura l'impression que vos actions ne sont pas une réponse aux propos fallacieux que cette autre personne a tenus.

En effet, vous prenez votre revanche sur les gens qui vous ont humilié, mais sans que cela soit trop évident. Par exemple, ces gens perdent leurs emplois subitement, il leur arrive un accident d'auto, ils sont soudainement incarcérés à vie parce qu'ils font partie d'un groupe terroriste, etc. Évidemment, c'est vous qui êtes derrière leurs problèmes soudains et tout le monde le sait, mais personne ne peut le prouver.

Bien que votre ego doive nécessairement prendre des coups de temps à autres, vous devez en garder le contrôle en vous vengeant en douceur. Et cela pour le bien de l'humanité...

155 - Appelez des commissions d'enquête sur les autres

L'une des choses que l'on déteste généralement le plus est d'avoir à se justifier sous serment pendant des heures et des heures sur toutes les choses qu'on a faites dans sa vie. Ce genre de situations arrive lorsque des commissions d'enquête sont réclamées.

En somme, bien que vous ayez du temps pour vos escortes favorites et de petits spectacles d'exécution, vous risquez d'être très occupé à diriger l'État. Les fonctions sont nombreuses, les voyages aussi et ils ne sont pas toujours plaisants. Pendant ce temps, plusieurs de vos adversaires n'auront rien d'autre à faire que de vous critiquer. Ils se préparent à temps plein pour la prochaine campagne et amassent leur argent dans le but de vous battre. Peut-être aussi qu'ils divulguent des secrets bien gardés sur vous, ceux-là mêmes dont le dévoilement vous déplaît.

En bref, vous êtes très occupé et ils ont tout le temps du monde. C'est une situation difficile pour vous, d'autant plus qu'ils émettent des doutes sur votre intégrité et réclament une commission d'enquête sur vos agissements.

D'abord, n'acceptez pas qu'une commission d'enquête se penche sur votre cas si vous avez quelque chose à vous reprocher. Cela prendra beaucoup trop de votre temps et vous fera de la publicité négative. De plus, vous serez légalement obligé de dire la vérité, ce qui pourrait être problématique, car les gens pourraient apprendre la vérité sur vous, ou vous pourriez être criminellement accusé de ne pas avoir dit la vérité.

Les commissions d'enquête sont des cauchemars; un grand nombre de gens étudient tous les faits et gestes qui ont été posés. Même si elles sont supposées se concentrer sur un sujet particulier, elles débordent souvent de leur contexte original. Elles attirent l'attention du public sur vos faiblesses alors que vous voulez que le message reflète vos qualités.

Bref, vous ne devez pas ordonner de commissions d'enquête susceptible de vous nuire à moins que vous puissiez tout contrôler sur cette commission.

Dans la situation où vous devez absolument en réclamer une à cause de la pression publique, assurez-vous de la restreindre à tel point que vous n'ayez pas à témoigner et que ses membres n'aient pas le droit de dévier du cadre très précis que vous avez établi. Pour faire semblant d'être juste et transparent, vous pouvez demander à une personne dite indépendante de définir le mandat de la commission. Vous vous assurerez de dicter à cette personne ce qu'elle doit décider.

Lisez ce livre en secret

Si vous devez éviter des commissions d'enquête sur votre propre personne, il en va de toute autre façon en ce qui concerne les autres, notamment vos adversaires politiques ou économiques. Dans ces cas-ci, vous devez continuellement exiger des commissions d'enquête.

D'abord, se préparer pour une commission leur prendra un temps fou, il leur faudra lire des tonnes de documents, parler à plusieurs avocats, se faire interroger souvent et longtemps. C'est une situation stressante et ils pourront faire des erreurs sous pression, comme dire des choses embarrassantes ou avouer des rapines. Par ailleurs, vous apprendrez sur vos adversaires des choses qui pourraient être intéressantes pour vous en vue d'une éventuelle campagne électorale. Vous apprendrez aussi leurs bonnes méthodes, que vous pourrez copier, et vous apprendrez leurs vulnérabilités, que vous exploiterez plus tard.

De plus, vous en apprendrez davantage sur les affaires internes de leur parti et qui est ami avec qui, et aussi quelles sont les personnes qui ne s'aiment pas au sein de leur parti. D'ailleurs, les commissions dévoilent des secrets qui sont souvent le début de guerres intestines dans un parti et causent un nombre incalculable de problèmes.

L'important est de mettre vos adversaires sur la défensive. La commission occupera tout leur temps et pourrait même les empêcher de dormir, ce qui à la longue les fatiguera et les rendra moins d'attaque. Vous les aurez à l'usure.

L'autre point critique d'une commission est de lui donner un nom évocateur. Par exemple, le nom inclut vos adversaires et les mots « corruption », « scandale », « fraude », etc. Même si la plupart des gens ne suivent pas attentivement les travaux, le fait de voir et d'entendre souvent les noms de vos adversaires en des termes négatifs causera à ceux-ci beaucoup d'ennuis.

Les travaux des commissions mises sur pied pour établir les faits et gestes de vos adversaires prendront aussi une grande place dans les médias, ce qui réduira l'exposition de vos actions plus ou moins éthiques.

Finalement, après que vous ayez lancé deux ou trois commissions d'enquête, certains en demanderont une sur vous, mais alors vous leur direz qu'il y en a déjà plusieurs en cours et que vous n'avez plus de budget. D'ailleurs, étant donné le coût prohibitif de ces cours kangourou, il est peu probable que la population générale en supporte plusieurs autres en même temps. Pendant ce temps, vous planifierez les prochaines commissions que vous lancerez...

156 - Bâtissez le culte de la personnalité (le vote automatique)

Avec les années, il devient lassant de toujours avoir à convaincre les gens que vous êtes le meilleur candidat ou même la meilleure personne au monde. Vous avez fait vos preuves. Étant donné votre niveau intellectuel et votre situation, vous avez des choses plus urgentes à faire. Comme les grands artistes et les grands sportifs, vous n'avez plus rien à prouver.

Cependant, vous devez garder l'appui d'un grand nombre de personnes sinon vous pourriez perdre vos élections, surtout si vous n'avez pas trafiqué le système en votre faveur.

Vous devez cependant quitter le modèle qui vous appelle à toujours convaincre vos électeurs pour le changer contre celui du vote automatique, c'est-à-dire que vos partisans votent pour vous peu importe ce qui se passe, peu importe les faits; ils n'écoutent pas vos adversaires ou les actualités, ils votent simplement pour vous.

Il faut que ça devienne une sorte de religion, un automatisme; ils votent pour vous et il n'y a rien qui puisse changer cela. Aucun argument ne peut les faire changer de trajectoire. Leur appréciation pour vous ne change pas, peu importe les faits. Même si vous étiez accusé des pires crimes, ils voteraient pour vous parce qu'ils ne croiront pas les accusations.

Ce groupe d'inconditionnels est votre plancher électoral, c'est-à-dire celui qui vote pour vous peu importe ce qui se passe. Si vous grossissez ce groupe à un nombre suffisamment élevé, vous serez pratiquement invincible.

Pour bâtir ce culte, un très grand nombre d'ingrédients sont nécessaires, dont plusieurs sont inclus dans cet ouvrage. Vous devez convaincre les gens de tout ce qu'ils ont acquis grâce à vous, de tout ce qui va bien grâce à vous, et des faiblesses de vos adversaires. Mais surtout, vous devez prendre contrôle des médias et du système d'éducation, qui vous glorifieront.

Il faut que vous éliminiez tout doute sur votre santé et que vous projetiez de rester en poste longtemps (point 197). Il ne faut pas que vous ayez d'équivalent ou de successeur raisonnable; il doit être évident que personne d'autre ne peut faire le travail aussi bien que vous. Il faut que vos partisans et vos collègues demeurent en admiration devant vous. Donnez l'impression que c'est le cas à travers le monde et faites jouer des publicités vous mettant en valeur.

Pour rehausser votre prestige, vous pouvez dire que vous avez fait onze trous d'un coup la première fois que vous avez joué au golf ou que vous avez personnellement trouvé des antiquités grecques en faisant de la plongée sous-marine (ne dites pas que ce sont vos amis qui les ont mis là sous vos ordres afin de vous faire passer pour un héros).

Il ne faut pas que les gens pensent à regarder ailleurs. C'est un peu comme dans un couple, si vous pensez à regarder ailleurs, il est fort probable que vous le ferez tôt ou tard et votre couple pourrait être en détresse. Il faut que les gens aient une opinion tellement mauvaise des autres partis qu'ils ne prennent pas le temps de les écouter ou de lire leurs propositions.

Bien que cela puisse sembler contre-intuitif, de nombreuses personnes votent sans se poser de questions. Leurs parents ont toujours voté pour ce parti ou cette personne, alors elles font de même. Ou bien, la majorité des gens dans leur région votent pour tel parti et comme on a souvent l'impression qu'un si grand nombre de personnes ne peuvent pas se tromper, alors elles font comme les autres et votent pour le même parti même si elles ne savent pas trop pourquoi. Il peut être gênant d'être le seul dans sa classe, sa chambre de commerce ou même dans son club de milliardaires à voter pour un candidat ou un parti. Cela peut mener à un certain rejet ou à ce que les autres nous considèrent comme étrange ou marginal.

Finalement, il vaut mieux que les gens votent pour vous pour l'aura que vous dégagez et qu'ils ne se posent pas de questions. Il ne faut pas qu'ils se compliquent la vie. Le fait d'avoir une base solide de partisans inconditionnels est essentiel à la survie politique de tout démocrate.

157 - Interdisez les cadeaux, sauf pour vous

Afin de donner l'impression qu'il existe de hautes normes d'éthique dans votre gouvernement, vous devez faire interdire les cadeaux aux fonctionnaires en général. Il est important que les gens ne pensent pas que vous acceptez des faveurs et que celles-ci peuvent influencer vos décisions. Faites donc rédiger une longue politique à ce sujet (les courtes politiques donnent l'impression que le travail a été bâclé) et appliquez des sanctions sévères aux contrevenants.

Néanmoins, cette approche a un problème majeur, c'est-à-dire que si vous suivez vous-même votre politique, alors vous ne pourrez pas recevoir de cadeaux. Ceci serait problématique pour compléter votre collection de samouraïs ou pour avoir l'air plus riche et puissant. En effet, si vous accueillez vos invités et que vous n'avez pas d'objets prestigieux à leur montrer, cela réduira leur intérêt à venir vous visiter. Plusieurs viennent pour jouer avec vos jouets, non pas à cause de votre capacité intellectuelle.

C'est pourquoi vous devez amender votre politique afin de vous permettre de recevoir des cadeaux. Expliquez que c'est parce que la culture de certains pays oblige un hôte à accepter un cadeau, sinon ce serait une gifle insultante à celui qui donne le cadeau, ce qui pourrait briser les relations diplomatiques. Expliquez aussi qu'il n'est pas sérieux de penser que vos décisions puissent être influencées par des petits cadeaux. Finalement, assurez-vous que personne n'ait le droit de vérifier si vous suivez vos propres politiques. Ainsi, il n'existera pas de liste officielle des cadeaux que vous avez reçus.

Cela vous forcera donc à accepter, à reculons il va sans dire mais pour le bien du pays, des bagatelles comme des yachts, des résidences secondaires, etc. Ce sera pratique si vous aimez faire du bateau à quatre ou cinq endroits différents; vous pourrez alors avoir un yacht par endroit, ce qui vous évitera d'avoir à remorquer votre navire.

Afin d'encourager les autres dirigeants à vous donner des cadeaux, vous devrez leur en donner aussi, et de grande valeur. Pour ce faire, vous vous constituez une réserve de cadeaux. Afin de la financer, vous pouvez réduire l'assurance-emploi, hausser les frais de garderie, mettre des milliers de fonctionnaires à la porte, etc. Ensuite, vous utilisez vos services secrets afin de déterminer quel genre de cadeau serait apprécié par l'autre dirigeant et vous utilisez les fonds publics pour lui acheter le vase ou la peinture qu'il recherche.

Après lui avoir donné son cadeau (et reçu les vôtres), alors il sera probablement plus disposé à écouter vos plans et stratagèmes internationaux, car il est plus difficile de refuser quelque chose à des gens qui nous donnent les plus beaux cadeaux du monde.

Afin de recevoir beaucoup de cadeaux, il faudrait qu'il y ait beaucoup de rencontres, alors organisez un grand nombre de rencontres bilatérales et multilatérales. Assurez-vous que les premières rencontres ne règlent pas tous les problèmes, sinon il n'y aurait plus de raisons d'en faire d'autres. Par exemple, s'il y a des problèmes économiques, faites une vingtaine de sommets au moins, mais ne faites pas l'erreur du débutant, c'est-à-dire de ne pas avoir assez d'espace pour entreposer tous les cadeaux que vous recevrez.

Pour le bien supérieur du pays, assurez-vous d'avoir le monopole de la réception des cadeaux.

158 - Remplacez un mauvais politicien et faites-vous remplacer par un ami loyal

Comme dans toutes choses, pour donner l'impression d'être bon, il est utile de succéder à un citron. Si vous remplacez un patron exécrable, alors ce sera un soulagement pour les employés. Ils pardonneront plus facilement vos défauts et verront un contraste positif entre l'ancien et vous. C'est pour cela, entre autres, qu'il est utile de détruire la réputation de son prédécesseur même s'il se retire volontairement.

Si vous remplacez un politicien qui était adoré et adulé de tous, alors ce sera beaucoup plus difficile. D'abord, il sera difficile de le critiquer à outrance parce que les gens ne seront pas favorables à vos palabres. Ensuite, vous serez continuellement comparé à l'excellence, au modèle de la perfection, à l'image plus belle que réalité de votre prédécesseur; ce sera difficile à vos débuts de faire aussi bien, et peut-être que vous n'y arriverez jamais dans le cœur et dans l'esprit des gens.

C'est comme si l'ancien amant de votre copine était un dieu au lit. Ça met beaucoup de pression en partant. En étant comparé à la perfection, on est condamné à la dérision. Il est plus pratique de remplacer un fainéant.

Il est difficile d'établir une démarche précise, mais essayez si possible de toujours remplacer un pourri, ou quelqu'un qui est considéré comme tel. La première impression que vous donnerez, nettement plus compétente, vous aidera beaucoup.

Par contre, lorsque vient le temps de partir, vous devez vous assurer d'être remplacé par un mauvais politicien, mais très loyal ami. Ce qui compte le plus est qu'il vous soit loyal et qu'il ne vous poursuive pas pour vos nombreuses escapades plus ou moins légales et que vous ne passiez pas le reste de votre vie derrière les barreaux.

Essayez de trouver, pour vous remplacer, quelqu'un qui regarde en avant et non pas en arrière, quelqu'un qui se concentrera sur l'avenir et oubliera vos actions controversées. Vous ne voulez pas de quelqu'un qui fera des enquêtes sur vos crimes contre l'humanité, ni sur vos tortures ou vos exécutions extrajudiciaires.

C'est pourquoi, lorsque vous quittez, vous devez déterminer qui va vous remplacer, que cette personne soit dans votre parti politique ou non. Vous devez d'abord vous assurer d'éliminer les indésirables, c'est-à-dire ceux qui ont des chances de vous remplacer et qui vous discréditeraient, soit parce qu'ils sont trop bons ou parce qu'ils enquêteraient sur vos affaires privées.

Lisez ce livre en secret

L'utilisation des services secrets peut être utile afin de déterminer la trajectoire future d'une personne, mais parfois on ne peut pas le savoir avec certitude. Dans ces cas, ne courez aucun risque. Ne vous laissez pas remplacer par quelqu'un que vous ne pouvez pas contrôler.

Assurez-vous que votre successeur sache qu'il ne peut pas enquêter sur vous, sinon son successeur enquêterait sur lui et ses crimes seraient dévoilés, ce qui l'embarrasserait. Il pourrait faire de la prison et subir la peine capitale. C'est une règle non écrite dans plusieurs démocraties : on n'enquête pas sur les crimes de ses prédécesseurs, ce qui nous assure que nos successeurs n'enquêteront pas sur les nôtres.

Il sera question plus en détail plus tard des autres éléments de sa succession, mais le fait d'être remplacé par un individu loyal mais pas très futé est bon parce que votre héritage sera toujours comparé avec celui des autres de votre époque. Ainsi, en remplaçant et en étant remplacé par un mauvais politicien, vous aurez nécessairement l'air brillant et chaque fois que l'on attaquera vos résultats, vous pointerez vers les gaffes que d'autres ont fait avant et après vous.

Le truc pour avoir l'air bon quand on ne l'est pas est de se comparer à des nuls.

159 - Faites signer à vos ministres une lettre de démission la journée même de leur embauche

La journée de l'embauche de ministres, vous leur faites déclarer sous serment une série de choses, notamment, qu'ils ne parleront pas publiquement de choses secrètes (vos crimes, vos tricheries, votre progéniture illégitime) ni de choses pouvant nuire à l'État (c'est-à-dire à vous). Vous vous assurez qu'ils comprennent bien que c'est vous qui décidez de tout. Le cabinet, c'est vous, donc peu importe ce que dit tout le monde, vous décidez.

Mais surtout, la chose essentielle au moment de leur embauche est de leur faire signer une lettre de démission. Assurez-vous qu'elle ne comporte pas de date. Aussi, faites indiquer des mots qui vous louangent grandement. Écrivez un texte sur mesure dans l'éventualité où les choses ne tourneraient pas rond. Faites-leur signer un texte qui dit qu'ils sont en admiration devant votre éthique et vos politiques, etc.

Si quelqu'un hésite à signer, alors vous lui indiquez qu'il s'agit d'une procédure standard et que tout le monde le fait. Si quelqu'un ne veut pas signer, il ne devient pas ministre.

Ensuite, lorsque les choses tournent mal, comme ça va arriver avec la majorité de vos ministres, vous aurez la possibilité de les licencier purement ou simplement ou bien d'accepter la lettre de démission que vous avez déjà. Cette lettre montrera que c'est l'autre qui a voulu partir et non pas vous qui l'avez mis à la porte. Cela peut être perçu comme étant plus humain.

Les ministres démissionnent rarement de leur plein gré, ils sont poussés à démissionner. Perdre son travail de ministre pour redevenir simple député constitue une perte d'argent et de pouvoir et peut éliminer ses chances de progression politique.

Il est évident que si un ministre est en désaccord avec les guerres et les coups d'État que vous voulez faire à travers le monde, vous devez vous en débarrasser au plus vite. Il ne faut pas que cet individu obtienne trop d'information sur vos œuvres caritatives. Des auteurs comme Machiavel et des démocrates comme Joseph Staline ont élaboré des méthodes pour se débarrasser de tels individus. Si vous choisissez néanmoins la technique de la lettre, l'individu sera entièrement à votre merci, car il aura signé un document vous louangeant et spécifiant qu'il est à 100 % d'accord avec vos décisions et celles du cabinet. Il louange votre leadership exceptionnel et votre clairvoyance extraordinaire.

160 - Accusez vos adversaires d'être négatifs

Alors que vous passez l'immense majorité de votre temps dans l'opposition à critiquer sans ménagement les politiques de vos adversaires, une fois au pouvoir, vous devez changer de personnalité et devenir positif.

Faites semblant que tout va bien. Comparez la situation de vos gens à celle des pires pays sur la terre. Faites dire par vos associés que les choses vont bien, ça va en convaincre plusieurs. Ensuite, donnez l'impression que les choses vont en s'améliorant. Parlez comme si l'avenir sera meilleur, mais ne donnez pas de date trop précise.

Pendant ce temps, vos adversaires passeront leur temps à critiquer tout ce que vous faites et à clamer que tout va mal. Accusez-les d'être négatifs. Ce sont des frustrés de la vie. Accusez-les d'être des perdants et des nuls. Si vous manquez d'adjectifs pour les torpiller, allez lire les commentaires que vous avez vous-même reçus lorsque vous étiez dans leur situation.

Les gens adorent râler, c'est un sport national, mais dans un paradoxe particulièrement renversant, ils détestent aussi les gens qui râlent trop. Profitez-en pour mettre clairement vos adversaires dans la catégorie des râleurs invétérés.

Trouvez des statistiques qui démontrent que les choses vont mieux ici qu'ailleurs. Par exemple, si 10 000 personnes meurent chaque année, victimes d'erreurs médicales, faites voir le côté positif des choses, à savoir que tous les autres qui ont visité les hôpitaux ne sont pas morts. Comparez encore avec les pires pays du monde.

Même s'il y a des millions de problèmes avec votre administration, même si vous dilapidez les fonds publics et lancez des guerres inutiles, il y a une masse critique de personnes qui n'aiment pas entendre les politiciens critiquer tout le temps. Tirez avantage de ce groupe de positifs.

La prochaine fois que vos opposants critiqueront votre génocide, dites-leur de voir le bon côté des choses. Ensuite, dites-leur que peu importe l'objet de leurs plaintes, corruption, enlèvements, torture, assassinats, génocide (que vous n'admettrez bien sûr à aucun moment), ils sont toujours en train de critiquer.

161 - Éliminez les menaces à la démocratie par des moyens antidémocratiques

Vous devez présenter la démocratie comme une chose extraordinaire qu'il faut préserver. Et comme la fin justifie les moyens et les temps exceptionnels demandent des mesures exceptionnelles (point 140), vous avez une justification pour utiliser des moyens plus ou moins démocratiques pour éliminer les menaces à la démocratie.

Il y aura de nombreuses menaces à la démocratie. Déterminez d'abord sur quels adversaires vous voulez frapper en ce moment, ensuite trouvez des raisons qui expliqueraient pourquoi ils sont des menaces à la démocratie.

Si des partisans de vos adversaires politiques risquent de faire du dommage lors d'un vote, alors emprisonnez-les d'avance pour éviter qu'ils gâchent l'exercice démocratique. Ainsi, vous leur retirerez la possibilité de voter si telle est la loi. Relâchez-les plus tard si cela vous arrange, mais notez que leur emprisonnement pourrait durcir leur position, ce qui vous donnera l'impression d'être obligé de répondre encore plus durement face à leurs actions.

Prenons l'exemple de votre financier, qui aurait des problèmes avec ses puits de pétrole dans un autre pays. Ce gouvernement démocratique voudrait prendre une trop grosse marge des profits, ce qui réduirait les chances de votre ami de devenir trillionnaire rapidement. Alors, vous voulez déclarer la guerre à ce pays afin de rétablir la situation en faveur de votre ami, mais selon la constitution de votre pays, un vote démocratique doit être pris et une majorité de représentants doit être en faveur. Hélas pour vous et votre ami, il n'y pas un nombre suffisant de députés qui voteraient pour l'intervention militaire.

Or, dans ce cas, pour établir une « vraie » démocratie dans ce pays, vous lancez les troupes même sans vote parlementaire et vous expliquez que les droits de la personne, au sein de la population opprimée, ne peuvent pas attendre. Votre population, opprimée par vous, devrait comprendre l'urgence de la situation.

Certains diront que vous n'avez pas agi de manière démocratique ni constitutionnelle pour sauver une démocratie, mais il ne se passera rien. Vous poursuivez tout simplement le cours des choses. De toute façon, c'est vous qui contrôlez la police et le système judiciaire et qui avez nommé les juges de la cour suprême.

Si des gens manifestent démocratiquement de manière persistante et ennuyante, et que, en conséquence, vous arrivez en retard pour recevoir votre maîtresse favorite, alors il faudra passer des lois pour limiter la démocratie.

Lisez ce livre en secret

Vous expliquerez que les lois qui contrôlent et limitent fortement les manifestations ont pour but de sauver la démocratie. D'une certaine manière, vous êtes le symbole de la démocratie. Vous ferez arrêter les groupes qui protestent pour la démocratie sous prétexte qu'ils sont une menace à la démocratie.

Même si la résistance pacifique est un moyen de manifestation démocrate et légitime, il est souvent le précurseur d'un durcissement de la résistance contre vous, alors ne permettez pas ce moyen.

Interdisez toute grève qui revendique des gains démocratiques, car cela pourrait causer une perte de confiance dans le système démocratique actuel.

Ne vous gênez pas pour suspendre le Parlement ou les droits démocratiques des gens pendant des périodes dites courtes, mais qui finissent par être longues, en attendant que vous repreniez contrôle sur la démocratie et que vous calmiez les esprits.

Bref, pour sauver votre démocratie, vous pourrez utiliser n'importe quel moyen, peu importe s'il est démocratique ou non. C'est le but recherché qui compte (sauvez ce que vous appelez une démocratie) et non pas la manière de faire. Il faut souvent utiliser la force et des tactiques pernicieuses pour sauver ou créer une démocratie.

162 - Forcez les autres à se désarmer

Afin de conserver le pouvoir longtemps, vous devez obtenir et garder le monopole de la violence. C'est-à-dire que vous êtes le seul à pouvoir autoriser la force et à pouvoir déterminer qui peut posséder des armes.

Il faut que tous ceux qui possèdent des armes dans le pays soient sous vos ordres, directs ou indirects. Vous interdirez alors aux simples citoyens de posséder des armes, car elles pourraient être utilisées contre vous.

Vous vous assurez que seuls votre gouvernement et votre armée possèdent les bonnes armes, celles qui ont une grosse valeur et qui sont utiles en matière de conflit.

Vous utiliserez les mêmes principes internationalement. Par exemple, vous devez acquérir l'arme nucléaire et ensuite décréter que plus personne d'autre n'a de droit de l'obtenir. Le truc est d'obtenir les armes les plus dissuasives et ensuite d'interdire leur propagation. C'est le même principe pour les mines anti-personnel, les bombes à fragmentation, les avions furtifs, les missiles intercontinentaux et les armes de destruction massive. Seulement vous et vos alliés pouvez posséder ces choses, sinon vous devez par tous les moyens trouver une façon de les enlever des mains de vos ennemis.

Vous pouvez, par exemple, utiliser vos armes de destruction massive pour détruire celles de vos ennemis. Ensuite, vous utilisez vos bombes atomiques pour détruire le moral des troupes adverses.

Vous forcez ainsi les autres à se désarmer dans le but d'obtenir la paix. Ayant obtenu le monopole de la violence et des armes importantes, votre empire ne sera plus inquiété.

163 - Tuez la vérité

On a vu précédemment que le secret en politique est d'être le moins transparent possible tout en proclamant le contraire, notamment en embarrassant ses adversaires. Néanmoins, il faut aller plus loin que ça, il vous faut tuer toute vérité qui peut vous embarrasser ou qui peut favoriser vos adversaires.

Ainsi, vous commencez par une purge des sites Internet, des documents gouvernementaux et des livres d'histoire afin d'en enlever ou de réduire considérablement tout passage qui mettrait en valeur les gestes posés par des adversaires. Vous devez éliminer leur contribution et mettre l'emphase sur leurs erreurs.

Chaque fois qu'il y aura des commentaires positifs envers un adversaire dans les médias, vous chargerez quelqu'un de répliquer avec des commentaires négatifs. Certaines fois, les commentaires ne seront pas vrais, mais la plupart des gens ne prendront même pas le temps de vérifier.

Dans vos discours et dans les documents d'information publics, incluant les monuments et les visites guidées, vous devrez tout changer pour éliminer les vérités qui ne vous sont pas favorables.

Le contrôle de la vérité est l'ultime véritable contrôle.

164 - Ne dites pas la vérité à la population

Dans votre carrière, vous serez certainement fier de plusieurs accomplissements, mais toute vérité n'est pas bonne à dire. En effet, autant il aura été nécessaire de faire le travail correctement, autant vous serez critiqué fortement si les gens apprennent ce que vous avez fait et pourquoi.

La plupart des gens ne savent pas ce que ça prend pour gagner une guerre ou même pour obtenir un traité commercial intéressant pour votre financier. S'ils le savaient, cela les offenserait, car ils sont plusieurs à avoir une idée noble de la démocratie.

Ne dites pas aux gens que votre gouvernement les espionne tout le temps, ils réagiront mal. Ils ne comprendront pas que c'est nécessaire à la sécurité nationale. En effet, cela vous permet de voir si certains de vos adversaires font des choses illicites et ensuite vous pouvez les accuser avec preuves à l'appui, ce qui nuit fortement à leurs chances électorales. Vous en apprendrez tellement sur vos adversaires que vous n'aurez presque plus besoin d'inventer des scandales sur eux (point 35).

En temps de guerre, ne dites pas aux gens le nombre de civils que vous avez tués, car une partie de la population risque de se sentir offensée lorsqu'elle apprendra que vous avez tué des dizaines de milliers de personnes par erreur.

Ne dites pas aux gens que votre armée, votre gouvernement et vous-même ne suivez pas vos propres lois, cela risque de miner la confiance des gens dans leurs institutions.

Ne dites pas aux gens que vous nommez les juges selon leur idéologie politique, leurs dons politiques et parfois leurs qualités nocturnes, les gens ne comprendraient pas pourquoi.

Ne dites pas aux gens que vous utilisez les ressources de l'État à des fins personnelles. Ils ne comprendraient pas qu'en vous rendant à votre chalet, vous faites en fait un exercice militaire.

Surtout, ne dites jamais aux gens comment vous financez vos campagnes électorales, comment vous vendez votre vote à des lobbyistes et ce que vous pensez vraiment de la population en général. Elle risquerait de ne pas bien réagir aux mots « idiote », « imbécile », « ignorante ».

Finalement, ne leur dites pas que vous lisez ce livre et suivez ses enseignements...

165 - Réécrivez souvent le passé

Tel qu'indiqué aux articles précédents, il est bon d'ajuster l'histoire de façon à être à son avantage et à dénigrer ses adversaires.

Il faut donc réviser l'histoire de l'humanité en conséquence. Lorsqu'on étudie cette histoire, on s'aperçoit fréquemment que le même genre d'idéologie revient souvent. En fait, certains principes démocratiques de base datent de plusieurs milliers d'années.

L'objectif est d'associer les idées de vos adversaires à celles des personnages les plus critiqués de l'histoire. Il faut faire paraître le succès de vos adversaires comme étant de la chance, alors que votre succès a été obtenu grâce au mérite.

Vous devez expliquer que les problèmes du passé ont été causés par des politiques étrangement similaires à celles de vos adversaires et que les problèmes actuels ont été directement causés par vos adversaires.

Vous devez donner une belle image de votre parti, de sa création, de ses fondateurs et de ses membres passés et actuels, tout en insistant sur les nombreux problèmes de vos adversaires. Vous êtes le bon, votre adversaire est le méchant, cela doit se refléter dans votre vision de l'histoire.

Les crimes commis par les gens de votre parti l'ont été par nécessité nationale alors que ceux commis par vos opposants ont été faits par lâcheté.

Si une idée est en vogue, vous devez indiquer que vous y travaillez depuis longtemps, depuis beaucoup plus longtemps que votre adversaire. Vous devez vous présenter comme travaillant sans relâche sur les idées qui sont bien vues alors que vous n'avez que très brièvement considéré les idées qui sont maintenant perçues comme mauvaises. Vous les avez considérées parce que des gens vous ont trompé sur le sujet.

Il faut néanmoins réécrire l'histoire souvent parce que les idées en vogue ont tendance à changer souvent. Si, par exemple, l'immense majorité des gens sont maintenant en faveur de légaliser les drogues douces, alors il faut effacer votre combat impitoyable d'il y a vingt ans contre cette légalisation qui coûte cher à votre financier. Par contre, s'il est constaté par la suite que cela cause beaucoup de problèmes et de morts et que l'opinion publique redevient opposée à la légalisation, alors vous devez retrouver votre opposition de toujours.

Le présent est garant du passé. Si vous connaissez bien le présent, ce qui est populaire, ce qui l'est moins, alors vous pourrez réviser le passé de manière à vous faire bien paraître.

166 - Limitez la liberté d'expression des autres

Pour des raisons apparemment démocratiques, vous devez vous donner une très vaste liberté d'expression. Entre autres raisons officielles, cela sera nécessaire pour interroger des témoins lors de comités parlementaires, pour éviter d'être continuellement poursuivi lorsque vous discutez négativement de vos adversaires et pour dire la vérité franche à votre peuple.

Néanmoins, ce qui compte pour vous est de bénéficier d'une liberté d'expression illimitée, pas seulement au Parlement ou en certains lieux, mais partout. Cela vous permettra de diffamer fréquemment les gens qui ne pensent pas comme vous, puis d'éviter les poursuites lorsque vous vous trompez, volontairement ou non. De plus, cela vous permettra de dormir plus tranquillement la nuit, parce que vous pouvez accuser vos adversaires d'être des menteurs et d'être de mauvaise foi lorsqu'ils vous accusent d'être responsable d'un massacre. Mais vous n'aurez pas à prouver vos dires grâce à votre immunité.

Certains gouvernements permettent aux gens de dire n'importe quoi au Parlement et dans les comités, mais pas ailleurs. Les gens en profitent largement, mais la situation se corse lorsqu'ils sont devant les journalistes à l'extérieur du Parlement parce qu'ils ne peuvent plus répéter leurs paroles. De plus, ils ne peuvent pas utiliser leurs expressions diffamatoires dans leurs publicités électorales; or les gens auraient intérêt à savoir les insultes et les insinuations que vous colportez sur le dos de vos adversaires. C'est pour cela qu'il vous faut bénéficier d'une liberté d'expression totale, en tout temps, dans tous pays et pour toujours.

Par contre, il faut que vous limitiez la liberté d'expression des gens qui ne pensent pas comme vous. Vous devez empêcher qu'ils briment la confiance du peuple dans les institutions et vous assurer que les débats demeurent raisonnés et responsables. Vous devez dire aux autres que leur liberté d'expression n'est pas illimitée.

Ce que vous faites réellement est d'interdire à vos adversaires de parler de vos erreurs et de vos crimes parce sinon vous allez les poursuivre pour diffamation avec intérêts. D'abord, les gens seront gênés de vous critiquer parce que vous poursuivez tous ceux qui parlent de vos crimes. La plupart des gens seront forcés de se rétracter. Des sites Web disparaîtront. Des gens seront intimidés par vos poursuites de plusieurs millions de dollars. Ensuite, pendant de très longs procès, ils se verront interdire de parler publiquement de l'affaire dont il est question. Vous gagnerez le procès parce que le juge que vous avez nommé ou qui veut avoir une promotion constatera les dommages qui vous ont été faits. S'il ne constate pas ces dommages, il ne sera plus juge longtemps.

Lisez ce livre en secret

Au début, certains philosophes risquent de critiquer l'iniquité entre votre droit absolu de dire n'importe quoi, incluant celui de demander publiquement des assassinats, et le faible droit limité de tous les autres, mais à la longue les gens s'habitueront et ne soulèveront plus ce genre de points.

Promouvez et agrandissez votre liberté d'expression, limitez davantage celle des autres.

167 - Défendez la liberté en emprisonnant tout le monde

Il est possible que suite à vos purges ou à l'emprisonnement à durée indéfinie de plusieurs personnes, certains manifestent contre vous. Ne vous laissez pas impressionner par les millions de personnes qui veulent se débarrasser de vous.

D'abord, assurez-vous de passer des lois permettant exceptionnellement de détenir des gens indéfiniment sans raison. Vous pouvez commencer par vous donner ce droit envers les non-citoyens, et ensuite envers à peu près tout le monde, tout en déclarant que vous ne le ferez pas trop souvent. Lorsque vous deviendrez un habitué de ce processus, alors vous décréterez que les circonstances sont exceptionnelles. Lorsque votre approche sera relativement permanente, vous confirmerez que votre objectif est de garantir la liberté des gens.

En effet, si des gens manifestent partout contre vous, cela empêche vos partisans et les indifférents à la politique de faire leur jogging ou de promener leur chien. Ça peut même empêcher des gens de dormir et ça réduit l'achalandage de plusieurs commerces. Alors, pour défendre la liberté de ces gens, vous ferez arrêter tous les manifestants de manière préventive ou non.

Les gens ont le droit d'être tranquilles chez eux et de se divertir. C'est un droit que seul le gouvernement (vous) peut leur enlever.

Si l'on vous accuse d'attaquer la liberté des gens, organisez un sommet international dans lequel tous les leaders internationaux viendront vous dire comme vous êtes excellent dans la défense des droits de la personne. Dites-leur que vous ne leur donnerez ni cadeaux ni escortes s'ils ne le font pas. Étant donné qu'eux-mêmes ont probablement les mêmes problèmes s'ils sont au pouvoir depuis un certain temps, ce genre de rencontre permet à tout le monde de se féliciter mutuellement.

Évidemment, s'il y a encore des manifestants qui veulent plus de liberté, emprisonnez-les, question de vous assurer que la rencontre se déroule sans heurts et que les dignitaires ne soient pas dérangés lorsqu'ils boivent leur jus d'orange à 16 $. Il ne faudrait pas que le peuple rende difficile le sommet sur la liberté des peuples.

168 - Éliminez les fonctionnaires qui disent la vérité

Un peu comme au point 129 sur le syndrome de mort du dénonciateur, vous devrez très évidemment éviter que vos fonctionnaires disent la vérité. Vous devrez leur inculquer votre vérité, soit une approche comportant des éléments qui sont parfois véridiques, mais qui sont surtout destinés à protéger vos intérêts, à éviter de vous embarrasser et surtout encore à effacer toute contradiction entre les déclarations de vos fonctionnaires et vos propres propos.

Si, par exemple, vos fonctionnaires prétendent qu'il y a eu des milliers de cas de tortures et que 100 000 innocents ont été tués par erreur dans votre guerre, alors que vous avez affirmé que vous n'utilisiez jamais la torture et qu'au maximum deux innocents sont décédés, vous n'aurez pas l'air crédible et votre vérité pourrait être remise en question. Et si des fonctionnaires vous contredisent sur ce point, certains pourraient se demander si vous avez dit la vérité dans d'autres cas, notamment au sujet de l'emprisonnement de vos adversaires politiques.

Même après vous êtes assuré que tous les fonctionnaires vous soient loyaux, à vous personnellement et non pas au pays, et même après avoir changé la culture de la fonction publique pour un culte de votre personnalité, il arrivera certainement que des fonctionnaires communiquent des informations non approuvées aux journalistes. Certains pourraient révéler l'existence de votre réseau d'espionnage clandestin, d'assassinats commandités, de vos écoles et réseaux de torture, de vos bombardements clandestins et de vos purges.

Certains diront agir dans l'intérêt suprême du pays, mais ce n'est pas le cas puisque vous êtes l'intérêt suprême et que le dévoilement de ces faits entachera votre réputation.

Pour régler ce genre de problème, vous devez changer les lois pour que les fonctionnaires vous prêtent serment à vous et que le respect de ce serment soit une condition d'emploi. Ensuite, vous instituez des codes de conduite, des lois et des règlements dans ce sens. Vous faites donner des cours aux fonctionnaires pour augmenter les chances de réussite de votre endoctrinement.

Vous éliminez ensuite des dizaines de milliers de postes de fonctionnaires en ne gardant que ceux qui vous aiment le plus et qui pensent comme vous. Faites-leur passer des tests par des psychologues pour vous en assurer. Ensuite, vous devrez contrôler d'une main de fer ceux qui restent.

Les secrets du démocrate

Malgré tout, certains fonctionnaires diront la vérité lors de témoignages parlementaires, en commissions d'enquête et aux journalistes, alors vous devrez tuer la vérité.

D'abord, votre équipe lancera une série d'allégations et de faits visant à détruire la crédibilité du messager. Il sera dévoilé que le dénonciateur est un perdant et un frustré et qu'il a un historique de problèmes. Puis, vous le ferez surveiller et étudierez tout ce qu'il a fait dans sa vie. Il a sûrement commis des actions peu éthiques.

Ensuite, vous l'accuserez d'avoir dévoilé des secrets nationaux, de mettre en péril la crédibilité des institutions et d'être en infraction avec de nombreuses dispositions pénales. Vous utiliserez la même technique que celle employée contre les dénonciateurs en l'emprisonnant à vie; vous trouverez toujours des excuses pour reporter à plus tard son procès.

Vous le fatiguerez mentalement, car il n'est pas facile de passer des années en prison, et bientôt il n'aura plus les fonds pour embaucher des avocats pour le défendre alors que vous utiliserez des millions de dollars pour le faire déclarer coupable.

S'il continue de recevoir de l'argent de donateurs, vous trouverez des moyens pour faire réduire ces contributions considérablement. Par exemple, vous pouvez faire pression sur les sites Internet par lesquels il obtient son financement. Si ces sites refusent de recevoir de l'argent pour lui, alors il aura de moins en moins de ressources.

De toute façon, un individu seul et pas très riche a bien peu de chances de gagner contre les ressources illimitées de l'État. Les juges que vous aurez nommés suivant les instructions que vous aurez données risquent d'être peu sensibles aux arguments de l'accusé.

Bien que certains fonctionnaires dénonciateurs puissent être très forts mentalement, le système de torture que vous aurez mis en place fera en sorte qu'ils deviendront probablement fous, ce qui nuira à leur crédibilité.

S'il s'agit de soldats, alors vous pourrez utiliser la cour martiale, un système qui donne très peu de chances aux accusés. Instaurez un système semblable pour les autres fonctionnaires.

Dans un système de cour martiale, vous pouvez d'ailleurs déclarer d'avance que l'accusé est coupable, question d'indiquer la bonne voie à vos employés (étant donné que vous êtes le commandant en chef). Ensuite, nommez un juge qui refusera à peu près tous les témoins de la défense sans donner de raison et qui acceptera tous les témoins de la poursuite même s'il n'y a pas de justification. Ensuite, le juge va nécessairement recommander toutes les accusations et ainsi de suite; l'accusé n'aura aucune chance.

Ne donnez pas aux avocats de l'accusé les documents qu'ils demandent parce que ceux-ci pourraient contenir la vérité. Inventez des motifs de sécurité nationale pour éviter de le faire, ensuite continuez de reporter tout le temps les procédures, pour détruire le

Lisez ce livre en secret

moral de l'accusé. Assurez-vous aussi de remettre le cas après les élections, s'il y a des chances que ce cas embarrasse votre ego. Il ne faudrait pas que ce soit en campagne électorale, puisque ça pourrait vous coûter des votes.

De manière générale, l'individu va finir par reconnaître sa culpabilité parce que sinon, il devra faire face à l'emprisonnement à vie. S'il le fait, il légitimera votre position : vous aviez raison de dire qu'il était coupable, même lui le reconnaît. Beaucoup de gens admettront un crime qu'ils n'ont pas commis si cela réduit à 10 ans leur peine de prison, au lieu des 50 dont ils écoperont s'ils n'admettent pas leur (fausse) culpabilité.

Ensuite, juste avant la fin des 10 ans de prison, vous réalisez subitement qu'il a commis d'autres crimes; or comme ceux-ci n'étaient pas inclus dans la condamnation, vous lancez de nouvelles poursuites qui dureront très longtemps et ainsi de suite, de manière à toujours garder le prisonnier derrière les barreaux.

Si vous ne trouvez rien d'autre pour l'accuser, vous pouvez toujours inventer des choses, empoisonner sa nourriture ou le piquer afin qu'il ait une crise de folie. Il poussera alors quelques gardes ou d'autres prisonniers, ce qui sera une nouvelle raison pour le garder derrière les barreaux.

Finalement, il y a toujours moyen de s'arranger pour qu'il décède de mort naturelle et cela peu importe son âge.

L'important est de tuer la vérité, au sens propre comme au sens figuré. De cette manière, très peu de fonctionnaires ou de soldats oseront dire la vraie vérité; plutôt ils opteront pour votre vérité puisque celle-ci est moins dommageable pour leur vie. Il ne faut pas sous-estimer l'impact de vos tactiques de persécution.

169 - Ne soyez pas trop au courant de vos propres magouilles

Au début, vous serez probablement le penseur et l'exécutant de vos propres magouilles. Vous en connaîtrez tous les détails et en contrôlerez tous les aspects. Avec le temps, vous serez impliqué dans tellement de magouilles qu'il vous sera difficile de toutes les micro-gérer.

Il y a de nombreux avantages à ne pas trop connaître ses propres magouilles. Notamment, vous aurez l'air plus crédible lorsqu'on vous interrogera et que vous plaiderez n'en avoir jamais entendu parler.

Par exemple, disons que vous financez vos services de sécurité et une partie de votre armée (ainsi que votre financier) par la vente clandestine de drogues et que vous avez des plans secrets pour éliminer tous les partis d'opposition de manière à être éternellement au pouvoir.

Vous créez ces plans et les exécutez, mais si vous en savez trop, les stratégies risquent de trop vous ressembler, d'avoir l'air de votre modus operandi. Il deviendra évident que c'est vous qui êtes derrière ces plans, car tout est fait selon vos méthodes. Les grands plans ont une sorte de signature secrète : un bon observateur va reconnaître le plan de son auteur. Vous pourriez être compromis.

De plus, à force de toujours parler de tous les détails de ces plans en secret, vous risquez de vous échapper en public. Disons que vous avez fait abattre un avion civil par un missile pour éviter qu'il ne frappe votre maison, mais que vous avez inventé une histoire selon laquelle l'avion s'est écrasé suite à la rébellion des passagers face à des terroristes. Le fait de trop parler de cela en secret risque de faire en sorte que vous allez commettre un lapsus et dire que c'est réellement un missile qui a tué les passagers de l'avion. Une fois ce lapsus rapporté un peu partout, vous ferez face à beaucoup de questions.

Le fait de ne pas être trop impliqué dans ses propres magouilles évite de donner l'image qu'on y a participé. Il est plus facile de donner l'impression qu'on n'a rien à y voir.

170 - Éliminez les désaccords

Bien qu'en démocratie, les gens aient le droit d'exprimer des opinions contraires à celles de leur dirigeant, cela pourrait froisser votre ego, nuire à votre image et peut-être même vous faire perdre vos prochaines élections. C'est pour cela que vous devez respecter leur droit d'être en désaccord tant qu'ils respectent votre droit de les tuer.

Longtemps confinées à des dictatures et à des gouvernements despotiques, les méthodes de ce genre sont de plus en plus fréquentes chez les démocrates, la différence étant qu'elles sont parfois mieux camouflées ou mieux expliquées.

Il faut que vous expliquiez aux gens que les dictateurs tuaient sans raison, alors que vous, vous avez une raison, mais qu'elle est trop secrète pour être révélée. Cela peut être dû à la nécessité de protéger la sécurité nationale ou les intérêts suprêmes du pays.

D'abord, obtenez le droit de tuer n'importe qui pourvu qu'il y ait un processus, mais gardez ce processus secret. Suivez les informations données plus haut sur la façon d'y arriver. Vous pouvez procéder par étape.

- Obtenez le droit de tuer en légitime défense
- Obtenez le droit de tuer de manière préventive dans des cas spécifiques
- Obtenez le droit de tuer de manière préventive dans plus de situations
- Obtenez le droit de tuer de manière préventive ou non dans à peu près tous les cas
- Obtenez le droit de tuer n'importe qui n'importe quand, mais appelez cela le droit de se défendre

Si vous voulez, commencez par suivre ces étapes avec des non-citoyens; n'hésitez pas, il est plus facile d'en faire accepter le principe lorsque vous procédez lentement, mais sûrement. Ensuite, répétez les étapes pour les citoyens. Vous pouvez aussi commencer par le droit de tuer dans des pays étrangers, pour ensuite élargir l'application de ce même droit à la maison. Utilisez le prétexte des menaces terroristes pour continuellement obtenir davantage de pouvoir. Si ça ne fonctionne pas, alors l'organisation d'une attaque pseudo-terroriste sur votre territoire augmenterait fortement le soutien de la population envers de telles mesures. Vous pouvez utiliser les théories de la doctrine de choc pour sauter des étapes dans le continuum.

Les secrets du démocrate

L'objectif est d'obtenir à peu près les mêmes pouvoirs que les monarques du Moyen Âge, soit le droit de vie et de mort sur tous les sujets.

Par la suite, vous reconnaîtrez que les gens ont le droit d'être en désaccord avec vous, mais vous avez le droit illimité de les tuer suite à un processus secret. Si la liquidation n'est pas populaire, vous n'avez pas besoin d'avouer que cela vient de vous, et vous pourrez insinuer que d'autres puissent avoir fait le travail. Si la liquidation est populaire, alors prenez-en le crédit afin de hausser votre popularité. Faites faire des films qui sortiront en salle avant les élections. Vous y exposerez tous les détails de la mission et vous y serez présenté comme un individu courageux au jugement sûr.

Ce genre d'approche réduit le risque que beaucoup d'autres personnes osent être en désaccord avec vous.

Établissez des règles très générales mais secrètes quant à la désignation des cibles. Évitez tout processus de réglementation stricte qui limiterait vos pouvoirs. Par exemple, ne mettez pas d'âge minimum pour les victimes. Aussi, ne mettez personne en charge d'examiner les dossiers, car elle pourrait un jour vous critiquer ou divulguer des renseignements compromettants.

Assurez-vous que la personne ciblée par l'action défensive ne soit pas au courant d'avance afin qu'elle ne puisse pas se cacher. Évitez aussi de mettre en place un processus lui permettant de contester le fait d'avoir été mise sur une telle liste. Cela vous embarrasserait quand vous n'avez pas vraiment de motif. De plus, cela limiterait votre flexibilité à mettre des gens sur la liste. Enfin, vous perdriez du temps et de l'argent à en débattre. La victime pourra néanmoins argumenter après son assassinat si elle le désire.

Faites couler dans les médias que le processus pour déterminer la liste des cibles à tuer est rigoureux, solide et en faveur de la présomption d'innocence. Faites savoir que de nombreuses personnes n'ont pas été mises sur cette liste parce que vous aviez un doute, mais n'en fournissez pas de preuve. Simplement, faites-le dire par des sources anonymes mais apparemment bien placées.

Expliquez que vous exercez ce genre de responsabilités dans l'intérêt national et avec sérieux. Vous aimeriez ne pas avoir à faire cela, mais vous y êtes obligé. L'intérêt suprême et la protection du pays et de la population que vous aimez sont vos priorités. Inventez d'autres motifs semblables afin de parler plus longtemps, mais gardez un ton solennel.

Une fois que vous aurez le droit de vie et de mort sur tous, il n'y aura plus de limite à votre pouvoir.

Encouragez les gens à s'exprimer librement dans une démocratie, de manière à savoir qui est contre vous et à pouvoir établir votre liste. Le problème quand on intimide trop la population est qu'on ne sait plus qui est avec nous ou contre nous, car les gens ont peur de donner leur opinion. Vous pourriez alors, par mégarde, mettre certains de vos partisans sur la liste.

Si le dirigeant précédent avait établi un processus judiciaire équitable, clair, élaboré, contrebalancé et transparent pour mettre réellement les grandes menaces nationales à la justice et à la démocratie sur sa liste, alors il est recommandé que vous fassiez enlever votre nom de cette liste. Aussi, examinez-la afin d'en enlever les noms de votre financier et de vos amis.

171 - Pensez aux gens qui meurent de faim dans le monde mais ne faites rien

En tant que grand démocrate et homme d'État accompli, il est nécessaire de penser souvent à ceux qui meurent de faim dans le monde, incluant dans votre pays suite à vos politiques. Faites de nombreux discours dénonçant les iniquités et les ravages du manque de nourriture dans le monde, cela vous rendra populaire.

Pour faire ces discours, reprenez les meilleurs textes qui ont été écrits sur le sujet depuis des centaines d'années et faites du copier-coller. Ensuite, pour que votre texte ait l'air différent, faites-y quelques petits changements. Assurez-vous que votre personnel vous présente comme un grand humaniste et un sensible à la souffrance dans le monde.

Néanmoins, vous n'avez pas besoin de faire quoi que ce soit pour régler la situation. D'abord, si vous la régliez, il y aurait un problème majeur, puisque vous ne pourriez plus faire les discours rassembleurs qui vous rendent populaire. Ensuite, en aidant trop les pauvres dans le monde, les gens vous critiqueront puisque vous enverrez l'argent de leurs impôts ailleurs alors qu'il y a beaucoup de problèmes locaux, notamment suite à vos politiques.

Vous devrez quand même faire semblant de vouloir résoudre le problème en envoyant de l'argent, mais assurez-vous que ces montants arrivent dans les poches des compagnies internationales qui financent vos campagnes et non pas dans celles des gens qui en ont vraiment besoin, puisque ces derniers ne peuvent pas voter pour vous et ne financeront pas votre campagne.

Pour préserver le problème de la faim, vous pouvez aussi décider qu'une partie de la nourriture, comme le blé, sera maintenant obligatoirement utilisée comme combustible, apparemment pour des raisons environnementales. Cette politique comporterait plusieurs avantages. D'abord, elle réduirait la quantité de nourriture, ce qui en augmenterait le prix (ce qui en retour accroîtrait les profits de votre financier, qui est également dans le domaine); ensuite, les prix de la nourriture monteraient dans les pays pauvres, ce qui augmenterait les famines et les décès liés à ces dernières, ce qui maintiendrait le problème de la faim, ce qui vous permettrait de continuer à faire des discours prestigieux et de gagner ou de garder des votes.

Bref, parlez-en souvent, vos phrases génériques obtiendront beaucoup d'approbation, mais faites comme vos prédécesseurs, soit rien.

172 - Promouvez la démocratie partout dans le monde

Afin de conserver votre image de grand démocrate, visitez le monde et prétendez promouvoir la démocratie partout. Faites la leçon aux autres régimes, expliquez-leur les principes démocratiques. Faites comme si vous étiez l'exemple à suivre dans le domaine.

Discutez avec passion et engagement des grands principes démocratiques et faites comme si vous les suiviez vous-même. Ne manquez pas de toupet, c'est une qualité essentielle en politique.

Parcourez le monde pour vous faire prendre en photos, faites publier les plus belles pour redorer votre image. Faites publier des communiqués de presse sur les multiples endroits où vous êtes allé défendre ardemment les principes démocratiques.

Faites-vous voir comme si vous étiez le modèle du démocrate, la définition du démocrate, la référence en la matière, le dieu du sujet, comme si vous étiez en mission pour démocratiser le monde.

Prenez votre financier en exemple et dites que c'est un exemple de la prospérité des entreprises dans une démocratie.

Partout où vous allez dans le monde, scandez votre engagement haut et fort en faveur de la démocratie. Favorisez le gouvernement du peuple, pour le peuple et par le peuple, ou quelque chose comme ça.

Parfois, après un certain temps au pouvoir, on oublie un peu ce qu'est la démocratie. Alors, il est toujours bon de relire cet ouvrage en entier et de se le rappeler.

173 - Nommez les juges qui travailleront dans votre intérêt

De nombreux systèmes démocratiques permettent aux dirigeants de nommer les juges d'un très grand nombre de cours. Si ce n'est pas le cas, modifiez votre système afin que vous puissiez nommer tous les juges. Annoncez que vous allez le faire de manière juste et équitable.

Ne permettez pas l'élection des juges, car les gens pourraient voter pour un juge honnête qui vous mettrait en prison. Expliquez que les juges doivent être impartiaux et ne doivent pas être sélectionnés par la foule, puisque cela pourrait les rendre plus susceptibles de rendre des verdicts dans le sens de la faveur populaire. Il ne faut pas qu'un juge prenne des décisions dans le but d'être réélu, il faut qu'il prenne les décisions justes.

Parfois, les leaders ont un système bidon qui donne l'impression que le pouvoir des juges appartient à un groupe d'élus plutôt qu'au chef. Ce genre d'approche peut fonctionner s'il est populaire, mais assurez-vous de conserver les pouvoirs absolus.

Ensuite, vous procédez à la nomination des juges qui travailleront dans votre intérêt! Concentrez-vous sur l'opinion qu'ils ont de vous. Vous sont-ils favorables ou non? Ont-ils contribué à votre caisse électorale? Vous voient-ils comme un dieu de la démocratie? Y a-t-il des limites à leur admiration à votre égard?

Regardez leurs décisions passées et évaluez si elles sont en faveur de votre opinion. Ont-ils jugé favorablement vos amis? Votre financier? Ont-ils déclaré illégales vos approches, vos actions?

Vous devez sélectionner les juges qui vous favoriseront le plus. Ceux qui prennent les décisions en votre faveur, ceux qui pensent comme vous. Ceux qui sont favorables aux pouvoirs illimités du leader et de son exécutif. Prenez des juges qui sont d'accord avec vos crimes, avec votre façon de faire, ceux qui sont des clones de votre pensée sur tous les sujets.

Après avoir sélectionné de nombreux juges, les autres prétendants comprendront bien quels sont les vrais critères, soit la loyauté envers vous et une copie carbone de vos idées.

Rappelez-vous que ces gens auront un pouvoir significatif. Il faut qu'ils comprennent que leur but premier comme juge est de protéger votre intégrité et votre ego.

La nomination de nombreux juges qui vous sont favorables changera la culture de la justice dans le pays. Ce sont ces juges qui rendent des décisions importantes et font des discours importants. Le fait que des gens qui ont l'air judicieux disent la même chose que vous rehaussera votre cote.

Lisez ce livre en secret

Les juges que vous nommez, notamment à la cour suprême, pourraient être ceux qui décideront d'une élection serrée, détermineront si vous avez commis des crimes contre l'humanité, si vous finirez à la guillotine ou sur la chaise électrique, ou encore si vous passerez de nombreuses années dans une geôle, ou si votre avenir sera dans une belle île ensoleillée avec des esclaves et des escortes

Trouvez cependant un moyen de pouvoir congédier les juges que vous n'aimez pas ou qui rendent des décisions contre vous. Vous pouvez utiliser la plupart des mêmes méthodes que pour dilapider vos adversaires politiques, mais assurez-vous qu'on ne puisse pas deviner que c'est vous qui êtes en train de détruire la réputation du juge.

S'il ne veut pas démissionner, il lui arrivera la même chose que ce qui est arrivé à d'autres juges qui ont pris des décisions contre l'exécutif, c'est-à-dire qu'il devra juger à partir d'un autre monde.

174 - Choisissez le bon juge pour la cause

Vous devez bien connaître l'ensemble des juges importants dans votre pays, préférablement en ayant des fiches secrètes sur chacun d'eux. Quel genre de décisions prennent-ils généralement? Sont-ils favorables à des pouvoirs illimités pour l'exécutif? Ont-ils déjà pris des décisions contre vous? Sont-ils plus favorables aux accusés ou aux procureurs? Suivent-ils les lois ou sont-ils plus influencés par vos propos publics?

Une fois que vous connaissez bien les juges, vous devez les assigner en affectant aux procès les plus importants les juges qui vous sont favorables. Si un juge trouve coupables tous ceux qui sont accusés de terrorisme, alors choisissez ce juge pour les cas importants de terrorisme. Vous voulez que vos juges alliés prennent les décisions importantes de jurisprudence.

Veuillez noter que dans plusieurs pays, le chef d'État ne peut pas officiellement assigner des juges à des causes, ou du moins c'est ce qui est véhiculé dans les médias. Ne vous inquiétez pas pour cela, c'est possible dans plusieurs pays et si ce ne l'est pas dans votre cas, arrangez-vous pour que ça le devienne. Même si, officiellement, c'est un fonctionnaire indépendant ou un juge en chef qui détermine qui s'occupe de quel cas, assurez-vous d'avoir votre mot à dire dans la décision.

S'il n'est pas possible de décider du juge, alors créez des tribunaux spéciaux où il sera possible pour le gouvernement d'assigner les juges aux cas. Si cela fonctionne par territoire, décrétez que dans des situations exceptionnelles, une cour d'un autre endroit entendra le procès, une cour où justement il y aura un juge de votre côté. C'est généralement possible lors d'accusations aux niveaux fédéral ou national.

S'il n'est toujours pas possible de décider des juges dans la majorité des cas, alors il faudra changer le système et parfois même la Constitution. Dites que vous changez le tout pour d'autres raisons, peut-être pour plus d'efficacité, et jumelez cette modification à de nombreux autres changements que vous voulez faire. Affirmez clairement que, nonobstant le changement, les tribunaux demeureront impartiaux et exempts d'influence politique.

Par la suite, choisissez toujours le juge en fonction de vos intérêts, soit celui qui est le plus susceptible de rendre la décision que vous voulez.

175 - Faites des procès bidon

Il ne faut pas sous-estimer l'importance des condamnations pour discréditer vos ennemis, que ce soit des politiciens adverses ou des citoyens qui expriment une opinion négative sur votre façon de faire de la démocratie.

Le fait que vos ennemis soient déclarés coupables, menottés et emprisonnés diminue leur influence. Ça les fait passer pour des criminels, des bandits. Ça diminue leurs chances de succès dans de futures élections. Ça diminue leur crédibilité. Si, en plus, ils se reconnaissent eux-mêmes coupables, alors vous avez le meilleur des deux mondes, puisque personne ne dira qu'il a été reconnu coupable à cause d'une erreur judiciaire puisqu'il reconnaît lui-même son crime.

En plus de choisir les juges, déterminez tous les autres aspects des procès bidon. Prédéterminez la décision du jury en sélectionnant les personnes qui pensent le plus comme vous.

Ça va beaucoup mieux dans les tribunaux militaires où, en effet, vous pouvez aussi décider des avocats de la défense et refuser toute aide d'avocats qui ne pensent pas comme vous. Étant donné que le juge, les procureurs et les avocats sont tous payés par le gouvernement, tous choisis en fonction de la décision que vous voulez voir prise, que tous les intervenants veulent avoir des promotions un jour et qu'ils n'apprécieraient pas recevoir une piqûre fatale comme c'est déjà arrivé à certains de leurs collègues, alors la décision que vous voulez sera prise. Sinon, ces gens disparaîtront et vous irez en appel avec une cour plus maniable.

De plus, les tribunaux militaires et les cours martiales donnent généralement moins de droits aux accusés que les tribunaux réguliers.

Afin d'avoir encore plus de chances d'obtenir une décision de culpabilité, retirez à peu près tous les droits des accusés, notamment celui de choisir leurs avocats, l'habeas corpus, le droit de demeurer silencieux. Vous pouvez aussi tenir les procès à l'extérieur du pays et expliquer que les droits constitutionnels de la personne ne s'appliquent plus.

Afin que les accusés avouent leurs crimes, vous pouvez utiliser de nombreuses méthodes d'interrogations musclées et de médication abusive. Si les détenus ne veulent pas prendre les sérums de vérité, alors faites-les leur prendre de force.

Le fait de passer des mois et des mois à se faire interroger dans des conditions difficiles conduit nécessairement à des admissions de culpabilité. Il y a des choses auxquelles aucun humain ne peut résister.

Si la personne ne veut toujours pas avouer ses crimes, alors repoussez le procès à plus tard et plus tard. La personne est en

Les secrets du démocrate

train de perdre les meilleures années de sa vie en prison. De temps en temps, faites-la venir au procès bidon en habit de prisonnier dangereux et sous un gros effectif de sécurité.

Finalement, organisez le procès comme si c'était quelque chose de sérieux. Pour donner l'impression que le juge est impartial, ordonnez-lui de réprimander l'équipe de procureurs de temps en temps.

Après un très long procès, faites reconnaître l'accusé coupable. Essayez de mettre en place une scène dramatique. Essayez d'obtenir le plus de couverture médiatique possible. Il faut que les gens sachent que votre ennemi est coupable. Vous pouvez même ordonner aux journalistes de mettre des titres dramatiques dans les médias.

Certaines personnes croient toujours en la justesse des procès et des processus juridiques, c'est à ces personnes que vous adressez le spectacle du procès bidon. Cela les induit à penser que votre adversaire a réellement commis une infraction.

Afin de trouver d'excellentes méthodes pour ridiculiser votre adversaire dans le procès, étudiez un grand nombre de films et d'événements historiques. Certains événements ou propos pourraient être inspirants. Par exemple, faites dire au juge que l'accusé a commis des actes dégoûtants et exceptionnellement atroces qui méritent un châtiment sévère. Le fait qu'un juge utilise des mots particulièrement rudes envers un accusé reconnu coupable augmente la crédibilité de vos arguments. Faites ajouter aussi que l'accusé se pensait au-dessus des lois, même si ce n'est pas vrai, parce qu'en fait, c'est vous qui souhaitez l'être.

176 - Passez des lois de protection blindée sur mesure pour vous

Même si vous êtes relativement nouveau au pouvoir et êtes, pour le moment, assez populaire, vous devez passer assez rapidement des lois de protection blindée sur mesure pour vous-même.

D'abord, dressez mentalement une liste de vos actions passées qui n'ont pas été vraiment légales, ensuite une liste de celles que vous commettez en ce moment et de celles que vous pensez commettre plus tard.

Ensuite, pour chacune, étudiez de quelle façon vous pourriez passer des lois qui vous protégeraient.

De manière générale, il est utile de passer des décrets secrets qui vous donnent des pouvoirs illimités. Vous pouvez recevoir aussi des mémos d'avocats qui vous donnent le droit d'espionner, de torturer, de tuer, etc.

Le pouvoir exécutif doit être sans limites et n'être sous la supervision de personne. Les lois provinciales ou régionales ne doivent pas s'appliquer aux politiciens fédéraux ni aux zones de travail nationales.

Il est aussi indiqué de passer des lois qui interdisent les poursuites après une certaine date. Par exemple, si vous avez commis une fraude fiscale voilà 10 ans, alors passez une loi interdisant le dépôt d'accusations pour des fraudes fiscales qui ont eu lieu voilà plus de 8 ans, par exemple.

Utilisez le même principe si vous avez commis un viol voilà 25 ans, avez dérobé une banque voilà 12 ans (il fallait bien payer vos chirurgies esthétiques) et avez conduit une auto sans permis voilà 20 ans. Vous devez faire en sorte que vos lois excluent la possibilité que vous soyez formellement accusé d'un crime.

Si vous avez dû prendre le pouvoir de manière un peu démocratique mais aussi un peu brutale, alors signez une amnistie générale pour tous ceux qui ont participé à la prise de pouvoir. Utilisez un libellé large pour qu'il inclue à peu près tout ce que vous avez fait à l'époque.

Passez aussi une loi qui indique que certains délits (ceux que vous avez commis) doivent être rapportés officiellement à la police dans un certain délai pour pouvoir être poursuivis, cela devrait éliminer certaines accusations contre vous.

Étudiez toutes vos faiblesses possibles sur le plan juridique, dressez la liste des forfaits pour lesquels vous auriez de la difficulté à vous défendre et renforcez votre situation.

Les secrets du démocrate

Ensuite, faites la même chose pour vos actions futures. Vous planifiez quelques guerres, alors mettez la responsabilité légale sur vos soldats et non sur vous, même si vous décidez de tout.

Pour les crimes qui seraient commis par les gens de votre cabinet ou vos alliés politiques, exigez par des lois secrètes d'être informé de ce qui se passe. Cela vous permettra de les aider à fuir le pays si nécessaire ou de déterminer si vous devez changer de directeur des poursuites publiques. Ne donnez pas le droit à de simples citoyens de faire des poursuites criminelles parce que vous en perdriez le contrôle. Seulement quelques personnes pourront les autoriser et ces personnes seront choisies et contrôlées par vous.

Tel qu'indiqué précédemment, ne signez pas de conventions internationales restrictives qui permettraient de vous poursuivre pour crimes de guerre ou crimes contre l'humanité ou tout autre concept similaire. Ne signez pas ou retirez-vous de la Convention de Genève, qui vous empêcherait de vous amuser avec des prisonnières de guerre que vous trouvez à votre goût. Ne donnez pas le droit ni la possibilité à un organisme international d'avoir une juridiction sur votre pays : vous réduirez ainsi sa capacité à vous arrêter.

Limitez aussi les mécanismes d'extradition pour les anciens politiciens, mais seulement après avoir extradé ceux que vous n'aimez pas. Vous ne voudriez pas être extradé de force.

Vous pensez qu'en limitant trop la portée des lois vous aurez de la difficulté à trouver vos adversaires coupables de crimes? Pas du tout, dans leur cas, qu'ils aient commis ou non le larcin n'est pas important, ils seront reconnus coupables quand même.

177 - Augmentez le budget de la sécurité, la vôtre

Alors que vous allez probablement couper les dépenses dans de nombreux domaines afin de réduire les impôts pour les riches (vous et votre financier), vous devrez continuellement augmenter le budget de votre sécurité.

D'abord, parce qu'en tant que chef d'État, vous pouvez toujours être une cible (même si vous envoyez un calendrier avec votre belle photo à tout le monde au début de l'année), mais aussi parce que vous allez devenir de plus en plus paranoïaque avec les années. C'est normal, ne paniquez pas.

Les techniques d'assassinat et les armements s'améliorent d'année en année, alors il est normal que vous dépensiez plus pour vous protéger. Expliquez au peuple que vous augmentez la protection du pays, mais réallouez les dépenses pour vous protéger.

C'est un phénomène humain. Quand on n'est pas habitué à avoir un garde du corps et qu'on en a un, on se sent en protection. Mais si un jour il n'est pas là, alors on se sent vulnérable. Plus tard, lorsqu'on est habitué à une protection de cinquante hommes, on ne se sent plus en sécurité avec seulement dix gardes du corps. Même chose si un jour, vous avez moins d'artillerie lourde pour vous protéger. C'est pour cela que votre protection doit aller en augmentant continuellement, surtout que vous risquez d'avoir de plus en plus de gens contre vous.

Vous aurez besoin de gardes du corps, d'agents de sécurité, d'agents d'infiltration, de caméras secrètes, d'avions de mieux en mieux équipés, de nouveaux drones, de véhicules ultrablindés, etc. Gardez aussi de l'argent pour des escortes personnelles, question de relaxer en période de tension.

Si la population s'oppose à une augmentation des dépenses de sécurité, utilisez le truc de faire tomber quelques bombes ici et là et accusez des groupes terroristes. Quand les gens auront perdu des bras, des jambes et des proches, alors ils comprendront l'importance de la sécurité publique. Ensuite, augmentez ce budget de 50 % et réallouez-en 49 % à votre propre protection.

Ne vous inquiétez pas si vous avez l'impression que tout le monde complote contre vous, c'est normal, ça fait partie du travail.

178 - Si vous le faites, cela veut dire que c'est légal

Afin d'éviter d'interminables débats juridiques, adoptez une approche simple pour déterminer si vos actions sont légales ou non. La nouvelle règle : si c'est vous qui le faites, alors c'est légal.

C'est simple et ça évite la confusion. Si le président le dit, alors c'est vrai, et s'il le fait, alors c'est légal pour lui.

C'est le même principe avec la torture. C'est légal si vous le faites, mais c'est illégal et répugnant si on vous le fait ou si quelqu'un d'autre, non autorisé par vous, le fait.

Si quelqu'un d'autre commandite un assassinat, il va être sévèrement puni, mais si c'est vous, ce sera vu comme un geste posé dans l'intérêt du pays. Même chose pour l'espionnage et la détention indéfinie de suspects.

Un acte devient un crime en fonction de son auteur et non pas par sa nature même. Cela veut dire que tout ce que vous ferez sera donc légal.

Votre élection vous donne des droits illimités, profitez-en. Une chose que les gens déplorent souvent sur leur lit de mort est qu'ils auraient aimé faire davantage ce qu'ils voulaient vraiment faire et non pas ce que les autres ont voulu qu'ils fassent. Hélas, il est souvent trop tard. En démocratie, on se sent fréquemment obligé de faire des choses parce que les gens le veulent, mais souvent il faut écouter ses instincts, sinon vous le regretterez à la fin de vos jours.

179 - Torturez avec modération

Même si vous avez de très nombreux ennemis, la torture que vous instituerez devra quand même être relativement modérée.

D'abord, l'idée est que les leaders démocrates doivent donner l'impression de torturer moins de gens que les autres. Alors, si votre voisin qui est un despote torture 50 % de sa population, visez un nombre inférieur. Sinon vous serez accusé d'être pire qu'un despote et les gens voudront mettre quelqu'un d'autre à votre place.

Si vos voisins ne torturent pas ou que très peu leurs citoyens, encouragez-les à le faire plus souvent, car sinon ça va être plus difficile pour vous de donner l'impression de quelqu'un qui torture moins que les autres.

Si la torture dans les autres pays tue 5 % des gens, alors arrangez-vous que le chiffre dans votre pays soit plus bas afin que vous conserviez votre image de bon gars. Vous pouvez aussi changer la mort de certains en crise cardiaque ou autre afin de faire baisser les chiffres officiels.

Aussi, essayez de ne pas être vu comme un innovateur en matière de torture même si vous développez une passion pour le sujet. Les philosophes et les critiques diront que vous êtes à l'avant-garde de la torture, mais votre but est d'avoir l'air obligé de torturer, et seulement dans des cas extrêmes. Vous ne voulez pas acquérir publiquement le titre de spécialiste de la torture.

Par ailleurs, la torture est comme une nourriture favorite : il faut éviter d'en manger trop souvent, sinon on devient blasé. Il n'y a plus de plaisir à voir quelqu'un se faire électrocuter quand ça en fait plusieurs milliers qu'on voit.

Essayez d'avoir l'air d'un modéré en matière de torture. Vous le feriez officiellement, non pas pour votre plaisir ni pour dissuader des peureux de prendre les armes contre vous, mais supposément parce que vos experts vous disent que c'est une méthode efficace pour extraire des confessions et obtenir des informations sur des attaques à venir sur votre pays.

Aussi, évitez de trop torturer parce que si ça fait trop mal, les prisonniers vont se suicider pour y échapper. Ce serait un inconvénient surtout s'ils détiennent des informations que vous aimeriez connaître sur le type de publicité que votre adversaire va faire lors des prochaines élections.

Étant donné le grand nombre de personnes en attente dans vos salles de torture, cela pourrait occasionner des délais avant qu'un détenu puisse enfin être torturé. Dites-leur que vous êtes désolé pour le retard et priez-les de ne pas se suicider tout de suite parce que vous ne voulez pas manquer le spectacle. Mais si vous développez une réputation de tortionnaire sanguinaire, alors ils ne vous écouteront pas.

Les secrets du démocrate

Certains diront que le suicide d'un terroriste est une bonne chose. Peut-être théoriquement, mais rien ne vous empêche d'extirper les informations d'abord et ensuite de faire croire à un suicide. Gardez le contrôle sur la vie et la mort de tout le monde, ce n'est pas aux prisonniers de décider quand ils vont mourir, mais à vous.

180 - Entraînez-vous à vous faire torturer

Même s'il y a encore des gens qui ont une bonne opinion de vous, vous devez néanmoins vous préparer mentalement à vous faire torturer, cela dans l'éventualité où il y aurait une rébellion contre vous ou que votre successeur voudrait utiliser le même genre de méthodes que vous.

Afin de réduire l'inconfort de la torture, vous devez vous exercer. À la longue, ça devient plus facile à gérer. C'est un peu comme lorsqu'on se fait épiler une région où l'on a beaucoup de poils. Au début, ça peut faire très mal, mais on s'habitue avec le temps.

Étudiez ceux qui se font torturer pour connaître les trucs qu'ils emploient pour souffrir moins. Souvent, la torture est basée sur le fait que la personne ne sait pas ce qui lui arrivera. Cette peur de l'inconnu amplifie la souffrance de la torture.

L'important, dans certains cas comme la torture par l'eau, est de rester le plus calme possible. C'est la même chose lorsque des chiens enragés courent vers vous en aboyant bruyamment.

Dans d'autres cas, il faut éviter de penser à ce qui se passe. Il faut se concentrer sur autre chose. Le fait d'anticiper une décharge électrique aux parties génitales augmente la douleur, car vous êtes nerveux et vous vous préparez trop à recevoir le coup, vous vous concentrez là-dessus. Le fait d'être trop raide et crispé avant le choc peut amplifier le dommage réel.

Le fait de ne pas être nourri suffisamment ou régulièrement est une forme de torture dont les effets peuvent être contrés partiellement en habituant son corps à ce genre de pratiques. On parle ici de diminuer l'intensité de la torture en habituant son corps à la méthode de torture. Entraînez-vous donc à rester longtemps sans manger. Le fait de ne pas manger pendant 18 heures semblera plus normal comparativement à un comparse qui mange régulièrement toutes les 6 heures.

Il est aussi possible d'apprendre à dormir avec une forte lumière et à une forte chaleur ou de rester éveillé dans le noir. Un certain entraînement peut améliorer vos compétences en la matière. Le fait d'être trop habitué à l'air climatisé ou à une chaleur donnée vous causera problème lorsque ces facteurs ne seront pas là.

Un truc important est le pouvoir de concentration. Il est crucial d'en avoir un bon. Étudiez les techniques pour développer le vôtre. Cependant, sachez qu'on va essayer de vous empêcher de vous concentrer.

Idéalement, vous aurez aussi développé vos talents d'acteurs (point 3). Vous devrez faire semblant que ça vous fait mal dans certains cas, sinon votre tortionnaire augmentera fortement la torture. Le fait de ne pas avoir mal, mais de faire semblant de

Les secrets du démocrate

souffrir beaucoup est une qualité essentielle chez un acteur et cela peut être développé chez la plupart des gens.

Alors, étudiez les tortures et essayez d'en apprendre le plus possible dans le cas où vous vous feriez torturer. Certaines victimes vous diront peut-être même pourquoi elles semblent mieux réagir que d'autres à certaines méthodes. Visitez aussi les musées sur le sujet.

Ne prenez pas cet avis sur la torture à la légère. Deux mois de torture intense peuvent sembler plus longs et pénibles que soixante ans de bonheur. Un homme averti en vaut deux.

181 - Tuez les tueurs

Tout d'abord, il faut distinguer les bons tueurs des autres. Les bons sont ceux qui suivent vos ordres. Alors, si vous ordonnez l'élimination de quelques milliers de personnes en déjeunant tout en écoutant le football, ces bons tueurs vont exécuter vos ordres. Cela augmentera la durée de votre règne, vos revenus et peut-être même votre pouvoir international.

Les autres sont les scélérats qui, à des fins personnelles, enlèvent lâchement des vies. Vous vous devez d'arrêter et d'exécuter ces crapules en donnant l'impression de respecter les lois du pays. Vous leur apprendrez que tuer égoïstement n'est pas toléré, ici. Il ne faut pas qu'ils se croient au-dessus des lois et que d'autres soient encouragés par leurs actions (vous n'aurez pas besoin d'encouragement dans le domaine).

Le fait de garder en prison indéfiniment des tueurs coûte des frais astronomiques en nourriture, logement, torture et frais médicaux notamment. Cela réduit votre budget pour acheter le vote des gens (point 65) et pour vos caprices personnels. Peut-être que vous n'aurez pas assez d'argent pour un nouveau bateau-bureau amphibie blindé de 250 pieds de longueur.

Pour les tuer, utilisez des instruments manufacturés par votre financier, ça va faciliter son retour sur investissement. Il n'y a rien de plus déplaisant que d'investir massivement dans la technologie des instruments mortels lorsque personne ne les utilise.

Si vous sentez que votre règne pourrait s'achever bientôt et que certains tueurs en savent trop sur vos exactions, il pourrait être approprié de tuer les tueurs qui tuent trop, question d'éliminer des exécutants et des témoins de vos actions cupides. Cela a aussi l'avantage d'augmenter les profits de votre financier et vous en toucherez une part, question d'accumuler des fonds au cas où vous devriez quitter le pays subitement.

Alors, face aux canailles qui enlèvent bassement des vies, vous ferez l'action sensée et raisonnable de les assassiner.

182 - Trafiquez la mort de vos adversaires

Lorsque vos adversaires seront tués (et cela devrait arriver souvent si vous avez un long règne ou que vous souhaitez l'allonger encore), vous devrez trafiquer la façon dont ils sont morts pour les présenter comme des lâches et des fripouilles.

Par exemple, disons que vos services secrets attaquent la maison d'un adversaire politique dans la nuit et assassinent cet individu. Vous trafiquerez les faits et annoncerez que c'est la victime qui a tiré les premiers coups de feu et ce, même si elle n'était pas armée. Vous devrez présenter l'incident comme si la personne était responsable de sa propre mort.

Faites croire aux gens que vous l'auriez capturé vivant si cela avait été possible. Faites savoir que la personne n'a pas suivi les instructions données par les forces de l'ordre.

Pour humilier davantage la mémoire de cette personne, vous pourrez préciser qu'elle a été trouvée dans un trou extérieur ou dans un tuyau. C'est une position humiliante pour un grand dirigeant. Vous expliquerez que la personne criait des stupidités et avait une attitude indigne des grands hommes d'État. Souvent, les circonstances de la mort d'une personne sont ce dont on se rappellera le plus. En présentant votre adversaire comme un lâche face à la mort, vous diminuerez sa grandeur morale et l'influence qu'il pourrait avoir, même dans la mort, sur d'autres.

Les gens ne se révolteront pas courageusement contre vous dans le but de défendre un lâche.

Afin de faire mal paraître votre adversaire lors de sa mort, faites faire une série de mises en scène et de scénarios possibles. Étudiez tous les scénarios et déterminez celui qui nuirait le plus à sa mémoire. Ensuite, ajustez le scénario avec d'autres éléments afin d'humilier davantage l'adversaire.

Planifiez parallèlement sa vraie mort. Assurez-vous, compte tenu de la réalité, de rendre votre fable crédible.

Assurez-vous également qu'il n'y ait pas de témoins gênants ni de preuves qui pourraient contredire votre déclaration. Étudiez le caractère de la personne pour insérer dans l'histoire des éléments qui vont à l'encontre de ses valeurs.

Par exemple, si l'ennemi se présente comme un religieux qui voudrait interdire la pornographie, alors annoncez qu'avant sa mort, il était en train de regarder des obscénités. S'il n'en a pas chez lui, ajoutez-en. S'il en a chez lui, réquisitionnez-les pour étudier en profondeur les documents. Prenez votre temps pour regarder les images pour voir s'il y a des messages cachés.

Lisez ce livre en secret

S'il est contre l'alcool, dites que des quantités importantes en ont été trouvées là où il est mort. Assurez-vous qu'on trouve, dans ses affaires personnelles, des photos de personnes détestées. C'est une manière de l'associer aux pires criminels de l'histoire de l'humanité.

Présentez vos inventions comme étant des faits et non des opinions, mais les faits parleront d'eux-mêmes. Si nécessaire, vous pouvez ajouter qu'il était en possession de plans pour vous faire assassiner, qu'il s'était fait tatouer une croix gammée et qu'il possédait des armes illégales.

Si la personne décède chez elle, vous pouvez aussi dire qu'elle était en train d'agresser sexuellement une mineure et que vous avez sauvé cette dernière; cependant, pour des raisons de protection de la vie privée, vous ne direz jamais qui était cette personne.

C'est une chose de tuer un homme, c'en est une autre de tuer son influence et l'héritage qu'il lègue au genre humain.

183 - Déclarez une bonne petite guerre

Si l'économie ne va pas bien, vous risquez de ne pas être très populaire. Vous perdrez votre autorité morale et les gens se mettront à scruter à la loupe tous les cadeaux que vous vous faites, à votre financier et à vous-même, ce qui pourrait générer une révolte. Votre réputation de bon gestionnaire de l'économie en prendra pour son rhume et des gens de votre propre parti pourront vous accuser de ne pas faire un bon travail.

En conséquence, il sera temps de lancer une bonne guerre pour aider l'économie, celle du pays et la vôtre.

La guerre est une méthode très utile parce qu'elle est l'excuse idéale pour emprunter de l'argent et défoncer les budgets de dépenses publiques. L'idée est que plus l'État dépense, plus il y aura d'argent dans les poches des gens, qui vont eux-mêmes dépenser. Si vous faites des déficits, vous direz que c'est seulement à cause des circonstances exceptionnelles dues à l'effort de guerre. Vous ne voulez pas mettre à risque inutilement la vie de vos soldats, alors vous leur donnez les équipements faits par votre financier. Vous pouvez aussi embaucher ce dernier comme conseiller de guerre, question de pouvoir plus librement lui donner des millions de dollars sans exiger de travail en retour.

Pour réduire le taux de chômage, vous embaucherez de nombreux soldats ainsi que d'autres personnes qui seront chargées de les approvisionner et d'exécuter des tâches connexes. La guerre génère une explosion de demandes de produits (avions, véhicules, etc.) et donc beaucoup d'emplois. De plus, l'accent qui était mis sur vos scandales s'estompe puisque les médias se concentrent sur la guerre.

Vous pourrez, ironiquement, demander à vos adversaires d'arrêter de vous accuser de vos crimes, car l'heure est grave, nous sommes à la guerre, nous devons nous unir pour vaincre l'empire du mal. Une propagande militaire sera évidemment lancée. Par hasard, elle vous fera bien paraître et augmentera le patriotisme de vos concitoyens. Ceux-ci ne seront pas intéressés d'en savoir davantage sur vos relations extraconjugales ou sur les détails du financement de votre parti politique lorsqu'ils apprendront la mort de leurs proches.

Lancer une guerre ou deux est un excellent moyen de changer les canaux de communication et cette tactique doit surtout être utilisée lorsque ça va mal pour vous.

Vous pouvez aussi envoyer vos chômeurs permanents dans des missions impossibles, cela les enlèvera de la catégorie des sans-emploi à perpétuité.

Le grand nombre de morts va créer de nombreux postes libres au pays, ce qui diminuera le taux de chômage, toujours pratique avant un vote. La rareté de la main-d'œuvre créera aussi des possibilités de promotion rapide.

Pour financer la poursuite de la guerre et son remboursement, vous prendrez possession des puits de pétrole, des mines ou de tout objet de valeur dans les régions que vous attaquerez. Afin d'éviter qu'on crie au pillage, vous nommerez vous-même un représentant légitime du peuple et vous lui ferez signer des ententes invraisemblablement avantageuses pour vous.

S'il trouve que les ententes ne sont pas raisonnables, dites-lui qu'il deviendra riche lui aussi. S'il persiste dans ses critiques, accusez-le d'avoir trahi son peuple et changez-le pour un autre. Si jamais votre armée a commis des irrégularités, comme des petits massacres, vous pourrez les faire passer sur le dos de celui que vous aurez démis, préférablement après sa mort pour éviter qu'il ne vous contredise.

Négocier est généralement difficile, mais ça devient plus facile quand on contrôle les deux parties. Vous direz qu'après des semaines de négociation, vous en êtes arrivé à un accord juste et équitable pour les deux parties, mais l'accord sera gardé secret pour des raisons de sécurité nationale.

Dans l'accord, assurez-vous de devenir le fournisseur officiel d'à peu près tout ce que votre pays produit. Ensuite, détruisez par erreur les biens du pays vaincu, puis faites-lui faire des campagnes de charité internationale, question d'obtenir plus d'argent pour acheter votre production.

Finalement, établissez un régime colonial, mais annoncez publiquement que le pays est indépendant. En vérité, c'est vous qui tirerez toutes les ficelles.

Si, après avoir fait quelques guerres, vous n'avez plus de pays à attaquer, alors attaquez de nouveau les mêmes en prétextant une révolution ou des attaques terroristes.

Afin de pouvoir indéfiniment profiter de cette situation, créez des guerres qui ne peuvent avoir de fin, comme une guerre au terrorisme par exemple.

184 - Déclarez la guerre d'abord, trouvez une raison officielle après

Après avoir déclaré une guerre, vous devez avoir l'astuce de penser que les gens vont vous demander pourquoi vous avez pris cette décision. Alors réunissez vos conseillers en communication afin de trouver une raison officielle.

Pour ce faire, faites un *brainstorming* et listez toutes les raisons possibles; ensuite étudiez la liste des raisons données pour les guerres précédentes. Regardez les possibilités et essayez de trouver celles qui seraient les mieux acceptées par la population.

Le but est d'avoir une raison officielle qui soit acceptée par la majorité de la population. Testez subtilement les raisons possibles, est-ce que vous déclarez la guerre pour sauver des vies, pour appuyer les droits de la personne? Lisez aussi des rapports de l'Organisation des Nations Unies et d'autres organismes internationaux pour savoir quels sont les mots qui sont à la mode ces temps-ci.

Si pendant que vous tuez quelques dizaines de milliers de personnes ici et là, vous apprenez que votre électorat est prêt à faire la guerre pour permettre aux jeunes filles du pays conquis d'aller à l'école, alors allez-y avec ce prétexte pour gagner le soutien de votre population.

Dans votre raison officielle, assurez-vous d'inclure des avantages pour votre propre population. Les gens ne voudront pas aller à la guerre uniquement pour sauver des peuples, mais si vous réussissez à les convaincre que d'aller attaquer des nomades dans des pays lointains est bon pour la sécurité nationale de votre pays, alors ils seront plus favorables au sacrifice.

Faites croire que cette guerre est d'une absolue nécessité. Dites que les grands hommes d'État de l'histoire de votre pays auraient agi ainsi. Faites croire que les ennemis veulent détruire votre style de vie, présentez-les comme des bandits.

Par ailleurs, pour éviter qu'ils vous contredisent, faites interdire aux médias de communiquer sans votre autorisation toute information qui proviendrait des ennemis, officiellement pour les empêcher d'insérer des codes secrets dans leurs communiqués.

Si quelqu'un dans votre pays soutient les gens que vous attaquez, vilipendez-le sur la place publique, détruisez son honneur, accusez-le d'aider des terroristes et faites-le arrêter pour avoir appuyé l'ennemi et pour haute trahison.

La guerre est un jeu durant lequel la pensée rationnelle de la population s'éclipse, mais trouvez-vous un motif raisonnable pour déclencher les hostilités.

185 - Faites des guerres pour obtenir la paix

Dans les raisons que vous concevrez pour justifier votre petite guerre, n'oubliez pas d'inclure la paix. En effet, vous vous présenterez comme un grand pacifiste qui est tellement concerné par la paix dans le monde qu'il est prêt à tout pour l'obtenir, incluant le déclenchement d'une guerre.

Présentez-vous comme quelqu'un qui fait des guerres rarement, mais qui est, dans la situation actuelle, obligé moralement et éthiquement d'en déclencher une.

Plaidez que votre objectif ultime est la paix dans le monde et que cette guerre aidera à atteindre ce but.

Si un politicien d'un autre pays vous critique souvent, alors envahissez ce pays, question de ne plus entendre parler de ce chien aboyeur. Vous aurez enfin la paix d'esprit.

Si vous savez qu'un autre pays détient des informations qui pourraient couler votre carrière politique et que vous êtes toujours dans le doute quant à savoir si on publiera ces informations ou non, alors attaquez ce pays, éliminez les données, photos, vidéos compromettantes, et votre esprit sera en paix.

Vous pensez qu'un pays pourrait vous attaquer un jour, alors prenez l'initiative en lançant une guerre préventive. Cette méthode est une licence inconditionnelle de lancer n'importe quelle guerre contre n'importe qui n'importe quand sous le prétexte qu'on pourrait vous attaquer. Vous aurez plus de chance de gagner en attaquant avec surprise que vice-versa. De plus, vous ne vivrez plus dans le doute, va-t-il attaquer ou non? L'incertitude quant à la possibilité d'une guerre pourrait vous ronger, vous empêcher de dormir et même réduire votre libido. Conséquemment, il faut éliminer l'incertitude en déclenchant la première bataille.

Rappelez-vous que le résultat de toute guerre, et cela après tant de batailles et massacres, est nécessairement la paix.

La paix est une période de transition, entre deux guerres, qui permet à l'homme de reprendre son souffle.

186 - Volez dans les zones d'interdiction de vol

Avant ou pendant une guerre, faites déclarer une zone d'interdiction de vol dans le pays que vous voulez attaquer. Ceci empêchera vos ennemis d'utiliser tout objet volant (avion, hélicoptère), ce qui va nuire à leur défense, au transport d'équipement, aux communications et, surtout, va insulter l'ego de votre adversaire.

L'objectif de cette approche est de vous donner licence d'éliminer tout avion et passager sans raison et sans poser de question. Il est pratique de ne pas avoir à donner de justification.

De plus, vous humilierez votre adversaire en lui interdisant de voler dans son propre espace aérien. Cependant, ce qui sera un peu inusité, c'est que vous vous donnerez à vous-même et à vos alliés le droit de survoler la zone. Afin de narguer votre adversaire, volez dans ses espaces et vantez-vous-en.

Cela créera le sentiment que vous êtes en train de gagner la guerre et que votre adversaire est dans les câbles. Le moral des troupes et les apparences sont très importants dans une guerre.

Le fait de voler dans les zones interdites vous permettra de faire toutes les choses que vous empêchez votre adversaire de faire et d'espionner ses positions de défense.

Il faut qu'il soit clair, quand vous passez des motions pour interdire le vol dans une zone, que cela s'applique seulement aux autres, pas à vous. C'est un principe démocratique de base, vous avez le droit de voter des restrictions et des interdictions qui s'appliquent aux autres, mais le contraire n'est pas vrai.

187 - Attaquez votre pays pour mieux le protéger

Lorsqu'il y aura beaucoup de mécontentement à votre endroit, la situation pourra dégénérer violemment contre vous et contre votre financier, et peut-être même que les gens auxquels vous aurez enlevé tout espoir dans la vie oseront endommager votre limousine. Vous pourriez même recevoir des menaces de toutes sortes incluant des menaces de mort.

Ce genre de choses peut surprendre et déstabiliser un apprenti démocrate, mais pas celui qui est expérimenté. Au contraire, cela lui donne la bonne excuse pour hausser son budget de sécurité.

Mais il est aussi possible que les manifestants ne soient pas violents et que personne ne vous menace. Ceci serait fâchant, car ça vous empêcherait d'utiliser ce prétexte pour demander un plus grand budget pour la sécurité nationale, donc pour vous.

Parfois, les gens, même de votre propre parti, risquent de se lasser de vos dépenses astronomiques en sécurité. Ils ne partageront pas la même passion pour les jouets de guerre et diront que ces dépenses ne sont pas très productives, ni nécessaires.

Afin de clouer le bec à vos critiques, organisez contre votre propre pays des attaques qui seraient apparemment commises par des terroristes. Afin de capturer ces personnes et de hausser la sécurité nationale, demandez un plus gros budget. Les gens seront plus favorables dans l'optique où cela leur donnera l'impression que la population sera mieux protégée. Profitez de la crise pour éliminer la moitié des droits de la personne et pour justifier les coupures dans tous les domaines que vous n'aimez pas personnellement afin que les sommes soient transférées à la sécurité.

Étonnamment pour certains, plusieurs des gens qui auront participé à des attaques contre vous disparaîtront bientôt. Ce sont des choses qui arrivent quand on est loyal à un déloyal.

L'idée de s'attaquer soi-même est géniale, car elle permet de contrôler le dommage de l'attaque, de choisir les cibles, d'aviser ses amis de ne pas se trouver là, etc. On n'est pas surpris ni désemparé par l'ampleur de l'attaque. Cela donne plus de temps pour préparer la bonne manière de réagir à la crise. Vous pouvez aussi choisir la date et l'heure, ce qui est idéal pour éviter d'avoir à manquer un match de football à la télévision. Vous aurez aussi plus de facilité à prévoir les attaques de l'adversaire, ce qui fera de vous un habile contre-attaquant. C'est un peu comme jouer aux échecs contre soi-même, cela augmente vos chances de gagner puisque vous prévoyez la stratégie adverse.

Si l'attaque ne fait pas assez peur aux gens, réattaquez encore et encore. Ensuite, grâce à vos mesures extraordinaires de sécurité nationale, les attaques vont cesser, ce qui vous fera passer pour un génie. En effet, vous serez celui qui a arrêté les attaques. Vous maintiendrez votre popularité en vantant votre capacité d'empêcher de nouvelles attaques.

188 - Payez-vous des partisans

Afin de contrer les grosses manifestations adverses, il serait bon de tenir des manifestations de soutien en votre faveur, mais il est fort possible qu'il soit difficile de recruter beaucoup de monde qui veuille vous soutenir. Les gens sont occupés, ils ont leur travail, leur famille, etc., alors vous devrez leur donner un incitatif pour qu'ils manifestent pour vous. Une motivation possible sera qu'ils éviteront ainsi de donner raison à des casseurs et à des crapules, une autre sera la perspective de réduire leurs risques d'être victimes d'erreurs administratives coûteuses ou alors, tout simplement, vous pourrez les payer pour manifester pour vous.

Vous les payerez aussi pour appeler aux tribunes téléphoniques et pour poster des messages favorables à votre égard. Fournissez-leur le matériel nécessaire et tout devrait rouler comme sur des roulettes.

C'est un peu ennuyant et embarrassant de ne pas avoir de partisans lorsqu'on est en politique, c'est pourquoi il faut souvent s'en payer pour avoir l'air populaire. Dites-leur de passer des heures et des heures à vous vanter sous divers pseudonymes dans divers médias. Dites-leur aussi de venir participer aux grandes manifestations en votre faveur.

Ils vont avoir tendance à voter pour vous pour ne pas perdre leur job. Peut-être même qu'à force de répéter souvent vos slogans, ils en arriveront à croire vos balivernes (point 11).

Assurez-vous que la population ne sache pas que vous payez vos partisans. Pour ce faire, procédez en donnant de l'argent à un intermédiaire qui va s'occuper de payer les gens. Si le stratagème est découvert, dites que vous n'en faites pas partie et que vous ne connaissez pas l'individu en question. Vous pouvez aussi utiliser des agents doubles pour réduire les risques d'être pris. D'autres utilisent la mafia, car il est relativement facile de faire croire aux gens que les braves démocrates n'ont pas de lien avec des mafiosos. Ainsi, la théorie de la conspiration est peu crédible.

Avisez vos partisans payés de ne dévoiler la stratégie à personne et que tout individu pris à communiquer cette information s'expose à de graves problèmes.

Si vous n'avez pas encore recrutés vos partisans à solde et qu'il y a de grosses manifestations contre vous, accusez les organisateurs de payer les manifestants. Dites que certaines personnes vous l'ont confié secrètement. Vous essayerez ainsi de diminuer l'impact des manifestations en affirmant que les partisans protestent uniquement parce qu'ils sont payés et peut-être nourris, autrement dit pour les avantages personnels qu'ils en tirent et non pas à cause de vos politiques. Vous changerez ainsi le débat public, qui

Les secrets du démocrate

passera de commentaires désastreux sur votre politique à une question de savoir si les partisans adverses sont payés ou non.

Si vos adversaires ont plus de budget que vous pour acheter des partisans, alors faites interdire la pratique, sinon assurez-vous qu'elle soit légale.

189 - Protestez contre les protestataires

Partout où vous irez, surtout après avoir détruit des millions de vies, il y aura des gens sur votre passage qui viendront protester. Pour réduire ces désagréments, vous essayerez le plus possible d'être dans des lieux contrôlés auxquels les gens non autorisés n'auront pas accès.

Ces personnes viendront souvent scander de vieux slogans. Accusez-les d'être des fainéants qui n'ont rien d'important à faire, des marginaux et des égoïstes qui protestent pour leur bien personnel. Dites-leur qu'ils devraient se trouver un emploi et prendre leur vie en main plutôt que de râler contre vous. Affirmez que ce sont des individus négatifs qui sont frustrés parce qu'ils sont des perdants.

Dites-leur que leurs actions de protestation sont inutiles et qu'elles font perdre leur temps aux gens.

Démonisez la protestation lorsqu'elle est utilisée contre vous. Dites que ce sont des cas désespérés qui se sont inspirés des hippies. Statuez que les manifestations monstres nuisent à l'économie du pays. Sur les cent mille personnes présentes, prenez les deux pires comme exemples pour montrer que l'ensemble des protestataires ne semblent pas savoir de quoi ils parlent ou sont violents. Exprimez clairement que ces protestataires sont en fait contrôlés par l'opposition ou même par des gouvernements étrangers.

En caricaturant les protestataires, vous réduirez leur influence sur l'opinion publique, et ferez diminuer le nombre de personnes qui voudraient les rejoindre.

190 - Quand la population se révolte contre vous, dites que ce sont quelques bandits

Un jour, presque indubitablement, la population commencera à se révolter contre vous malgré toutes les bonnes choses que vous aurez faites pour le pays. Ne le prenez pas « personnel », c'est arrivé à un grand nombre de démocrates.

Au début des manifestations menées contre vous ou vos décisions, il n'y aura probablement qu'au plus quelques centaines de milliers de personnes. Comme ce groupe représente probablement une infime minorité de citoyens, qui ne votent pas pour vous, vous en profiterez pour les vilipender publiquement. Accusez-les d'être des bandits, des casseurs et des anarchistes.

C'est un choc pour quiconque de voir des milliers de personnes manifester contre soi. On pense que c'est un genre de choses qui n'arrivent qu'aux autres, mais pas à soi. Cependant, en vous préparant mentalement pour cette situation inévitable, vous réagirez mieux, avec calme et fermeté.

Rappelez-leur que vous avez été élu démocratiquement et que toute manifestation contre vous est donc contre l'élu du peuple. Expliquez que plusieurs des manifestants ont des dossiers criminels, sinon accusez-les de quelques crimes.

Vous devez expliquer à l'ensemble de la population que ce ne sont pas quelques frustrés qui vont vous faire peur ou vous faire changer d'idée. Essayez d'apparaître comme un leader fort et puissant qui ne peut être intimidé. Devant les obstacles, vous élevez votre stature de chef d'État.

Utilisez les médias pour vilipender les manifestants et leur donner une très mauvaise image avec laquelle personne ne voudra s'associer. Expliquez aux gens qu'il s'agit d'une infime minorité de marginaux et que les gens normaux ne pensent pas comme eux.

Pour réduire les manifestations, changez les règles pour qu'il soit plus difficile de manifester. Par exemple, exigez un permis ou que la police soit avertie d'avance. Exigez que la police approuve l'itinéraire de la manifestation et ainsi qu'elle puisse l'interdire pour des raisons de sécurité publique. Ceci est une bonne raison pour empêcher les manifestations. De plus, interdisez les manifestations qui nuisent au public; c'est un argument pratique puisque c'est le cas de la majorité d'entre elles.

Si vous voulez éliminer quelques cas problèmes, vous pouvez cependant utiliser ces manifestations pour arrêter certains d'entre eux et pour que d'autres meurent accidentellement.

En général, vous devez faire croire à la population que la situation est sous contrôle et qu'il n'y a qu'un petit groupe d'anarchistes qui jappent fort. Néanmoins, l'immense majorité de la population reconnaît la légitimité de vos actions, peu importe ce qu'elles sont.

Surtout, il ne faut pas que les gens de votre pays ou d'ailleurs pensent que ces bandits représentent l'opinion de la majorité des gens. Vous maximiserez donc vos efforts à minimiser l'importance de ces mini-révoltes. Recalculez le nombre de manifestants pour donner l'impression qu'ils sont moins nombreux qu'annoncés. Par exemple, si des dizaines de milliers de personnes manifestent, faites faire un compte officiel qui estime à 2 000 le nombre de manifestants.

191 - Lancez des bombes atomiques pour le bien de l'humanité

Il peut arriver que vous vouliez finir rapidement une de vos guerres parce que vous êtes fatigué d'y travailler de longues heures ou que vous souhaitez recevoir une mention distinguée comme le prix Nobel de la Paix.

Dans ces cas-là, il serait bon de lancer quelques bombes atomiques ici et là, question de favoriser la reddition inconditionnelle de votre ennemi (idéal pour signer des contrats intéressants et piller ses ressources).

Lancer des bombes atomiques comporte de nombreux avantages. Cela vous permet de tester votre équipement pour déterminer l'impact de vos armes, d'en apprendre plus sur la façon de les larguer efficacement, de faire le maximum de dommage et d'étudier la réaction de la population. Vous pourrez apprendre à être plus efficace et meilleur la prochaine fois que vous aurez à les utiliser.

De plus, cela vous permet de vous défaire de matériel coûteux à maintenir et à surveiller, et tant qu'à s'en débarrasser, autant s'en servir à quelque chose.

Cette technique pour dissuader des ennemis réels ou imaginaires peut cependant être perçue comme excessive par certains activistes, dont plusieurs, on s'en doute, ne votent pas pour vous habituellement. Pour bien paraître devant l'électorat, vous devez avoir une raison pour justifier l'utilisation de l'arme nucléaire.

La raison réelle est le bien de l'humanité. En effet, de cette manière, vous évitez le prolongement de guerres qui pourraient durer très longtemps. Vous réduisez le nombre de batailles nécessaires puisque vous avez tué tout le monde. Vous réduisez le nombre de personnes qui pleurent leurs proches parce qu'elles sont elles-mêmes mortes.

Cette utilisation sauve des vies, surtout dans votre pays, parce que théoriquement, il aurait pu y avoir plus de morts si vous n'aviez pas utilisé ces armes. Il est certainement difficile de prouver cet argument, mais ce n'est pas nécessaire.

Les armes nucléaires causeront aussi des millions de morts suite à des effets secondaires. Vous pourrez faire étudier le phénomène, question de faire avancer la science. Peut-être que le nombre de cas supplémentaires de cancers fera en sorte qu'il y aura plus de cobayes qui seront désespérés au point d'essayer de nouvelles techniques de guérison douteuses élaborées par votre financier. Qui sait, peut-être que la solution au cancer se trouvera grâce à des attaques nucléaires. Il vaut bien que quelques personnes risquent de perdre leur vie pour pouvoir la sauver.

Après avoir lancé quelques bombes et que l'horreur du résultat sera connu, dépêchez-vous d'interdire à tout autre pays de développer l'arme nucléaire. Obligez les autres pays à signer, pour le bien de l'humanité, des traités de non-prolifération nucléaire.

Expliquez que même si vous êtes le seul à utiliser vraiment cette arme, il serait dangereux pour l'humanité que d'autres l'aient ou l'utilisent.

Imposez de lourdes sanctions contre tout pays soupçonné de développer cette arme. Faites assassiner, pour le bien de l'humanité et la sécurité mondiale, tout scientifique qui travaillerait à développer la technologie nucléaire, même pacifique, pour un pays avec lequel vous ne vous entendez pas bien.

Expliquez que ce serait une catastrophe si quelqu'un utilisait cette arme à mauvais escient. L'arme nucléaire ne doit être utilisée que lorsqu'une purge de plusieurs millions de personnes est nécessaire pour le bien de l'humanité. Conséquemment, il est bon de l'utiliser seulement quand vous décidez qu'il est bon de l'utiliser.

192 - Choisissez de bons dictateurs

Les autres pays seront peut-être démocratiques, mais cela risque de vous causer un problème. En effet, cela augmente votre degré d'incertitude, car vous ne savez pas qui sera au pouvoir et pour combien de temps. Vous avez peut-être forcé un autre dirigeant à accepter une entente, mais celle-ci doit être cautionnée par un autre Parlement et les élus pourraient décider ne pas voter en sa faveur.

Le fait de disposer de dictateurs stables aux alentours est plus pratique. Vous êtes certain que ce seront les mêmes dirigeants que vous contrôlerez pendant plusieurs années. Vous les connaissez et connaissez aussi leurs faiblesses, ce qui vous permet d'apporter cigares, alcool, prostituées, yacht ou autres pour les convaincre d'accepter vos propositions. Vous voulez un environnement stable autour de vous de manière à ne pas avoir à réagir à des imprévus. Les seules choses spéciales qui se passeront seront celles que vous déciderez.

Afin de choisir un bon dictateur, évaluez les questions suivantes :

- Quelle est la qualité des cadeaux et services qu'il vous offre gracieusement?
- Est-il plus brutal que vous? Si oui, cela vous fait passer pour un ange.
- A-t-il des faiblesses majeures que vous pourriez exploiter?
- Accepte-t-il toutes vos décisions?
- Vous doit-il son pouvoir?
- Accepte-t-il d'être votre marionnette politique?

S'il y a des dictateurs en place autour de vous, évaluez s'ils sont bons pour vous ou non. Si oui, gardez-les. Sinon, tentez de les contrôler ou changez-les pour d'autres plus malléables.

Évaluez la qualité des futurs dictateurs avant de les mettre en place. En dictature comme en démocratie, il y a beaucoup d'appelés, mais peu d'élus.

Lorsque vous avez de bons candidats, organisez un coup d'État pour changer de dictateur ou pour en mettre un nouveau. Faites semblant de dénoncer le coup étant donné vos allégeances démocratiques et dites que vous continuerez de lutter pour la démocratie dans la région.

S'il est établi que votre pays a financé la prise de pouvoir de dictateurs dans le passé, dites que c'était des jours noirs et que de telles choses ne pourraient se reproduire aujourd'hui. S'il est établi que votre gouvernement a fait cela, dites que vous n'étiez pas au courant et qu'il est scandaleux que de telles choses aient été faites sans votre autorisation.

Si les dictateurs que vous avez mis en place se rebellent contre vous, alors ayez la soudaine idée de lancer une attaque militaire pour changer le régime. Vous pourrez les remplacer par un semblant de démocratie, le type qui vous permet de tout contrôler à partir de votre pays.

Vos services secrets peuvent aussi liquider le dictateur et le remplacer par un autre.

193 - Supportez les dictateurs jusqu'à ce qu'ils tombent

De manière générale, afin de pouvoir profiter des autres pays, vous devrez soutenir les dictateurs secrètement, mais concrètement. Vous donnerez des conseils (ordres) à ce régime, par exemple sur la façon de se débarrasser des manifestants qui voudraient un autre type de régime. Vous leur fournirez des armes et de la formation sans pour autant les rendre plus puissants que vous.

Vous leur indiquerez quoi faire pour être bien vus du monde en général, question d'éviter que quelqu'un d'autre veuille les enlever du pouvoir.

Vous leur direz quels genres de cadeaux vous aimez recevoir pour éviter de recevoir des cadeaux déplaisants.

Vous leur vendrez de l'intelligence sur les gens qui se révoltent contre eux. Vous leur donnerez des cours de torture pour qu'ils puissent traiter avec les indésirables.

Les dictatures auront des faiblesses qui pourraient mettre en péril leurs survies. Elles ont souvent besoin de partenaires dans un monde de plus en plus interconnecté. Vous devrez donc les soutenir continuellement.

Il arrivera souvent qu'elles soient proches de tomber, mais vous viendrez faire la différence pour maintenir en place les dictatures qui vous sont profitables.

Néanmoins, et malgré vos bons soins, un jour, elles tomberont. Les gens se révolteront contre elles, peut-être aidés par d'autres puissances, et le dictateur sera déchu.

C'est à cet instant que vous changerez du tout au tout votre approche concernant l'ex-dictateur. Vous vilipenderez ses nombreux crimes contre l'humanité, vous l'accuserez d'avoir utilisé à mal escient les ressources du territoire, vous l'accuserez d'être un égoïste corrompu.

Vous vous joindrez au peuple pour exprimer votre soulagement de voir cette canaille extirpée du pouvoir. Vous vous accorderez le mérite de cet événement historique en alléguant que vous travailliez en arrière-scène depuis longtemps pour le retirer du pouvoir.

Vous vous joindrez à la communauté internationale qui veut juger les membres de l'ancien régime et les faire payer pour leurs crimes. Vous agirez comme si vous n'aviez jamais encouragé l'ex-dictateur. Vous éliminerez les traces compromettantes et ferez disparaître ceux qui en savent trop.

Lisez ce livre en secret

Il n'y pas d'avantages pour un démocrate à avoir l'air ami avec un ex-dictateur déchu par son peuple, mais il peut y en avoir en privé s'il est toujours riche et qu'il a toujours des contacts bien placés dans le monde.

Si l'ancien tyran risque de dévoiler des informations crédibles contre vous, votre financier et votre parti, alors pour le bien de l'humanité, faites-le disparaître. S'il peut dévoiler des informations tout autant crédibles, mais compromettantes pour vos ennemis politiques, alors encouragez-le à le faire avec de l'argent, des cadeaux et des services si nécessaire.

194 - Ne signez pas de convention restrictive pour vous

Comme on l'a vu précédemment, il est essentiel que vous ayez les coudées franches pour faire ce qui est nécessaire. Pour cela, vous devez vous assurer de jouir d'une liberté absolue dans tous les domaines : tortures, exécutions, armements, environnement, justice, etc. C'est pour avoir les mains libres que vous éviterez de signer des conventions qui réduisent votre pouvoir personnel.

Parfois, pour que de belles photos soient prises ou pour gagner un prix international qui vient avec une belle bourse, on a tendance à vouloir signer des conventions qui limitent significativement son pouvoir. Peut-être qu'on pense qu'on n'aura pas à utiliser ce pouvoir ou ce droit, mais très souvent, on s'apercevra avec le temps qu'on en a besoin.

L'expérience en démocratie amène à conclure que la meilleure situation est toujours d'avoir des pouvoirs illimités. Il est difficile de se retirer de pactes signés lorsqu'on ne veut plus les respecter.

Aussi, si vous ne respectez pas vos engagements, certains pourraient vouloir vous arrêter et vous condamner pour de nombreux crimes. Ne supposez pas que vous serez toujours au pouvoir, même si vous arrangez les élections en votre faveur.

Il est fort probable que même si vous avez tous les pouvoirs du monde, ce ne sera pas assez. En effet, vous ne contrôlerez pas toujours les catastrophes naturelles ni les humains individuellement.

Lors de votre arrivée au pouvoir, vous avez l'impression que vous en avez trop, mais avec le temps, vous vous apercevrez que c'est le contraire. Vous voyez que même si vous êtes le plus puissant au monde, il y a plusieurs choses qui échappent à votre dictat. C'est pourquoi il ne faut surtout pas limiter son propre pouvoir, mais plutôt celui des autres afin d'augmenter le sien.

N'hésitez pas à encourager les autres pays à signer de nombreuses conventions limitant les choses que leurs dirigeants peuvent faire. Il serait pratique que les autres s'interdisent les exécutions extrajudiciaires, la torture, les bombes à fragmentation et l'utilisation de l'arme nucléaire. Cela vous donnerait un monopole sur ces outils puissants.

195 - Ayez toujours quelques options d'exil politique

L'une des premières choses à faire lorsque vous arriverez au pouvoir sera de vous préparer à le quitter. En effet, parfois, on a tendance à remettre ces choses-là à plus tard en se disant qu'on n'a pas besoin d'y penser maintenant. C'est comme pour un testament, on n'est jamais trop jeune pour en faire un, surtout quand on est en politique.

Mais les carrières des démocrates peuvent être particulièrement courtes et on ne sait jamais quand la nôtre va s'achever (à moins qu'on puisse le décider, voir point 198).

Alors, c'est le même principe que pour se préparer à un incendie, vous devez être prêt avant que le sinistre survienne afin de savoir quoi faire lorsqu'il arrivera.

La population pourrait se révolter contre vous, vos généraux pourraient décider de vous ravir le pouvoir, un ancien ami pourrait dévoiler vos pratiques illégales, bref vous devez penser que chaque jour pourrait être le dernier de votre carrière politique.

C'est pour cela que vous devez commencer tôt à planifier vos options d'exil politique. Lorsque vous discutez avec un autre dirigeant sur la façon de prendre le contrôle de ses ressources, soyez prudent, car vous pourriez avoir besoin de cette personne plus tard.

Vous devez évaluer vos options d'asiles politiques, essayez d'en avoir plusieurs, car certaines pourraient devenir impraticables. En effet, les leaders internationaux qui sont alliés pourraient être renversés par la soif de justice de leur population.

Examinez de nombreux critères :

- Quel est le degré de loyauté de ce leader?
- Quelles seront les restrictions qui vous seront imposées?
- Quelle est la durée de vie de ce gouvernement, qui risque de le remplacer?
- Quelles seront vos conditions de vie?
- Pourrez-vous transférer vos avoirs dans ce pays facilement?
- Vos besoins sexuels et médicaux seront-ils comblés?
- Pourrez-vous écrire vos mémoires paisiblement?
- Contrôlez-vous une partie du régime qui vous héberge?
- Pouvez-vous planifier la reprise de votre pouvoir à partir de ce pays?

Les secrets du démocrate

Étudiez dans quel palace vous allez loger, la température du pays ainsi que les possibilités de continuer votre enrichissement personnel. Consacrez du temps à évaluer les possibilités que vous soyez assassiné dans ce pays ou qu'un autre pays l'envahisse et vous exécute pour vos exécutions.

Le choix d'un asile politique sera peut-être la plus importante décision de votre après-carrière, planifiez-le soigneusement. Méfiez-vous de ceux qui pourraient se retourner contre vous après que vous aurez perdu le pouvoir. On pense qu'on a beaucoup d'amis quand on a l'argent et le pouvoir, mais lorsqu'on les perd, on s'aperçoit qu'on a très peu de vrais amis.

Trop de démocrates ne planifient pas suffisamment leurs options d'exil politique. Lorsque la fin de leur règne approche, ils sont souvent dépourvus, ils ne savent pas où aller ni comment. Ils commencent à négocier à la dernière minute des options d'exil. Négocier lorsque vous êtes désespéré mène souvent à de très mauvaises ententes. Parfois, on choisit d'urgence un pays qui nous trahira ou l'on s'apercevra qu'on n'a pas pris la bonne option. Il peut être compliqué de changer de nouveau d'endroit par la suite.

Planifiez votre sortie dès votre entrée.

196 - Changez les chaises de place lorsque votre bateau coule

Un jour arrivera où votre bateau commencera à prendre l'eau. C'est-à-dire que les choses iront de plus en plus mal pour vous et votre régime. Une série de problèmes s'abattront sur vous et plusieurs commenceront à penser et à dire que votre régime tire à sa fin.

D'abord, assurez-vous d'informer les gens que vous allez rester et que vous êtes là pour le long terme. Pour cela et pour secouer les tendances, utilisez la méthode du Titanic et changez les chaises de place.

Il s'agit de faire des réorganisations et de remplacer certaines personnes par d'autres. D'abord, vous montrez que ceux qui font des erreurs seront punis, vous faites semblant que ce sont eux qui ont fait des erreurs et non pas vous. Ensuite, vous donnez l'impression que vous êtes activement en train de trouver des solutions aux problèmes.

Vous montrez que vous réalisez l'importance des problèmes et que vous êtes déterminé à les régler.

La chose essentielle est que vous réalisiez que vous recevez une série de frondes. Par exemple, de nombreux médias exigent votre démission, de nombreux pays menacent de vous attaquer et révèlent vos actions peu éthiques et la population semble se révolter contre vous. Il y a aussi de plus en plus de tentatives d'assassinats contre vous.

Dans un affront épouvantable, on vous accuse même de ne pas être un démocrate, mais un dictateur. On place votre nom sur la liste des pires tortionnaires de l'histoire de l'humanité (demandez un recomptage). Étant donné votre expérience et l'immunité éternelle que vous semblez avoir suite aux nombreuses révoltes précédentes, vous aurez peut-être suffisamment confiance en vous pour penser pouvoir traverser cette autre tempête. Vous pensez peut-être que vous avez un droit à vie à votre poste. Vous penserez peut-être qu'il est impossible qu'on vous en déloge. Néanmoins, ça pourrait arriver.

C'est pour cela que vous devez vous atteler à bouger, à agir en faisant semblant de régler les problèmes (point 130) même si ça ne règle rien. Effectivement, expliquez que la personne vient tout juste d'être nommée en poste et qu'on ne peut pas s'attendre à des miracles du jour au lendemain.

Essayez de mettre en poste des gens qui semblent savoir de quoi ils parlent, qui donnent au peuple l'espoir d'un monde meilleur. Cela pourrait calmer les ardeurs révolutionnaires de plusieurs.

197 - Ne donnez pas l'impression que vous êtes sur le point de quitter comme un rat

Un jour, vous réaliserez bien que votre carrière politique pourrait se terminer bientôt. Un peu comme le soleil cessera éventuellement d'éclairer la terre, votre épopée arrivera à sa fin. Vous devez vous y préparer sereinement, mais sans donner l'impression que l'option est possible.

Malgré les déboires et les défections, vous devez agir comme si vous alliez être au pouvoir pour toujours. Si l'on vous demande si vous envisagez de démissionner, dites catégoriquement non, ne laissez pas l'ombre d'un doute planer. Donnez le mot d'ordre à tout le monde qu'il est impossible que vous pensiez même à démissionner.

Continuez de faire semblant de travailler avec acharnement, même si vous êtes en train de préparer votre fuite. Répétez que ce n'est pas votre style de quitter comme un rat. Le simple fait de poser la question est une insulte à votre honneur.

Ne laissez pas les rumeurs se répandre. Accusez les journalistes qui prévoient votre départ d'être des démagogues et des propagandistes au profit de l'opposition.

Si vos alliés pensent sérieusement que vous allez démissionner, ils vont commencer à penser à leurs chances de vous succéder. Certains se distanceront de vous pour ne pas être associés à vos rapines. Ils commenceront à planifier l'avenir sans vous. Des cliques se formeront contre vous. Tous vos faits et gestes seront étudiés à la loupe pour déterminer si vous êtes sur le point de quitter.

Vos généraux et vos collègues politiques pourraient décider de ne plus obéir à vos ordres ou de se traîner les pieds volontairement. Un démocrate bien en poste et un démocrate sur son départ n'ont pas le même pouvoir. Votre influence réelle pourrait diminuer.

Plusieurs auront l'instinct du tueur et voudront accélérer votre départ. Les gens pourraient commencer à penser qu'un avenir sans vous est possible. Ceux qui étaient prêts à prendre une balle pour vous pourraient reconsidérer leur point de vue: pourquoi, en effet, donner sa vie pour quelqu'un qui s'en va de toute façon?

Si d'autres dirigeants internationaux voient que vous êtes en situation de faiblesse, ils pourraient tenter de vous humilier afin d'accélérer votre chute. Ils pourraient se dissocier de vous et vous accuser de tous les maux.

Vous devrez donc démontrer que vous êtes fermement en place au pouvoir jusqu'à la dernière seconde.

Lisez ce livre en secret

> Voilà pour les points 71 à 197. Ces points sont essentiels en tout temps, mais s'appliquent particulièrement à la période où vous et votre parti serez au pouvoir. C'est la période glorieuse de votre vie. Celle qui vous définit, celle dont on se rappellera le plus. Un jour par contre, indubitablement, vous glisserez vers un après-carrière qui pourrait s'avérer calme ou mouvementé. Pour vous aider à le passer de la meilleure façon possible, lisez les points 198 à 202.

198 - Décidez quand et comment terminer votre histoire

Tel que mentionné plus tôt, un jour vous serez à la croisée des chemins et il faudra réaliser que c'est la fin. Peut-être aurez-vous de la difficulté à le croire, ces choses-là arrivent toujours un peu trop tôt. Peut-être comprendrez-vous maintenant certains signes avant-coureurs que vous avez manqués? Peut-être serez-vous outré que les gens en préfèrent un autre après toutes vos années de loyaux services? Peut-être penserez-vous pouvoir faire un autre retour invraisemblable?

Néanmoins, la meilleure façon de terminer son histoire consiste à choisir quand et comment la terminer. Trop souvent, certains s'acharnent trop pour rien dans les derniers moments et ce que les autres se rappelleront de vous seront justement ces moments. Votre belle image sera ternie par une fin misérable. Votre héritage démocratique sera dégradé par quelques gestes malheureux à la fin. Vos dernières années pourraient être très humiliantes derrière les barreaux à défendre les petites erreurs que vous avez commises ici et là.

C'est pour cela que vous devez choisir le jour et l'heure auxquels vous terminerez votre épopée.

D'abord, analysez la situation, avez-vous suffisamment d'argent ou serait-il préférable d'en avoir un peu plus pour vous offrir une retraite dorée? De quoi avez-vous besoin pour votre après-carrière? L'avez-vous? Que pouvez-vous faire pour obtenir ce que vous recherchez?

Est-il possible de rester dans votre pays? Serez-vous victime de commissions d'enquête, d'accusations de toutes sortes et de diffamations de tous genres? Pourrez-vous y vivre richement ou y aura-t-il des poursuites ou de nouvelles lois pour vous enlever vos biens?

Qui sont les personnes susceptibles de vous succéder? Vont-elles vouloir vous faire payer pour vos crimes ou pourrez-vous continuer votre vie normalement? Sont-elles acquises au principe que les nouveaux dirigeants doivent se concentrer sur l'avenir et non sur les crimes passés (point 201)? Quelles sont les chances qu'elles changent d'avis et vous livrent au tribunal pénal international?

Dans quel pays pourriez-vous vous réfugier (point 195)? Quelles y seraient vos conditions de vie? Pourriez-vous continuer de vivre richement tout en réécrivant le passé (point 165) pour être bien vu?

Peut-être voudrez-vous terminer votre histoire en livrant une bataille épique pour la justice et la démocratie. On dit des grands de l'histoire qu'ils meurent tous de façon héroïque. Étudiez des scénarios dans lesquels vous perdriez la vie, mais qui rehausseraient votre gloire et accroîtraient l'importance de votre place dans l'histoire.

Une autre façon de terminer son histoire est de se loger une balle dans la tête. Il y a des avantages à cette méthode, comme éviter la souffrance et le déshonneur que les survivants de votre régime pourraient vous faire subir. Il y a aussi des inconvénients, cela met fin à votre capacité de travailler à vous faire bien paraître, de profiter de votre argent et de continuer votre vie sexuelle.

Mais peut-être aurez-vous déjà organisé en votre honneur une secte chargée de défendre votre réputation au cours des millénaires? Peut-être aurez-vous réellement convaincu une masse critique de personnes de vos qualités exceptionnelles? Peut-être que votre réforme de l'enseignement en votre faveur va porter fruit pour des siècles et des siècles? Peut-être que la plupart des dirigeants internationaux ont été mis en place démocratiquement par vous et qu'ils seront fidèles à votre mémoire?

Peut-être que n'ayant plus de pouvoir, vous n'aurez plus d'argent non plus et que ce qui vous reste sera saisi pour rembourser vos victimes. Quant à votre vie sexuelle, peut-être est-elle déjà nulle; conséquemment, la perdre ne sera pas très significatif.

Peut-être voudrez-vous prendre la meilleure décision pour vos amis s'il vous en reste et votre famille si elle vous est toujours fidèle?

Ne laissez pas à d'autres le choix de décider quand et comment vous terminerez votre carrière épique et agissez dans votre meilleur intérêt ainsi que dans celui de votre mémoire pour des siècles et des siècles.

199 - Tuez la main qui vous nourrit

Au cours de votre carrière, vous avez sûrement bénéficié de l'aide incroyable de nombreuses personnes dont, évidemment, celle de votre financier. Certaines de ces personnes sont peut-être décédées alors que votre régime achève. D'autres ont peut-être changé de camp ou sont sur le point de le faire; certaines risquent de se faire tuer ou emprisonner.

D'abord, il faut comprendre que vos amis, dont votre financier, vous aident parce que vous êtes puissant ou avez des chances de le devenir. Leur but n'est pas de vous aider, mais de s'aider eux-mêmes.

Votre financier est riche parce qu'il a misé sur les bons chevaux au cours de sa carrière, il a mis son argent sur ceux qui étaient le plus susceptibles de gagner. Il ne vous finançait pas par bonté de cœur, il vous finançait pour améliorer ses finances personnelles.

Un jour, comme tout le monde, il réalisera que vous êtes sur votre fin. Il vous retirera donc son appui pour le mettre sur quelqu'un d'autre, peut-être plus jeune, plus populaire et qui a plus d'avenir. Vous vous apercevrez alors que les affaires, c'est rude, cruel et méchant. Vous penserez alors que vous allez perdre beaucoup d'amis, mais ils n'étaient pas vraiment des amis, ils étaient proches de vous parce que vous étiez riche et puissant.

Le problème avec votre financier est qu'il risque maintenant de soutenir un de vos adversaires. Ceux-ci ne vous feront pas de quartier. C'est la business. La démocratie est une business, quoi qu'en disent des philosophes qui ont une grande estime d'eux-mêmes.

L'expérience de votre financier pourrait faire en sorte que vos successeurs seront encore plus puissants que vous, ce qui vous met dans une situation délicate surtout s'ils ont besoin de trouver quelqu'un sur qui blâmer tous les problèmes du pays.

Le fait que votre financier connaisse la plupart de vos mauvais coups, même ceux gardés secrets, pourrait aussi poser problème, car ces coups pourraient être dévoilés, ce qui risque de vous mener en prison ou à un peloton d'exécution.

Il est aussi possible que votre financier vous reste fidèle et tente de vous aider, mais il pourrait être arrêté et forcé d'admettre la vérité sur vous, ce qui vous nuirait beaucoup. Peut-être qu'il résisterait mal à la torture. Il pourrait être dans une situation difficile si le nouveau dirigeant était financé par une autre personne que lui. Ce nouveau financier du pouvoir pourrait avoir tendance à se débarrasser des autres financiers qui pourraient vouloir prendre sa place. Afin d'amasser plus de richesse, le nouveau financier du pouvoir risque de suggérer à son esclave en poste au pouvoir de prendre des mesures extrêmes pour discréditer les autres et réduire leur richesse. Il voudra éliminer les risques à son pouvoir.

Bref, la situation a changé avec votre financier. Étant donné les menaces possibles qu'il représente pour vous et votre héritage politique, il faudrait qu'il disparaisse pour que vous puissiez dormir tranquille.

200 - Volez-vous vous-même

Si vous avez décidé de partir en exil dans un autre pays pour passer le reste de vos jours, vous voudrez certainement les passer en compagnie des nombreuses choses qui vous appartiennent. Cependant, étant donné la grande quantité de celles-ci, il sera difficile de les transférer en un seul voyage, surtout dans la panique d'une évacuation d'urgence. Vos autos et vos yachts privés, par exemple, sont difficiles à évacuer d'urgence.

De nombreux démocrates se retrouvent donc en exil avec pratiquement rien, sans argent ni aucun des cadeaux qu'ils ont reçus au cours des années. Ceci est frustrant parce que vous n'avez rien à donner au leader qui vous héberge. Peut-être qu'il refusera de vous héberger longtemps s'il ne reçoit pas de cadeaux.

Si vous n'avez rien à lui donner, essayez de le faire profiter de vos connaissances en lui révélant des secrets d'États et des informations qui pourraient lui être utiles. Essayez aussi de lui donner des conseils démocratiques afin qu'il conserve son pouvoir. Vous pourriez devenir son philosophe démocratique, soit celui avec lequel il discute de ses dilemmes démocratiques. Peut-être pourriez-vous lui donner une copie de ce livre, question de lui démontrer votre désir sincère de l'aider. Ceci serait un très beau cadeau surtout si ce livre est rare et qu'il ne l'a pas déjà lu.

Néanmoins, il serait bon d'avoir des objets à lui donner étant donné qu'on est dans un monde hautement matérialiste. De plus, vous voudrez garder pour vous-même vos plus beaux souvenirs et d'importantes cargaisons de dollars, question de profiter de votre retraite et de vous payer des gardes du corps, des assistants et un harem.

Transférez aussi votre argent dans des comptes bancaires sûrs un peu partout et gardez-en une importante quantité au comptant. Cela augmente les chances que vous puissiez l'utiliser plus tard.

L'idéal est d'alors organiser d'avance le transfert massif de vos biens vers votre prochaine résidence et possiblement en plusieurs voyages. La méthode de fonctionnement est d'organiser un vol de vos choses et de les transférer à votre nouvelle résidence.

Déterminer une stratégie d'auto-vol qui consiste à faire en sorte que les objets auxquels vous tenez le plus soient volés. Organisez cela en plusieurs étapes si nécessaire. Annoncez ensuite qu'un vol a été commis et que vous recherchez les coupables.

Non seulement cette technique vous permet de transférer plus rapidement une grande partie de vos avoirs, mais elle empêche que vos biens soient saisis. Effectivement, il est possible que le nouveau gouvernement décide de saisir tous vos biens après votre exil afin

Lisez ce livre en secret

de compenser vos victimes. Cela ferait en sorte que vous n'ayez plus vos jouets, ce qui rendrait votre exil un peu monotone après l'extase du pouvoir et l'adrénaline d'un départ précipité.

Pour éviter de vous faire voler vos choses, volez-vous-les vous-même.

201 - Dites-leur de se concentrer sur l'avenir, pas sur vos crimes passés

Lorsque votre règne sera terminé, de nombreuses personnes voudront que le gouvernement lance des enquêtes sur vos crimes. Elles voudront que vous payiez pour vos gestes anticonstitutionnels et pour les nombreux problèmes qu'ils auront causés. Peut-être voudront-elles qu'une enquête publique soit lancée sur votre utilisation abusive des pouvoirs exécutifs et sur quelques libertés juridiques que vous avez prises ici et là.

D'abord, accusez-les d'avoir une attitude négative qui met en péril la sécurité nationale. En effet, de nombreuses personnes ont des opinions contraires, ce qui pourrait créer une guerre civile. Ensuite, dites-leur de ne pas revenir sur le passé en organisant des chasses aux sorcières. Le passé est le passé, rien ne le changera. Il y a tellement de problèmes actuellement qu'il faut se concentrer sur l'avenir. Listez les nombreux problèmes réels ou imaginaires qu'il y a dans le pays. Par exemple, dépenser des millions sur des enquêtes ne sauvera pas la vie de millions de personnes qui meurent de faim dans le pays.

Expliquez que ça ne donnerait rien de faire des enquêtes sur vous et votre régime, que ça coûterait une fortune et que ça ne produirait rien puisque vous n'avez rien à vous reprocher. Accusez les personnes qui mènent la charge pour la justice contre vous d'être des partisans de vos adversaires et de tenter de faire oublier les déboires du gouvernement actuel en parlant de l'ancien. Dites que c'est une attitude de perdants que de chercher des excuses dans le passé.

L'important est que les procureurs se concentrent sur les crimes à venir, pas sur ceux du passé. Essayez de transmettre ce message aux dirigeants en place. Mettez sur pied une nouvelle approche qui consiste à faire en sorte qu'aucun gouvernement ne puisse poursuivre un ancien gouvernement. Ceci serait très bon pour le gouvernement actuel, car il pourrait aussi commettre des crimes qui ne seraient jamais punis. Expliquez-leur que c'est une situation gagnant-gagnant.

Quant aux médias et à la population, continuez d'insister sur le fait que votre gouvernement irréprochable a agi dans l'intérêt supérieur du pays. Dites que les gens qui critiquent ne savent pas certaines choses, ce qui laisse présager que s'ils le savaient, ils seraient moins portés à vous critiquer. Rappelez-leur les réussites incroyables de votre régime et expliquez-leur que de nombreuses personnes à travers le monde vous admirent. Expliquez que votre travail a été difficile et que vous avez eu à faire des choix graves et importants. Accusez vos opposants de dramatiser les résultats de votre régime et blâmer toutes sortes d'autres personnes pour tous les problèmes dont la population a soufferts.

Comme tous vos crimes ont été commis dans le passé, le fait de ne poursuivre aucun crime commis dans le passé est particulièrement utile pour vous. On regarde en avant, pas en arrière.

202 - Ne remerciez pas l'auteur de ce livre

Autant avant que pendant et après votre carrière politique, ne remerciez jamais l'auteur de ce livre, peu importe que vous lui deviez tout ou non. Peu importe l'immense sentiment de gratitude que vous avez envers lui. Ce livre, qui s'attaque aux vraies questions, peut être mal vu par des gens qui n'ont jamais rien compris à l'essence même de la démocratie.

Le fait de remercier l'auteur pourrait être mal vu, car cela pourrait vouloir dire que vous êtes d'accord avec certaines des idées mal vues que contient le livre.

Cela pourrait en inspirer d'autres à lire le livre et ainsi à vous battre aux prochaines élections. Vous pourriez être accusé d'avoir agi selon les instructions données alors que vous voulez avoir l'air d'un démocrate pur et immaculé.

En revanche, si le livre devient populaire, concentrez-vous à le critiquer férocement, avec acharnement, hargne, obstination et ténacité, et autant l'auteur que le contenu. Devenez un leader dans la critique du livre. Travaillez à le faire interdire. Faites de l'exorcisme de ce livre la mission de votre vie. Abandonnez femme et enfants s'il le faut.

Expliquez que ce n'est pas grâce au livre que vous avez eu des succès politiques. Au contraire, suivre ses instructions vous aurait nui. Poursuivez votre campagne pour faire interdire le livre partout et en détruire tous les exemplaires. Changez les lois pour qu'il soit interdit de distribution.

Utilisez fortement le texte contenu à l'annexe 1 pour vilipender gaiement l'ouvrage.

Vous pouvez cependant, secrètement, envoyer des contributions à l'auteur si le cœur vous en dit. Je suis sûr qu'il serait content, mais sachez que ce comportement ne saurait être rationnel et ne doit être découvert par quiconque. Votre avenir politique en dépend.

Voilà pour les points 198 à 202 qui portent sur l'après-carrière. Ces points s'appliquent surtout après votre carrière active. Il ne reste plus que l'appel aux démocrates actuels et futurs du monde entier et un texte à utiliser pour dilapider cet ouvrage.

203 - Appel aux futurs démocrates

Les gens attendent souvent trop longtemps avant d'agir positivement pour la démocratie. Ils ne savent pas qu'ils n'auront que quelques occasions dans leur vie et qu'ils doivent en profiter. On n'a pas souvent de seconde chance en politique. Il faut saisir les occasions dès que possible.

C'est pourquoi il faut commencer à suivre les enseignements de ce livre très tôt. Ça paraît simple, mais ça finit par être beaucoup de travail. Il faut mettre en place une série d'éléments complexes pour réussir. Il faut apprendre les trucs du métier. Il faut prévoir les coups de l'adversaire. Il faut avoir de la discipline et bien agir dans des situations corsées et imprévues.

Cela nécessite aussi du courage et d'encaisser de nombreux coups à l'orgueil. Il faut développer une endurance de haut niveau. Il faut comprendre les jeux du pouvoir à la perfection, il faut continuellement savoir ce qui est derrière les apparences. Il faut être un comédien exceptionnel. Il faut avoir des talents de leader, de psychologue, de motivateur, d'avocat, de penseur, de stratège, d'économiste et de manipulateur, pour ne nommer que ceux-là.

Mais surtout, il faut partir à temps, commencer à développer les trucs et techniques à un jeune âge, il y a toujours plus à apprendre. Vous jouerez contre les meilleurs au pays, formés et financés par les plus riches.

Le monde a besoin de démocrates, lis ce livre, laisse la peur de l'échec de côté, lève-toi et construis un monde démocratique, construis ta vie, construis ton empire. Ne regarde pas à gauche ni à droite, tu es la démocratie.

> Démocrates de ce monde, unissez-vous pour vaincre vos rivaux démocrates!

Annexe 1 - Texte à utiliser pour lapider cet ouvrage

Utilisez ce texte ou des extraits de celui-ci dans le but de critiquer sans détours le livre.

Mesdames, Messieurs,

Il est de mon devoir d'homme public honnête et intègre de mettre en garde la population mondiale contre un ouvrage dégoûtant, répugnant et sordide. J'ai fait l'ultime sacrifice de lire ce ragot hystérique pour le bien suprême de l'humanité.

Ce livre, si l'on peut appeler ce ramassis d'ordures ainsi, a été écrit par un dangereux voyageur de commerce aux idées ignares et dont la connaissance de la démocratie est nulle. Il serait trop tendre de simplement le mettre à l'index pour empêcher la contamination intellectuelle de nos populations.

Cette poubelle de mots représente de bien mauvaise façon ce que de grands hommes et de grandes femmes intelligents et courageux ont sacrifié de leurs vies pour rendre la nôtre meilleure. J'ai tenté, comme des millions d'autres, de faire de même. Ma contribution, bien que modeste, me rend fier. C'est un affront à ceux qui sont morts pour nous.

En lisant cette crasse, j'ai réalisé que nous étions bien loin d'une société exempte d'imbéciles, d'idiots, d'andouilles, de sots, de débiles, de crétins, d'arriérés, d'abrutis, de dégénérés tarés, de canailles, de stupides et de cruches. Je me retiens ici, pour le bien des enfants qui nous lisent, mais des mots plus forts me viennent en tête.

Je désire condamner dans les termes les plus forts et sans retenue cet ouvrage immonde. Rien, aucune cause, aucun droit ne saurait justifier cette moisissure perverse.

La liberté d'expression dont nous jouissons est quelque chose que je défendrai, corps et âme, toute ma vie, mais elle ne saurait être étendue au point de permettre une telle cochonnerie.

Ce détritus m'a soulevé le cœur comme jamais auparavant et j'exige inconditionnellement que les mesures suivantes soient prises pour sauver l'humanité :

- L'élimination de tous les exemplaires, de tout format, de cet outrage
- Le passage d'une loi interdisant de posséder, de distribuer ou de citer cet ouvrage
- L'interdiction internationale de parler en bien de cette ordure

- L'arrestation de toute personne ayant contribué à cette saloperie
- La récupération de tous les profits de cette merde pour rééduquer proprement notre population

Ces demandes sont minimales et non négociables. Comme vous le savez, je suis habituellement de nature tolérante et ouvert à discuter de nombreuses idées. Mais il y a des limites, cet excrément ne mérite pas cela.

Je pourrais démontrer très facilement point par point l'extrême faiblesse du pseudo argumentaire inclus dans cette crotte, mais ce serait donner trop de publicité à un voyou misogyne, psychopathe et végétatif. Avec tant de défis à relever dans le vrai monde, ce serait une perte de temps que de faire cet exercice sur cette tache infecte.

J'exprime ma plus grande sympathie envers ceux et celles qui ont été ulcérés, indignés ou blessés par ce gâchis humain commis par un lâche ignominieux.

Je ne suis pas violent de nature, mais ça ne me causerait aucune peine de voir le responsable de cette pourriture sèche souffrir affreusement.

Pour le bien suprême de la population et des générations futures, je joins aujourd'hui ceux qui sont habituellement mes adversaires politiques dans la dénonciation unanime et sans équivoque de cette ordure que rien ne saurait justifier sous aucun prétexte.

MORT À CETTE MERDE